セゾン 堤清二が見た未来

鈴木哲也

JN030873

nbb
日経ビジネス人文庫

文庫版まえがき

堤清二とセゾンは再び敗れた――。

2023年の暑い夏、半年以上にわたる紛糾の末に、そごう・西武が米投資ファンドと家電量販大手ヨドバシホールディングスの連合へと売却された時、筆者のあたまには「敗戦」という文字が浮かんだ。

「なにをいまさら敗戦なんて。セゾングループはとっくに解体されているでしょ」。そんな声が聞こえてきそうだ。たしかに、そごう・西武は2006年からセブン&アイ・ホールディングスが所有してきた子会社だ。堤清二は2013年に亡くなっている。

それなのになぜいま敗戦なのか。今回の売却を巡る騒動では、西武池袋本店というセゾングループ発祥の「聖地」が不動産売却の対象になった。それだけではない。その聖地が象徴していたのは、かつて人々を魅了したセゾン文化だ。言い換えれば、数値や金銭には直接還元しにくいが、確実に生活の豊かさと関係があること。

売却騒動のなかで、西武百貨店やセゾンが長年培ってきた価値を見つめ直す機運がなかったわけではないが、大きな流れでは、そうした価値はあまり重視されなかった。結局は資本の力が前面に出て、不動産価値として値踏みされた百貨店がファンドやヨドバシに売られたということになる。

セゾン文化という言葉からは「おいしい生活。」という広告や「西武美術館」に代表されるアートを想起するひとが多いかもしれないが、ここで言っているのはもっと幅の広いセゾン的なるものであり、無印良品やパルコ、ロフトという旧セゾングループが生み出した今も健在な企業たちの性格も含んでいる。そこにはセゾングループ創始者である堤という人間の生い立ちや理想が色濃く反映している。2018年刊行の本書は、それを掘り下げたもので、今回文庫化にあたって大幅に加筆した。

最初の敗戦はいつかというと、バブル期の負債処理に伴って2000年代前半までにセゾングループが解体された時だ。セゾン各社が資本関係の面で、ばらばらになっていった。そして事業の整理やリストラの過程で多くの社員がもがき苦しんだ。グループを率いていた堤の責任は当然、重い。解体への道筋については第5章を読んでいただきたい。

一方で、セゾン解体の過程を経ても、グループ各社は他社の傘下に入ったり、独立したりして生き抜いている。そこには「無印良品」を運営する良品計画のように、堤の目指した理念やDNAを引き継ぐ企業もある。事業家として大きく挫折した堤だが、社会や消費の先を見通す目を持っていたからだ。

堤は決して成功者ではないが、彼の歩んだ人生から学べるものは小さくない。

2018年、本書の「はじめに」で、筆者は堤についてこう書いている。

「バブル経済の〝あだ花〟だったという紋切り型の評価で、歴史に葬ってしまってもいいのだろうか」

そこから5年が経った。そして、堤とセゾン的なるものは、2度目の敗戦を迎えた。いま筆者はより強く思っている。堤清二は何を目指していたのか、そして、なぜ破綻したのか。光と影の両面を掘り下げるべき人物だと。混迷が深まる時代に何か示唆があるはずだ。

直近のそごう・西武売却に関しては、最後に第8章を新設し、詳しく論じた。2度目の「敗戦」から、堤による大切な「問い」が浮かび上がってくるからだ。まずはここで簡単に、売却が紛糾した構図を示しておく。「ステークホルダー資本主義」というキーワードからみると分かりやすいだろう。

セブン&アイが子会社のそごう・西武を、経済的によい条件を提示した米ファンドとヨドバシ連合に売却することは通常、何ら問題は生じない。セブン&アイはコンビニエンスストア事業に集中しようと米国の同業を巨額買収したばかりで、不振が続く百貨店事業を切り離す判断は妥当な経営判断だ。従来、資本主義経済のなかで優先されてきたステークホルダー（利害関係者）は株主であり、そうした判断はセブン&アイ株主にとって喜ばしいことだ。

だが、株主に限らず多様なステークホルダーを重視しようというのが、過去数年、欧米などから議論が盛り上がってきたステークホルダー資本主義という考え方だ。２００８年のリーマンショックなども経て、格差拡大や環境破壊など、行き過ぎた株主資本主義の弊害が指摘されるなかで、働き手、地域社会や自然環境、取引先といった多方面のステークホルダーの声に耳を傾ける経営を求める流れが強まった。２０１９年には米国主要企業の経営者団体が、資本主義のあり方を転換すべきと提唱した。

そごう・西武の売却を巡っては、同社の従業員や西武池袋本店が立地する地元の行政といったステークホルダーが待ったをかけた格好だ。企業の売却そのものに抗議したわけではなく、売却後の店舗の状況や売却先の動向に関して懸念を持った。本店にヨドバシが出店することが想定されるなか、百貨店としての事業や店の形態はどこまで維持できるのか、雇用は守られるのかといった懸念が拭えず、そごう・西武労働組合はついに大手百貨店として約60年ぶりという異例のストライキを決行した。

ステークホルダー資本主義と近い議論が、堤がかつて提唱していた「マージナル産業論」だ。小売りなど流通産業は、「資本の論理」と「人間の論理」の境界に位置する、マージナルな産業であるという主張だ。この堤の発想にこそ、ダイエーの中内㓛、セブン&アイの伊藤雅俊、イオンの岡田卓也といった、他の小売大手をつくった創業経営者とは異質の個性が表れている。金銭的な利益追求が目標であるはずのビジネスを展開しながら、セゾン文化という柔らかなイメージをまとって生活者や地域社会、そして社員らにも新しい生き方を問いかけようとした。

こうした理想主義は、そごう・西武の売却に伴って今回も敗れ去った印象だ。セゾングループの起点は、堤清二が父親から事業を継承した西武池袋本店であり、やはり象徴的な意味を持つ。清二は1954年に27歳で、西武百貨店に入社した。当時、西武グループは封建的な父・康次郎が率いており、西武百貨店の前近代的な組織風土に清二は反発。なんとか会社を変えたいと労働組合の設立にこだわったという。

2013年11月25日に堤は死去した。1970年に陸上自衛隊市ケ谷駐屯地で自殺した作家、三島由紀夫と奇しくも同じ命日だ。堤は「辻井喬」として詩人や小説家の活動もしており、多くの文化人との親交があるなかで、三島とも親しかった。「楯《たて》の会」の制服は三島から依頼され、西武百貨店が受注しデザインしたものだ。

日本という国はどうあるべきか、日本人はどのように生きるのか。三島は残した作品と自身の生涯によって、いまも我々に問いを投げかけ続けている。簡単に答えが出ない問題を発し続けているという点においては、堤も共通しているのではないだろうか。

2023年は堤が他界してから10年という節目であった。まるで10年後に動き出す時限爆弾を仕掛けていたかのように、世の中を騒がす今回の大きな問題が噴出した。もしも堤が存命だったら、何を思っただろうか。

最晩年に取材した時のことを思い出す。最後まで堤の思い入れが強かったパルコに対して突如、イオンが出資した頃だった。

「私の内部での戦いです。目の黒いうちはやれることはやるという思いもあります」。提携することに反対だった堤。経営の表舞台を退いてから、既に約20年も過ぎていたが、静観すべきだとの思いと、何かできないかという気持ちが交錯していた。「パルコの株主総会に出席して反対意見を述べようか」と考えていたほどだ。

「流通業は『マージナル産業』であるという仮説を立てて、頑張ってきました。しかしいまの流通業界からは、大義名分がなくなってきているように感じます」。こう話していた堤は既に世を去ったが、10年後に起きた今回の売却騒動は、彼の理想に通じる大きな問題提起をしたとともに、人々に考える材料を与えたのは間違いない。

筆者は1990年代の終わりから2000年代にかけて、記者としてセゾングループを担当した。グループの解体過程を取材したのちも、旧セゾングループ各社や堤の動向に関心を持ち続けてきた。堤とセゾンに対して、最後までこだわり迫った記者だと思う。

堤と2人だけで会ったときには独特の言い回しで、胸の内をみせてくれた。「3人ともそれぞれ優れたところがあるのだけれど、それらの良さを合わせたような人がいないものかな」。セゾングループは1990年代、集団指導体制へ移行すべく、高丘季昭、竹内敏雄、和田繁明という3人の「代表幹事」に舵取りを任せた。グループのバブル期の処理が難航していた1990年代後半。既に高丘は他界し、堤は有能な部下であった和田との確執に苦慮していたのだ。第5章で取り上げているが、危機においてグループ幹部が一枚岩になれなかったこと、そもそも堤は人の使い方が決してうまくなかったことが、セゾンの挫折の一因となっている。堤の言葉から、部下との関係に悩んだ堤の内心が浮かび上がってくる。

そして、これも遠回しな言い方であったが、自身の異母弟で西武鉄道グループを長年率いた堤義明への強烈な対抗心が会話からにじんでいた。筆者は義明が手掛ける「プリンスホテル」の評判について清二から話を振られ、答えに窮したことがある。清二のホテル事業への思い入れは大変強いものだった。この頃既に、国際的なホテルチェーンであるインターコンチネンタルホテルは売却していたが、銀座の高級ホテルとして知られた「ホテル西洋」などセゾンにはまだホテル事業が残っていた。話のなかに、いかにセゾンのホテルが上質かということの強い自負心とこだわりを感じた。

2018年に本書を刊行してから、セゾン全盛期を知る世代だけでなく、いわゆるZ世代を含む若い層からの反響も多くあった。良品計画や西武百貨店、パルコ、ファミリーマートなど本書で取り上げた企業がかつて同じルーツだったとは知らない世代だ。

先見性のあった堤の発想に刺激を受けたとの声があった。30年以上前に現在の消費ビジネスを見通すような視座を持ち得ていたことに驚きを感じた読者もいた。あらためて彼の歩みを再考してみることは無駄ではないだろう。

2018年の出版後に、取り上げた旧セゾングループ企業の動向も大きく変化している。そごう・西武だけでなく、良品計画やパルコ、西友、ファミリーマートといった主要企業について加筆をした。加筆にあたり、良品計画の金井政明会長ら関係者の方々に取材をさせていただいたほか、「日経MJ」の同社関連の記事なども参考にした。

本書のもともとの記述については、基本的には手を入れずに、そのまま残している。一例として「はじめに」の冒頭、無印良品がファミリーマートで売られていることを記載したくだりもそのまま残した。既に無印良品を売るコンビニエンスストアはローソンに変わっていることを、第1章で加筆した。もちろん変化を加筆できなかった事例が多いことは、お断りさせていただきたい。

時代は大きな変わり目にある。どう働き、どう暮らすか、そして人生をどう歩むか。もちろん正解がみえているわけではないが、人々の模索のなかで、新たな価値観が生まれつつあることは確かだろう。今回の文庫化によって、本書がより多くの方の目に触れ、考える材料になれば、筆者として望外の喜びだ。

2024年1月

鈴木　哲也

はじめに

無印良品、ファミリーマート、パルコ、西武百貨店、西友、ロフト、そして外食チェーンの吉野家——。

いずれも日々の生活でなじみのある企業であり、知名度の高いブランドだ。

これらの企業が、かつて同じグループに属していたことを、知らない世代が増えている。コンビニエンスストアの中で、なぜファミリーマートだけが無印良品の化粧品やノートを売っているのか。改めて指摘されなければ、普段の生活では不思議に思わない。

これらはいずれも、堤清二という男が一代でつくり上げた「セゾングループ」という企業集団を構成していた。

小売業にとどまらず、クレジットカードや生命保険、損害保険などの金融業、ホテルやレジャー、食品メーカーまで、多様な事業を展開してきた。ラジオ局のJ-WAVEも、いわゆるグループ企業ではなかったが、情報発信を重視する堤の戦略によって、開局から深くセゾングループが関与した。

ほかにもセゾングループは、映画配給のシネセゾンやパルコ出版などのメディア関連事業、美術館や劇場といった文化事業を幅広く手がけたところに特色があった。

一時はグループ約200社、売上高4兆円以上のコングロマリットを形成したセゾングループ。かつてはスーパーを軸としたダイエーと並んで、二大流通グループとされていた。

戦後の小売業界は、栄枯盛衰の歴史そのものだ。

現在、二大流通グループといえばセブン&アイ・ホールディングスとイオンだが、1990年代にバブル経済が崩壊するまでは、ダイエーとセゾングループの存在感が図抜けていた。そして、展開する事業の多彩さにおいては、セゾングループを超えるコングロマリットは日本に存在しなかった。

セゾングループの存在感を高めていたのは、売上高4兆円を超える規模よりもむしろ、消費文化をリードする先進性にあった。

1970年代から80年代にかけて、セゾングループが手がける事業には、いつも何らかの新しさがあった。話題性に富み、高感度のセンスを備えていたのだ。

それは、かつてのライバルだったダイエーや現在のセブン&アイ、イオンと比べても明らかに異質なものだった。

「商品を売るのではなくライフスタイルを売る」

「モノからコトの消費へ」

「店をつくるのではなく、街をつくる」

かつて堤が提唱した方向性は、小売業やサービス業、商業施設の開発など、消費に関わるあらゆる産業で、今なお繰り返し、語られている。

現在は、あの手この手で様々なマーケティングを駆使しても、なかなかものが売れない。だからこそ、かつて堤が提唱したものと同じスローガンが、何度でも繰り返されている。

それは現代の閉塞感の表れでもある。

だが一方では、堤の提案が時代を先取りしていたとも言える。

幅広い業態で繰り返し掲げられるスローガンの〝ルーツ〟が、どこにあるのかを改めて振り返ることは、少ないのではないだろうか。

少しでも歴史に目を向ければ、堤清二がセゾングループを通じて展開した事業の中に、現代の企業が打ち出す施策の原点が数多く見つかるはずだ。

一見すると斬新に見えるマーケティングの試みも、セゾングループが30年以上前に手がけていたものの二番煎じだった——。そんな事例は、枚挙にいとまがない。

高度経済成長とセゾン文化

西武百貨店、パルコ、無印良品を展開する良品計画など、一連の企業が、事業や広告などを通じて世の中に発信したものの総体が「セゾン文化」だ。

敗戦後の日本は、貧しさから脱するため、人々が必死で働き、1960年代は実質経済成長率が10%を超す年度が多かった。こうした高度経済成長の只中に、東京オリンピックが開かれ、日本のGNP（国民総生産）は西ドイツを抜いて、自由主義国で世界2位に上りつめた。

だが1973年のオイルショックを機に熱狂は冷め、人々ははたと立ち止まった。

「確かに欲しいものは手に入った。けれど、本当の意味で豊かな生活とは何なのか」

1960年代、「三種の神器」と言われたカラーテレビ、クーラー、自動車を手に入れた先は、何を目指せばいいのか。

高度経済成長が終わり、初めて生活の指針を失いかけた日本人に、新たな価値を示したのがセゾングループだった。

団塊世代が20代半ばになった1973年。

東京・渋谷の区役所通りにファッションビルの「渋谷パルコ」が華々しくオープンした。今では当たり前のファッションビルという商業施設が珍しかった時代だ。パルコはその草分けとして脚光を浴びた。

「すれちがう人が美しい〜渋谷公園通り〜」

開業時の広告コピーも印象的だ。

この3年前の1970年、富士ゼロックスは広告で「モーレツからビューティフルへ」と打ち出し、時代の空気を先取りしていた。

寸暇を惜しんで猛烈に働いてカネを稼いでも、幸せになれるとは限らない。本当に大切なものは何なのか。もう少し違う生き方があるはずだ。

戦後初めて、日本人は真の豊かさについて思いを巡らせた。価値観の転換期にあったのだ。

その最中に、渋谷パルコは具体的な提案をした。目標を失いかけた日本人に、新しいライフスタイルを打ち出したのだ。

渋谷パルコは、単に若者向けのファッションブランドを集めただけではない。開業当初から最上階に「西武劇場」を併設し、文化を発信していった。暗く殺風景な坂道の区役所通りを「公園通り」と改め、「そこに行けば、何かワクワクするものがある」と思えるエリアに変えた。

消費者に文化的な生活を「教えた」

ものについて語らないパルコのイメージ広告は斬新だった。

「モデルだって顔だけじゃダメなんだ。」
「ファッションだって真似だけじゃダメなんだ。」

若い消費者の中でも、特に男性と対等に生きたいと願う女性たちに対して、皮肉の利いたコピーで強烈にアピールした。

渋谷パルコの開業から2年後の1975年には、セゾングループの本拠地である西武池袋本店を大改装。その時に打ち出したコピーがこれだ。

「手を伸ばすと、そこに新しい僕たちがいた。」

同時に西武池袋本店の最上階に「西武美術館」を導入。百貨店の中に美術館を設けたことも、業界の常識を破る画期的な取り組みだったが、何よりもそこで堤が来場客に見せたのは、時代の先端をいく現代美術だった。

誰もが衝撃を受け、西武美術館は大きな話題を呼んだ。

戦略の狙いは、何だったのか。

モーレツに働いてばかりで文化とは無縁だった大衆でも、手を伸ばせば文化的で豊かなライフスタイルを享受できる――。

こう表現すれば、大衆を上から目線で啓蒙するような姿勢が際立つ。だがセゾングループは、そこを巧みなイメージ戦略で包み、ソフトにメッセージを届けることに成功した。1980年代に、コピーライターの糸井重里が手がけた「じぶん、新発見。」（1980年）や「おいしい生活。」（1982年）へと続いていく流れだ。

ブランドを否定した無印良品

華やかな都心の百貨店やファッションビルで、文化的なライフスタイルを提案したばかりではない。セゾングループは衣料品や雑貨、食品など、ブランドに憧れる消費者の価値観にも疑問を投げかけた。

そこから生まれたのが「無印良品」だ。

商品に有名なブランドのロゴが入ることは、商品の価値とも生活の豊かさとも関係はない。こう掲げ、生活者の違和感に率直に応えたところに無印良品の新しさがあった。ブランド全盛のバブル経済へ向かいはじめた1980年代に、「ブランド文化」を否定したわけだ。

ここでも堤は、真の豊かさについて消費者に問いかけた。

現在、人気のあるイケアやニトリの家具。共通するのは、余分な飾りのないシンプルなデザインと、センスはいいが価格は安い点にある。欧米では「チープシック」と言われ、無理をしない堅実なライフスタイルを支える道具になっている。

日本でこのライフスタイルを、1980年代にいち早く広げたのが無印良品だった。無印良品は、スーパー大手である西友のPB（プライベートブランド）としてスタートしたこともあり、全国の消費者に広く行きわたった。

セゾングループは、東京をイメージ発信の拠点としながらも、西武百貨店やパルコ、西友、無印良品、ロフトといった多数の小売業を育て、全国の隅々まで消費者との接点を広げた。それは日本人に新たな消費文化の価値観を啓蒙した、と言っても過言ではない。

なぜセゾングループと堤を見直すのか

2000年代、銀行の不良債権処理に伴い、セゾングループは解体された。

だがそれぞれの企業を見れば、堤が育てたセゾングループの価値がより鮮明に分かるはずだ。

例えば無印良品を展開する良品計画は、今では国内外で約900店を展開するグローバル企業に育っている。

ファミリーマートは海外約7000店を含む、約2万4000店の巨大チェーンに成長し、国内ではコンビニ業界2位となった。

現代の消費市場をリードするのは、米アマゾン・ドット・コムに代表されるEC企業だ。

インターネット通販やスマートフォンが爆発的に普及したことで、消費スタイルも根底から変わりつつある。ものを所有しないシェア消費や個人間売買など、新たな流れが広がっている。

大きな変化が起こっているのは確かだが、人々の生活意識や買い物のスタイルがこれからどう変わっていくのかについては、企業も消費者も視界が晴れない。

セゾン文化が全盛だった1970年代から80年代のように、一つの企業が消費者を啓蒙できる時代では、もうない。堤のような経営者が消費文化を先導できるわけでもない。

ただ、堤とセゾングループがかつて持っていた特有のエネルギーを検証することは、未来の消費の行方を知るうえで、大きなヒントとなるはずだ。

新たな価値を生み出す発想力や、現状を否定してイノベーションを起こす柔軟性——。閉塞感が漂う現代だからこそ、セゾングループのかつての哲学を掘り起こし、分析することに大きな意味があるのだ。

堤清二の思想と心理

堤清二は、2013年に86年の生涯を閉じた。

ダイエー創業者、中内㓛と双璧をなす戦後の流通業界のカリスマだった。

それにとどまらず、堤は実に多くの顔を持っていた。

「辻井喬」のペンネームによる詩人や小説家としての活動には、企業経営に勝るとも劣らない情熱と労力を注ぎ込んだ。

世界的な前衛作家だった安部公房や現代音楽の武満徹のパトロンでもあり、三島由紀夫とも親交が深かった。大学で教鞭を執る理論家でありながら、財界活動も熱心で、政界にも多様な人脈を有していた。

これまで堤について書かれた書籍などを見ると、父・堤康次郎や異母弟・堤義明との確執や複雑な家庭環境に焦点を当てたものや、作家・辻井喬の活動をたどったものが目立つ印象がある。

堤を一人の経営者として捉えて、フラットな視点でその思想と事業展開を追い、彼が実現しようとした未来をたどった書籍はそう多くはない。

本書では、昭和から平成の時代を生きた異色の事業家としての堤を、事実に即して分析する。

堤という人間が、世の中に対して最も強く影響力を持ち、人々の心を動かしたのは、セゾングループのトップとして生きた時代である。

本書では、堤が手がけた多様な事業について、生い立ちから現代に至る軌跡をたどりながら、多くの関係者の証言を通して、堤の実像を浮かび上がらせた。

なぜ、堤はそれぞれの事業を始めたのか。

新しい店や商品をつくる発想は、どこから生まれたのか。

事業展開や経営判断を支えた思想や哲学は何だったのか。

堤本人の遺した言葉や歴史の証言者たちの回想をもとに、堤の心の動きや狙い、戦略に、可能な限り焦点を当てた。

セゾングループの崩壊

もちろん、事業家としての負の側面も無視することはできない。

10万人以上が働いていたセゾングループは、バブル崩壊の処理によって解体された。光と影が交錯する86年間の堤の人生は、決して成功物語で終わったわけではない。

堤本人は、世の流れに抗って晩年まで戦ったが、最後には矢尽き、刀折れた。深い挫折を味わった人生だからこそ、栄光と失敗の本質を知るヒントも数多く埋まっている。

経営が行きづまり、セゾングループの解体が進んだのは1998年ごろから2003年ごろまでの間だ。

この期間は、日本長期信用銀行の破綻に象徴されるように、バブル経済の崩壊によって銀行が経営危機に直面していた。過剰債務を持つ代表的な業種である「流通」「ゼネコン」「不動産」の経営難に注目が集まり、なかでも流通業界では、ダイエーやセゾングループの動向が連日、ニュースで取り沙汰されていた。

ダイエーもセゾングループも、それぞれ中内㓛、堤清二という個性際立つオーナー経営者が、一代で築き上げた企業集団だ。そして両社とも、無謀とも言える急拡大の末に行きづまった。常軌を逸する過剰融資に踏み切った銀行団との暗闘が繰り広げられた点も共通する。

当時、新聞やテレビ、雑誌などのメディアは、セゾングループが〝突然死〟を免れるために、どんな再建案を実施するのかを、最優先で報道していた。

傘下にあるどの事業会社を売却して資金を捻出するのか。

堤やグループ各社と銀行団の交渉に着地点はあるのか。

スクープ合戦は過熱し、気がつけば、セゾングループはいつの間にか解体されていた。

セゾングループが解体された過程は、本書でじっくりと解説する。

簡単にいくつかの例を挙げれば、ファミリーマートは伊藤忠商事の傘下に入った。良品計画は西友から売却された。ファッションビルのパルコは、森トラストが筆頭株主となった（紆余曲折を経て、現在は大丸や松坂屋などを展開する百貨店大手J・フロントリテイリングの傘下にある）。そして西武百貨店や西友も、業界再編の荒波のなかへと入っていった。

解体の過程で、セゾングループはM&A（合併・買収）の草刈り場となっていた。

これは、外部から見ても買収するのに値する魅力的な企業が多かった証左だ。

グループ解体で身を引いた堤

筆者が「日本経済新聞」で、セゾングループを取材する役割を与えてもらったのが、1998年。その4年後に、セゾングループは事実上の終焉を迎えた。

筆者は1993年に日本経済新聞社に入社し、小売業をはじめとする消費関連分野を中心に取材してきた。2003年から4年間、米ニューヨークに駐在していた時にも、西友を買収した世界最大の小売業ウォルマート・ストアーズなどを現地で取材した。2015年からは、日経BPに出向して、経済誌『日経ビジネス』の副編集長として消費関連などを担当した。

セゾングループの終焉を見届けた後も、筆者は様々な企業や業界の取材を重ねてきた。

だが時が経つにつれ、セゾングループ担当時代に何か大きなものを伝え残していたのではないか、という思いが浮かぶようになっていった。

セゾングループが崩壊していく当時、各社の記者は、連日のように事業の売却など、リストラや再建策を報じていた。それが金融危機に苦しむ日本経済にとっても、重要な意味を持っていたからだ。

その過程で、セゾングループを率いた堤清二については、巨額負債をつくった張本人、いわば〝A級戦犯〟と位置づけて記事を書いた。

「一連の破綻劇は、バブル経済とその崩壊の象徴であり、右肩上がりの消費社会に咲いた〝あだ花〟が堤清二とセゾングループだった」

平たく言えば、こんなイメージが、各社の記事によって世の中に広がった。

現代でも、経営者・堤清二とセゾングループをこう評価する向きは多い。その流れをつくった一人が、筆者だったのかもしれない。

しかしセゾングループも堤も、こんなふうにひと言で切って捨てられるような単純な存在ではないはずだ。取材した経験から、筆者はそんな実感を持っていた。

堤がつくり上げた「セゾン文化」のエッセンスは、知らず知らずのうちに日本人の生活のなかに根づいている。

グループ解体の責任を取って実業界から身を引いたまま他界した堤と、堤の手を離れて散り散りになったセゾングループ。

これらを、バブル経済の〝あだ花〟だったという紋切り型の評価で、歴史に葬ってしまってもいいのだろうか。

年を重ねるほどに、そんな疑問が筆者の中で膨らんでいった。

現代の課題を先取りして闘っていた堤

堤は、決して成功者ではない。

だとしても、堤が身を削って生み出した数々の事業は、現代でもなお輝き続けている。堤がこの世に生み出した事業の中には、今なお日本経済の第一線で小売業界を牽引している企業も多い。

多くの消費関連ビジネスにＤＮＡを残すセゾングループの歴史をたどることで、あらためて堤が遺した大切なものを、掘り起こせるかもしれない。

そんな考えから、かつてセゾングループに属した主要企業の現役経営者やＯＢなどにあらためて取材を始めた。そして２０１７年11月から『日経ビジネス』で10回にわたって「堤清二　先見と誤算」を連載した。本書はその連載を大幅に加筆したものだ。

時代を先取りしたセゾングループの事業は、日本人の意識や消費に大きな影響を与えた。

「企業の論理」や「資本の原理」を超えたメッセージが込められていたからこそ、団塊世代を中心として大衆の心をつかむ力を持ち得ていた。

ロボットやＡＩ（人工知能）などの先端技術をどのように活用すればいいのか。技術の進歩によって格段に便利になる生活のなかで、人間らしい働き方とは何なのか。堤は、１９７０年代から80年代にかけて、こうしたテーマに対しても、事業を通じて「解」を見いだそうとしていた。今見ても、これらは極めて現代的な課題である。

もしかすると堤は、30年、40年先の未来から、昭和の日本にタイムワープをした異色の経営者だったのかもしれない。

１９９０年代以降、グローバル資本主義が地球を席巻し、「数字化できる利益こそが至上の価値」という考え方が企業社会を支配してきた。消費文化もその影響を受けた。

だが堤が提示したのは、数字だけで人間の幸福や楽しみ、よろこびを評価する価値観に対する明確なアンチテーゼである。

それを、現実離れした「ユートピア（理想郷）」であると片づけることは、簡単だろう。だが日本や世界を支配する効率最優先の思想は少しずつ立ちゆかなくなり、数々の矛盾が表出している。

人間が豊かに暮らし、働き、そして幸せを感じるとは、どういうことなのか。

セゾングループの歩みを通して堤が導きだそうとした「解」を探ることは、市場原理主義とも言える乱暴なグローバル経済が転換期を迎えた現在だからこそ、大きな意味を持っている。

企業が社会に存在することの意義は何か。

人々を豊かにすることが一つの役割だとすれば、今度は、豊かさとは何かという疑問が立ちのぼってくる。

企業が、経済活動を通じて人と社会を豊かにすること。

それは、ものに満たされることばかりではない。

生活をより便利にすることだけでもない。

むしろ今求められるのは、物質を超えた新しい豊かさではないだろうか。

堤清二という経営者は、そうしたメッセージをセゾングループの事業に込めていた。

先の見通せない時代、不安を抱えながら生きる私たちに、堤が語りかけるものは何か。

ぜひ、本書を通して皆さんにも、感じてもらいたい。

＊本文中に登場する人物の敬称は省略しました。

【セゾン　堤清二が見た未来】目次

第8章 再びの敗戦——そごう・西武売却と池袋本店の運命—— 346

第1章 堤哲学が凝縮された無印商品

無印良品が誕生したのは1980年。堤清二が53歳の時だった。

この業態は、堤にとって経営者人生の後半戦で生み出した作品だ。本書が、あえて無印良品から筆を進めるのには理由がある。

無印良品は、堤の思想の結晶なのだ。あるいは、堤の分身と言ってもいい。

父・康次郎に命じられて、27歳で西武百貨店に入社した堤は、西友やパルコといった小売業のほかにも、外食、金融、不動産など、多様な事業を展開した。

その先にたどり着いたのが、無印良品だった。

堤は西武百貨店などの事業を急拡大するなかで、自ら大資本家の役割を担い、欧州の高級ブランドを大衆に広める伝道師としても成功した。

無印良品は、そんな堤の過去の取り組みに対するアンチテーゼだった。

現状を打破する自己否定の精神。矛盾を抱えながら、それを高い次元へ昇華させること。無印良品には、そんな堤らしい経営哲学が凝縮されている。

そして堤の強いこだわりが、国内外約900店の無印良品の成功をもたらしている。無印良品の生い立ちと歩みを伝えること。それは堤清二という極めて複雑かつ矛盾を抱えた経営者の輪郭を、くっきりと浮かび上がらせることでもある。

1 ロンドンで感じた違和感

「ブランドを否定して生まれたはずの無印良品が、結局はブランドになっている」

1991年、ロンドン市内に進出したばかりの「MUJI」の店舗を視察した堤清二は、表情を曇らせた。

この店舗は、無印良品を展開する良品計画にとって、海外進出1号店だ。ファッション関係の路面店が並ぶカーナビーストリートに位置し、「MUJI」はロンドンで、雑誌などにも多数紹介され、流行に敏感な若い女性の人気を集めていた。「MUJI」の売り場には文具や収納用品、衣料など、あらゆる商品が並んでいた。だが、いずれも日本の無印良品よりかなり高い価格だ。日本から英国まで輸送する物流コストがかかるためだ。

それが、堤の目には「無印良品の精神に反している」と映った。

ロゴが入るだけで、単なるバッグが数十万円、数百万円に跳ね上がるのが、欧州の高級ブランドビジネスだ。無印良品は、このブランド消費へのアンチテーゼとして始まった。それなのに、ロンドンでは「ＭＵＪＩ」も東洋から来た新しいブランドと捉えられている。

ブランドではなく、「わけあって、安い。」というキャッチフレーズ通り、企業努力によってコストを抑え、海外の消費者が普段の生活のなかで使える値段にしなければいけない──。

堤のこうしたこだわりが、無印良品の存在を際立たせ、日本有数のグローバル小売業となる土台をつくった。

２０１７年度、無印良品の海外店舗は４５７店まで増え、国内の店舗数を上回った。進出先は20カ国以上に達し、中国や東南アジア、インド、欧米、中東など、世界中に広がっている。

無印良品は１９８０年にスタートして以降、洗練されたデザインと広告でイメージを高めてきた。そのため、ブランド消費を否定して始まったにもかかわらず、無印良品そのものがブランド化してしまうという危険性を、常にはらんできた。

良品計画で現在会長を務める金井政明は、堤の言葉を覚えている。堤はこう語った。

「私は西武百貨店に入ってから、いつ潰れてしまうかという恐怖心のなかで、必死にもがいてきました。私がやったことをイノベーションと言う人もいるけれど、それはもがきあがいた結果でしかありません。そして最後に、無印良品に行きついたのです」

この言葉からは、経営者として手探りの格闘を続けた壮年期を過ぎ、ようやく一つの「解」にたどり着いたという、堤の感慨と確信がにじむ。金井は、「苦労した人だから人間の本質が分かり、遠く未来まで見通せる視野があったのでしょう」と堤を評する。

第2章以降に詳述するが、本章ではごく簡潔に、無印良品に行き着くまでの堤の歩みを解説しよう。

無印良品にたどり着くまで

西武グループの創始者で衆議院議長でもあった父・堤康次郎の秘書を務めていた堤清二は、かつて「ラーメンデパート」と揶揄されていた西武百貨店に入社した。1954年、堤が27歳の時のことだ。

堤は当時を振り返りこう語っている。

「私が入社した時、西武百貨店はラーメンデパートと呼ばれていた。駅前にあって、ラーメンを食べようかと思って歩いていると、いつの間にか百貨店に入ってしまう。しかしラーメンを食べるほか、買うものがない」

堤は、母の異なる兄弟が何人もいる複雑な家庭環境で育った。

東京大学時代に一時的に共産党で活動したのも、日本有数の大資本家である父への反発が根底にあった。西武百貨店に入社した頃も、父子の確執は根深く残っていた。

「父親の命令で入社した。赤字会社だから入れたのだ。でも何とかして、都心にある一流百貨店になりたいという思いでやってきた」

堤本人がこう語るように、ラーメンデパートを立派な百貨店にする以外、堤が経営者として成功する道は残されていなかった。

父の康次郎は、1964年に死去した。事業継承で、西武グループの本業である鉄道、ホテル、不動産などの事業はすべて異母弟の堤義明が継承した。

清二が引き継いだのは西武百貨店くらいしかなかった。

西武百貨店への入社は、決して望んだものではなかった。だが堤は、経営者の才覚を発揮して赤字百貨店を再建する。

戦後、日本の大手アパレルメーカーは、老舗の高島屋や三越を優先し、西武百貨店とはろくに取引をしてくれない状況だった。そこで堤は、パリに住んでいた妹・邦子の協力も得て、欧州の高級ブランドを導入して対抗。エルメスやイヴ・サンローランといった有力ブランドの販売権などを軒並み獲得し、いち早く日本に導入していった。

老舗百貨店が手がけない海外の現代美術や前衛演劇といった斬新なコンテンツを、百貨店やパルコの店舗で紹介し、若い顧客を中心に先進的なイメージを広げていった。

1980年代前半、西武池袋本店の売上高は、老舗の日本橋三越本店を抜いて日本一となる。ラーメンデパートは見事に成り上がった。コピーライターの糸井重里による「おいしい生活。」という広告に代表される「セゾン文化」が一世を風靡したのも、この頃だ。堤は、池袋のラーメンデパートにブランドや文化の〝香水〟をふりかけて、一流百貨店の仲間入りを果たした。

ここまでであれば、堤は小売業界の歴史に名前を刻む一経営者にとどまったはずだ。だがセゾン文化の絶頂期、堤は「ブランドそのもの」を真っ向から否定する、無印良品という新業態を世に放った。

堤は、無印良品を「反体制商品」と呼んでいた。

「同じセーターでも、ブランドのロゴを付けると2割高く売れる。お客にとって、本当に良いことなのか」

高価なブランドを身に着けた他人の姿を見て、消費者が焦りと羨望を抱き、同じようなブランドを買いに走る。こんな消費社会に、堤は異議を申し立てたわけだ。

堤本人が欧州の高級ブランドを日本に導入し、「庶民も豊かになれる」という夢を見させて西武百貨店を日本一に導いたにもかかわらず、である。

高級ブランドブームの仕掛け人が、真っ向からブランドを否定するのだから、これは自己矛盾以外のなにものでもない。

だが間違いなく、堤は自ら仕掛けた消費の流れに疑問を持つようになっていた。

つまり無印良品は堤の自己否定そのものだったのだ。

「そんな安物は絶対に売れない」

無印良品が発売されたのは1980年。日本はバブル経済に向かう助走期にあった。

同年、田中康夫が小説『なんとなく、クリスタル』を発表。作品内では、ファッションモデルでもある東京の女子大生の生活が描かれ、都会の若者が好むカタカナのブランド名が多数盛り込まれている。小説に出るような高級ブランドの販売は、西武百貨店の得意技だった。

だが堤は、こうしたブランド至上主義は早晩行きづまると予感していた。

そして西友のPB（プライベートブランド）商品として、無印良品を生み出したのだ。

この頃の西友は、スーパー最大手だったダイエーに匹敵するほどの存在感があった。

だが当時、西友は世界的に流通業界の新潮流とされていた「ノーブランド商品」の開発では出遅れており、「無印良品」の発売は起死回生の逆転劇だった。

世界的にノーブランド商品のブームが起こったのは1970年代のこと。先駆けは仏大手スーパーのカルフールだった。ナショナルブランドを展開する食品や日用品などの大手メーカーのマーケティングから、消費者を解放して自由にする。カルフールの発想の根底には、こうした哲学があった。過剰な装飾を排した商品を安値で販売し、消費者の支持を集めた。小売業が巨大になり、メーカーに対する価格交渉力を強めていたという背景もあった。この流れは、米国でも広がっていく。

ナショナルブランドの商品価格には、過剰な機能や品質、あるいは過度のマーケティングや広告費用が含まれている。この価格構成に対するアンチテーゼとして、小売業が自ら「フリル＝飾り」のない、「ノーフリル商品」を提供する、という発想だ。

ノーブランド商品のトレンドは、日本にも広がっていった。

いち早く取り入れたダイエーは1978年、安価な食品や生活雑貨を発売。イトーヨーカ堂など、ほかの大手も追随した。ノーブランド商品は、消費者の味方と位置づけられ、広く大衆に浸透していった。

そのなかで、西友だけが大きく後れを取っていたのだ。

オイルショックの影響で、節約志向が高まっていた時期だ。西友の内部でも、ノーブランド商品を手がけるべきだという議論がなかったわけではない。のちに西友の社長に就く渡辺紀征は当時、営業企画担当としてノーブランド商品を提案した。

しかし堤の反応は散々だったという。

「貧富の差が大きい海外とは状況が違う。そんな安物は日本では絶対に売れない。何を考えているんだ。おまえたちはバカなのか」

堤は自分の考えがまとまっていないと、いら立つ癖があった。

この時もそうだったのだろう。ノーブランド商品に、消費者の生活を応援する商品だという大義名分があったとしても、他社をまねて欧米流の格安商品を出すようでは、日本では長続きしない。かといって、具体的にどうアレンジすれば受け入れられるのか。

悩んでいるうちに、他社の先行を許してしまった。

当時の西友に、ノーブランド商品を手がける力がなかったわけではない。

むしろ西友は、1970年代に米大手小売業シアーズ・ローバックと提携し、商品開発のノウハウを吸収していた。1974年にはセゾングループの後援によって「商品科学研究所」が設立された。西友は同研究所と協力し、主婦の声を吸い上げて商品に反映させる仕組みまで整えている。地道に商品開発の力を培っていたのだ。

ダイエーなどが先行した格安のノーブランド商品は、どうしてもメーカー品の模倣という印象が拭えなかった。極言すれば、大手スーパーにつきまとう「安かろう悪かろう」のイメージをさらに強化しかねない面があった。

そのイメージを塗り替えられなければ、どんなに安くても、ノーブランド商品は、いつかは消費者に飽きられてしまう。

無印良品はこの難題を突破し、堤が導き出した、ノーブランド商品の新しい形だった。

そして、無印良品が逆転ヒットを打てたのは、開発に当たったクリエイティブチームと堤の間に、緊密な信頼関係があったためである。

カタカナの名称はいやだね

無印良品のクリエイティブチームには、西武百貨店などのグループ事業でアートディレクションや広告コピーなどの才能を発揮してきた社外の人材が集まった。

アートディレクターの田中一光やクリエイティブディレクターの小池一子、インテリアデザイナーの杉本貴志。彼らは無印良品の立役者であり、商品の個性とコンセプトを決定づけた存在だ。

現在も、無印良品を展開する良品計画のアドバイザリーボードのメンバーを務める小池一子は、美術関係担当やコピーライターとして、堤の事業に長く携わってきた。小池は無印良品の誕生前夜の雰囲気を、こう振り返る。

「議論といっても、いわゆる会議のようなものではありませんでした。例えば、日本のものを美しいと思う感覚はどういうことかといった文化論、生活論のようなことを、時にお酒を飲みながら、堤さん、田中さんと一緒に話していました。そうしたなかで、関係者みんなが考えていることが一致したといいますか。それが、その時代の感覚だったのだと思います」

堤とクリエイティブチームが共有したのは、ロゴマークの価値がひとり歩きすることへの違和感だった。

「欧州の高級ブランドがどっと日本に入ってきた時、ブランドがひとり歩きをして、ロゴマークが付いていれば商品が高く売れる現象が起こりました。この違和感について、クリエイター仲間で話をしていたんです。普通に自然から収穫できる野菜や肉、木綿や絹などの布素材は、マークがなくても生活者は価値を感じます。ロゴマークだけがひとり歩きをしてしまうのは生活者の感覚から離れているんじゃないか。そんな疑問が、無印良品の思想的な出発点でした」

名称をどうするか。田中康夫が小説で皮肉交じりに描いたように、1980年当時、日本にはカタカナ英語が氾濫していた。「欧州の高級ブランド全盛のなかで、日本のものをきちんとつくりたいという思いから、堤さんも交えて、カタカナの名称はいやだねという議論をしていました」と小池は言う。

その流れでチームから出た案が、「無印良品」だった。

ノーブランドだけれど品質は良い。飾りのない日本語だ。堤は即決した。「決まった瞬間は鳥肌が立ちましたね」と小池は振り返る。

当初の無印良品のラインアップは、食品が31アイテム、家庭用品が9アイテム。西友のほか、西武百貨店やファミリーマートで発売された。

パッケージには、なぜ安いのかという理由を、「素材の選択」「工程の点検」「包装の簡略化」と明記。単なるナショナルメーカーの廉価版ではない、という独自のコンセプトを前面に打ち出した。

「わけありげ商品」と「わけあり商品」

それまで競合スーパーが手がけていたノーブランド商品には、どうしてもナショナルブランドの廉価版というイメージがつきまとっていた。「安いけれど、価格相応に材料が劣っていたり、製法を手抜きしているんでしょう」といった消費者の疑念だ。つまりは「安かろう悪かろう」という印象が強かったわけだ。

無印良品は、そんな消費者に真正面から向き合った。価格を安く抑えた理由を隠さず、消費者に説明したのだ。

「他のスーパーのノーブランド商品はわけありげの商品。西友のはわけあり商品」

無印良品が発売された頃の「日経流通新聞」（1980年12月11日付）には、堤のこんな発言が紹介されている。

消費者に対して正直さをアピールするとともに、食品の味や品質など、本質的な部分は手を抜いていないと伝えて、「ノーブランドだけど品質は一流」というイメージを発信する。これが無印良品の戦略だった。

「しゃけは全身しゃけなんだ。」

小池による象徴的な広告コピーが、無印良品の世界観をしっかりと消費者に伝えた。それまでナショナルブランドは、サケ缶に頭と尾の部分を使わず、おなかの部分だけを輪切りにしていた。だが無印良品のサケ缶は、サケの頭も尻尾も使う。筋肉も含まれている。その方がおいしいし、何より安く消費者に提供できる。

無印良品の姿勢を巧みに表現したわけだ。「わけあって、安い。」の典型例とも言える。

無印良品の発売初年度の売上高は、目標の30億円を上回る55億円を達成した（社史『セゾンの歴史』リブロポート）。事業としては成功と評価できるはずだ。

それでも堤が、独立路面店の出店を進めなければ、無印良品は、ほかの大手スーパーのノーブランド商品と同じように、一過性のブームとしてあっけなく消えていたはずだ。

青山の一等地に1号店を出した狙い

誕生から3年後の1983年、無印良品は独立路面店をオープンさせた。

場所は、東京・青山の一等地。総合スーパーのノーブランド商品を売る場所としてはあり得ない立地だ。小池は、当時をこう振り返る。

「無印良品は、衣食住を網羅して一つの思想を貫いています。ライフスタイルそのものを見せるのだから独立した路面店を出しましょう、と田中さんや私たちが、堤さんに提案しました。その頃は、日本人デザイナーの三宅一生さんや川久保玲さん、山本耀司さんの勢いが増していたし、青山などを中心に、欧州の高級ブランドもどんどん路面店を構えていました。そういう街に無印良品の哲学を投げかけたいと思ったのです。高級ブランド文化が真っ盛りのなかで、ファッションの街に、地味な無印良品をぶつけたい。とてもチャレンジングなことだったけれど、堤さんはやろうと言ってくれました」

アンチブランドの思想を持つ無印良品が、ブランドの街である青山に出て行くのは、いかにも逆説的である。しかも狙いはファッションへの迎合ではなく、「挑発」にある。

無印良品1号店は、洋服のブティックのようなセンスの良い店構えに仕上げた。

古いレンガを使った外観やコンクリート打ちっ放しの内装。そんな店で、安価で飾りのない雑貨や食品が売られるというユニークなギャップが話題を集め、無印良品は一気に認知度を高めていった。

1980年代、西友の商品企画責任者として無印良品に携わっていた渡辺紀征によると、堤は、無印良品の大切な要素の一つに「イメージ形成力」が欠かせないと話していたという。

「イメージ」とは商品の色やデザイン、パッケージなどの統一性や一貫性のことだ。無印良品のイメージを打ち出す思い切った施策は、青山店だけに限らない。

百貨店の1階に無印良品

青山店を開業した翌年の1984年。

西武百貨店はフラッグシップとして、西武有楽町店を開業した。同社にとっては念願の銀座・有楽町地区への進出である。売り場構成などを練る準備段階で、堤は急遽、百貨店の責任者を呼び、「1階に無印良品を入れろ」と指示を出した。

百貨店の1階といえば、高級化粧品や高級ブランドのバッグなどを並べるのが常識だ。そこに、総合スーパーのノーブランド商品として生まれた安価な無印良品を置くなど、考えられないことである。

渡辺はこう話す。「百貨店の関係者はみんな仰天しました。けれど堤さんの大号令だからと半信半疑で導入したところ、バカ売れしたのです」

「無印良品とは何か？」

１９８４年12月29日。西友の商品企画室ミーティングで、堤が発言した内容のメモが残っている。

この時期は、青山出店のブームが一段落し、やや減速しはじめていた頃だ。アイテム数が拡大して、無印良品のコンセプトが拡散しつつあった。

そこで堤は出席者に対し、謎かけのような質問をした。

「もういっぺん、無印良品とは何かをはっきりさせる必要がある。それは、①合理化なのか、②新生活運動なのか、③消費者の自由を確保することなのか、④ファッション・デザイン性なのか」

「それがはっきりするまで、新アイテムは追加しなくていい。コンセプトが曖昧になったら終わりである」

出席者にしばらく考えさせた後、堤はこう述べた。

「やはり、③消費者の自由の確保が中心であり、①②④は要素ではないか。無印良品は反体制商品だ。自由の確保を忘れて消費者に商品を押しつけるようになったら、その段階で無印良品は『印』、すなわち『ブランド』になってしまう」

経営者の言葉としてはあまりに観念的で、学生運動のアジテーションのようだ。

だが堤は、デザインや機能で自己主張する商品ではなく、消費者の生活に寄り添い、自由に使ってもらう存在であるべきだということを伝えようとしていた。

こうした創業のテーゼを一つひとつの商品に対して繰り返し、愚直に確認してきたのが、無印良品だった。

2　西友と堤からの「独立」

堤清二の遺品の中に、ある社内資料が大切に保管されていた。

日付は1995年2月21日。「無印良品家電開発」というタイトルが付いている。「無印家電」スタート時の8品目を説明する良品計画の文書だ。

冷蔵庫、洗濯機、電子レンジ……。

それぞれの商品の規格、売価、年間販売台数などが詳細に記され、製造委託メーカーは「シャープ」とある。「単身者を狙い、シンプルなデザイン、単純な機能、リーズナブルプライス」と開発方針が記載されているほか、販売台数については、「ミニマムギャランティ対メーカー」という注記もある。シャープに対して、「最低これだけは売る」という約束だ。

1990年代末まで、堤は良品計画の取締役を務めてはいた。

だが1991年にはセゾングループの代表を辞任し、良品計画も含めて、形式的には経営の一線から退いていた。

それでも無印良品の家電開発は、良品計画の歴史のなかでも重要なターニングポイントであり、思い入れが強かったのだろう。

良品計画の現会長の金井政明は、1995年に無印良品が家電を発売した当時、生活雑貨の責任者を務め、家電も担当領域としていた。

「無印良品から家電を売り出す前には、堤さんの許可を得ないといけないような空気がまだ残っていました。だからすべての商品を持ち込んで、汗たらたらで堤さんに説明しました」

場所は「米荘閣」という、堤の自宅に隣接する大きな迎賓館。かつて堤の父・康次郎は東京・南麻布の自宅を政治や財界の活動に使っており、その場所に建てられた洋館が米荘閣だ。高級住宅街として知られるエリアにある。

無印良品が家電開発に着手した時代は、売り手よりもつくり手の力が圧倒的に強かった。その頃の小売業にとって、ナショナルブランドを手がける大手メーカーに、自社仕様のPB商品をつくってもらうのは、極めてハードルの高いことだった。

そのため小売り各社は、海外工場や中小メーカーに家電の生産を委託して、PBを展開してきた経緯がある。だが消費者には敬遠され、死屍累々だった。

当然、良品計画がシャープにPBの家電をつくってほしいと依頼をした時にも、シャープからは「拒絶反応があった」（金井）という。金井は粘り強く交渉を重ねた。

堤は開発担当者の努力を評価した。堤自身、米国でのある原体験と重なるものがあったからだろう。

米シカゴのシアーズで原体験

1960年代後半の米国シカゴ。

堤はその頃、米小売業界の盟主だったシアーズ・ローバックの本社を度々訪れていた。技術提携をさせてほしいと何度も通っているうちに、商品研究室を見せてくれたという。そこには、日本製やドイツ製の14～15種類のカメラが置いてあった。

堤は、こう回想する。

「シアーズ担当者が説明してくれた。このカメラはシャッタースピードが2000分の1

秒まで撮れるが、米国の消費者は500分の1で十分だ。そうしたらどのくらい安くなるか。こんなふうに商品開発を考えていた」

消費者にとって本当に必要な性能だけに絞り込んだPBをつくるために、数値的な根拠をもってメーカーと交渉する。その代わり、リスクを取って一定の販売数量を約束する。その姿勢を学んだことが、「良品計画の基礎になっている」と堤は語っていた。

大手のシャープに生産を委託するという金井らの試みは、堤が刺激を受けたシアーズの商品開発に近づいてきた証左だ——。

堤はこう感じたに違いない。だからこそ、社内資料を大切に保管していたのだろう。

現在、日本の小売業界をリードする衣料品チェーンのユニクロや家具・雑貨チェーンのニトリ、雑貨などを扱う良品計画は、SPA（製造小売業）と言われるビジネスモデルを導入している。

問屋やメーカーから、既にある商品を仕入れて売るのではなく、独自商品を企画して、世界各地の工場やメーカーに生産委託する方式のことだ。

1960年代、堤はシアーズにその原型を見て、日本で他社よりも早く、無印良品でSPAを実現した。

日本の小売業の歴史のなかで、百貨店やスーパーを中核とする総合小売業グループから、有力なＳＰＡ事業が誕生し、成長を続けている例は、無印良品を除いてほとんど見当たらない。

そう思うと、商品開発にこだわった堤の先見性は、改めて重要な意味を持つ。

日本の百貨店業界を牛耳ってきた高島屋や三越といった老舗は、問屋やアパレルメーカーに依存して、売れ残りをいつでも返品できるような商法を続けてきた。長く百貨店業界に身を置いていた堤にとって、シアーズで見たビジネスモデルは、百貨店とは逆に映ったはずだ。

そこで西友は１９７０年代以降、苦戦しながらも問屋に頼らず、独自で商品を開発しようと努力を重ねて、何とか無印良品に行き着いた。

これを成功させた堤にしてみれば、西武百貨店も改めてバイヤーを鍛え直せば、自分たちがリスクを取って商品を開発できるようになるはずだ、と期待を抱いていたのかもしれない。

「爪のあかを煎じて飲みなさい」

「君たちは無印良品のバイヤーの爪のあかを煎じて飲みなさい。どうせ海外での商品発掘といっても、問屋と一緒に出張して、全部問屋にやらせているんだろう」

1980年代、東京・池袋で開かれた西武百貨店の商品展示会に訪れた堤は、いきなり猛然と怒りだした。

独自開発をうたう衣料品が展示されていたのだが、「生産ロットがどれくらいか」といった基本的な質問に、西武百貨店の担当者が答えられなかったからだ。

「問屋に任せてリスクを取らないところからは、クリエイティブな仕事は生まれない」

堤は当時からこう考えていた。西武百貨店の展示会を訪れる前には、無印良品の商品展示会を見てきたばかりだった。そして、西武百貨店の社員たちを前にこう言った。

「無印良品のバイヤーは、新疆ウイグルの遊牧民のところまで行って、テント生活をしながらカシミヤを買いつけてきた。大変な努力をしている」

1980年に無印良品が誕生した時、堤は53歳。親が年を重ねて最後にできた末っ子をかわいがるように、堤は、経営者人生の後半でたどり着いた無印良品を愛していた。

だが無印良品の思想やコンセプトがいかに優れていても、事業を安定させて軌道に乗せるには、全く別のマネジメント力が求められる。堤はこの難しさを軽視しがちだった。

1980年代の無印良品は、外から見れば、カシミヤセーターなど、単発のヒット商品が出ていた。だがまだ、事業として飛躍するための基盤づくりの途上でもあった。

堤の掲げる理念と現実のビジネスのはざまで苦労したのが、木内政雄だ。

木内は1968年に西友に入社したプロパー社員。行動力に定評があり、1985年、西友の中に新設された無印良品事業部の初代部長に起用された。

その当時、無印良品の業績は低迷していた。だが木内には自信があった。

「無印良品ほど人口に膾炙している商品はない。あとは品質を良くして、品ぞろえをしっかりとさせる。問屋取引をやめて粗利を高める。それで確実に利益は上がる」

そう考えていた木内だが、カリスマ経営者の率いる組織ならではの弊害に悩まされる。西友内部には、堤に対する忖度《そんたく》がはびこり、大きな障害となっていたのだ。

無印良品の思想は優れていても、商品開発の精度はさほど高くなく、売れ残るものもたくさんあった。それが平気で在庫として残っていたのだ。木内は振り返る。

「なぜ売れなかった去年の衣料品がこんなに残っているんだと社員に聞くと、『値引きをすると堤さんに怒られます』『無印良品のテーゼに反します』と言うんです。俺は、『じゃあ売れ残って結局は捨ててしまうのと、どっちがいいんだ』と言い返して、値引きして売らせました」

硬直化しつつあった西友という組織の中にあると、無印良品のこの先の成長が阻まれる。そもそも無印良品は、仕入れからシステム、物流、商品政策まで、あらゆる面で西友とはロジックが違う。

そこで木内は1988年、堤らセゾングループの幹部に、無印良品の分社化を提案した。この時は却下されたが、諦めずに翌1989年、再び提案した。

「『木内は本当にしつこくていやだから、そろそろほっぽり出してやろう』。そんな言い方で、堤さんは無印良品の分社化を認めてくれました」と木内は明かす。

こうして1989年、無印良品を展開する良品計画は、西友とは別の企業体となった。

分社後、木内は順調に事業を拡大して実績を上げ、1993年には良品計画の社長に就いた。だが間もなく、木内のメディアでの発言が、セゾングループや堤への批判と取られ、内部で大きな波紋を呼ぶことになった。

セゾングループは商品企画やマーケティングを重視するあまり、地道な改革を怠りがちだ。それを反面教師にしたから、無印良品はうまくいった――。そんな内容の発言だった。

迎賓館で堤に土下座

グループ30社の社長が米荘閣に集まる会議で、木内は謝罪したという。

「円卓に各社の社長が座っていて、最後に堤さんが入ってくる。僕の席は一番下座にあるのだけど、会議が始まる前に廊下の扉のところで、土下座をしました。『大変申し訳ありませんでした』、と」

堤はこう反応したという。「いいよ、いいよ、君、君、そんなことをするなよ。いいよ、頑張れよ。少しくらい元気なやつがいてもいいじゃないか」

木内は、堤の斬新な発想があったからこそ、ほかの総合スーパーが手がけるPBとは全く異なる無印良品が生まれたと評価している。その一方で、堤の理想を守りながら事業を継続する難しさに苦悩したのも事実だ。

先に触れた通り、堤は1991年にセゾングループの代表から退くことを宣言した。だが実態は、それ以降もなおオーナーとして影響力を持ち続けていた。そのなかでも無印良品への思い入れは強かった。木内は生みの親である堤と対立せず、一定の距離を保つという微妙なバランスを探った。堤のアドバイスを言葉の通りに実行するのではなく、木内なりに咀嚼して、現実のビジネスに落とし込んだ。

象徴的な例は「無印ホテル」の構想だろう。

堤は木内に対して何度も、「無印良品のコンセプトのホテルをつくれ」と伝えていた。

セゾングループは1988年、約50カ国で約100のホテルを運営するインターコンチネンタルホテルを買収していた。投資額は2000億円以上。世界のホテル業界で最大級の買収と言われ、のちにセゾングループを苦しめる一因にもなった案件だ。

同ホテルチェーンは最終的に、負債を減らしたい銀行団の圧力によって1998年に売却される。堤はその無念さを隠さなかった。それほどホテル事業に強い思い入れがあったのだ。

おそらく堤は、自らの経営思想を隅々まで注ぎ込んだホテルを一からつくり上げたかったのだろう。「無印良品のホテル」というアイデアに強いこだわりを持っていた。そして、木内に「無印良品のコンセプトのホテルをつくれ」と繰り返していたのだ。

だが木内は、本業のビジネスモデルを確立するのが急務と考え、堤の要求をうまくかわしてきたという。「ものがあふれる時代になると、次は時間商品が重要だという堤さんの論理は正しいと思います」と木内は語る。今で言う「コト消費」への対応である。

ホテルは難しいが、時間消費に対応するものがつくれないか。そう考えて1995年、大きな投資のいらない無印良品のキャンプ場をオープンさせた。

経営から退きながらも、堤は常に無印良品の事業展開を気にかけていた。特に注意していたのは、「ファッション性の高い商品を手がけるようになってはいけない」ということだった。

「心配していましたね。『ファッションの領域に入ると無印良品ではなくなってしまう』と言っていました。化粧品の販売についても、堤さんはあまり賛同していませんでした」と金井は明かす。

だが1990年代後半、無印良品は化粧品を扱いはじめた。「生活雑貨の責任者だった私が、商品開発前に堤さんに説明しに行ったところ、すぐにはゴーサインが出ませんでした。化粧品に手を伸ばす女性の心理について考察するように、宿題を出されたのです。それから改めて堤さんのところへ行って、やっと発売を認められた経緯があります。大変勉強になりました。今では化粧品は、大きな商品分野に育っています」（金井）

「西武百貨店と西友を売ればいい」

バブル崩壊後の資産デフレが進むなかで、1997年には山一証券や北海道拓殖銀行が、1998年には日本長期信用銀行が経営破綻するなど、日本経済は金融危機に見舞われた。

ほぼ時を同じくして、セゾングループも銀行団からのプレッシャーによって巨額負債を放置できなくなった。

多額の負債を抱えたノンバンクの東京シティファイナンス（TCF）に対して、親会社である西友が支援をするよう金融機関が要請してきた。西友は、保有するファミリーマートと良品計画の株式を売却せざるを得ない状況に追い込まれた。

当時の西友社長だった渡辺紀征がその事実を報告すると、堤はこう返したという。

「西武百貨店と西友を売ればいいじゃないか。なんで悪い会社を残して、いい会社を売るんだよ」

「もちろん堤さんは、それが無理だと分かっていました。けれど自分が生み出した優良会社を手放すのが本当に無念だったのでしょう」と渡辺は振り返る。

結局、ファミリーマート株は伊藤忠商事に、良品計画株は機関投資家などに売却された。それと引き換えに、TCFは取引金融機関から約2000億円の債務免除を受け、西友とTCFは倒産を免れた。良品計画が好業績を維持し、高値で投資家に株式を売却できたからこそ、セゾングループにとって最悪の事態である〝突然死〟は避けられた。

この頃、堤は社内外で、「セゾングループを経営難に陥れたオーナー経営者」という印象が強まっていた。

その影響を受けて、良品計画の中にも堤と接点を持つことをいやがる人が増えていった。そして1990年代末、堤は良品計画の取締役からも退いた。

2000年度、良品計画の業績が急速に悪化した。

連結営業利益は1999年度比14％減の116億円。減益になったのは、1989年の良品計画創設以降、初めてのことだった。商品力が伴わないまま大型店を多数つくった結果、売れ残りが膨らみ、在庫の処理が経営課題になっていた。

同じSPA業態のユニクロやニトリ、100円ショップなどによる急追を受けるなか、大型店の展開は良品計画にとって重荷になっていた。

1990年代、無印良品はSPA業態の代表格として脚光を浴びた。その栄光が、一夜にして暗転したのだ。

1990年代後半、良品計画が急成長して株価が高まれば、売却益は膨らみ、業績不振に苦しむ西友のリストラの原資として活用できる。つまり良品計画は、西友の経営安定化を図るためにも、身の丈を超えた拡大を余儀なくされるという構図があったのかもしれない。西友の〝孝行息子〟としての急拡大が良品計画の首を絞めることになったとも言える。

危機的な状況で急遽、社長を託されたのが松井忠三だった。

社長就任の直後、2001年度の中間決算は連結最終損益が赤字になったが、そこから業績を立て直していく。松井は人事関係の経験が長い。本部や店舗の業務マニュアルを整備するなど、個人の経験に頼らずに仕事ができる仕組みづくりに注力した。

松井は、堤らが重視してきた感性やセンスが優先されるセゾングループの風土が、良品計画の業績悪化の一因であると喝破。ふんわりとした感性やセンスよりも、多くの社員が共有できる仕事の仕組みをつくり、業績をV字回復させていった。

「覇権を握った次の瞬間に没落する」

危機を乗り越えた松井の後を受けて、2008年に良品計画の社長になったのが金井だ。長く商品開発を担い、先に触れた家電のほか、数多くの商品を手がけてきた金井は、前社長の松井とは別の観点から、良品計画に対して問題意識を抱えていた。

「無印良品の本質がどこにあるかといえば、堤さんや田中一光さんら、一流のクリエイターの果たした役割は大きい」

「無印良品って何だろう」という本質に立ち返ることが、長い目で見ると、ライバルがまねできない絶対的な無印良品の価値になると、金井は確信していた。

セゾングループが崩壊したのは、バブル経済とその崩壊を巡る堤の誤算であり、経営者として、堤にその責任があったのは紛れもない事実だ。それを直視したうえでもなお、後に続く者は、創業者の声に耳を傾ける必要がある。金井にはそんな思いがあった。

そこで社長就任から間もなく、金井はあえて良品計画に堤を招き、商品開発担当に向けて話をしてもらう場を設けた。

その場で、堤からはこんな発言があったという。

「下手をすると良品計画は、小売業のトップに立つことができます。それはしかし、非常に怖いことです。一時、覇権を持った勢力は、必ず次の瞬間に没落します。ですから、物事を変化のなかで捉えるということは、勝っても同時にリスクが進行していることを示しています」

確かに良品計画は、浮き沈みの激しい歩みをたどってきた。だがこの言葉は、1970年代から80年代にセゾングループとして一世を風靡し、その後で王国が瓦解した堤の経営者人生そのものを表しているとも言える。栄枯盛衰の果てに堤が絞り出した言葉は、深い響きを持って社員たちに伝わったはずだ。

無印良品にとって、没落のリスクは商品開発の軸がぶれることにある。金井はそう受け止め、クリエイターが参加するアドバイザリーボードとの関係を、改めて強めている。一つひとつの商品が、無印良品にふさわしいか否かを入念にチェックし、議論を深めるためだ。

堤が最初に生み出した無印良品の姿を、どのように受け継いでいくのか。社内では商品開発の最中に、「これが本当のMUJIなのか」と点検することを大切にしている。

無印良品の創業当初からアドバイザリーボードのメンバーを続ける小池は、2008年、良品計画の社長に就いた金井から、電話を受けた。「どういうふうに無印良品の軸を守って、いいものづくりをするのか考えています。それで、研究所のようなものをやりませんか」と金井は小池に投げかけた。そこで設立されたのが「くらしの良品研究所」だ。

この研究所では、無印良品の本質や思想をいかに継承していくのかという問題意識の下、デザインや商品づくりを点検している。金井は小池に、「くらしの良品研究所」のコピーを書くよう依頼した。

「くりかえし原点、くりかえし未来。」

これが今、くらしの良品研究所の活動の柱になっている。

1980年の誕生から40年近くの時が経っても商品のコンセプトがぶれないよう、歴史と未来の両方を見据えて踏ん張ること。目の前の利益に流されないこと。無印良品が色あせない理由が、ここにある。

3 今は無印を、僕たちが解釈している

良品計画では現在、堤が晩年までこだわってきた課題について、無理難題と退けるのではなく、創業の理念を守るために克服しようとしている。

例えば「MUJI」の海外店舗で扱われる商品の価格。かつて堤は、日本よりも割高な価格で商品が売られることを懸念していた。社長の松﨑曉（当時）は、「理想は世界統一価格」という目標を掲げて、コスト低減と価格の見直しを急いでいる。

もう一つ、海外展開において堤の教えをかたくなに守っていることがある。

「日本らしさ」や「クールジャパン」といったイメージを打ち出さないというルールだ。

金井はこう説明する。「堤さんは、『日本らしい』ということで商売をしていると長く続かないと言っていました。異文化を楽しんでもらっているうちに、早く価格と品質が合理的だと思ってもらえる構造をつくらないといけない、と心配していたのです」

「日本らしさ」ではない普遍的な価値を求めるのが堤の理想ではある。

だが1991年、初めてロンドンに海外1号店を出すにあたっては、やはり「東洋の価値」が現地の運営パートナーを魅了した。

出店のきっかけはロンドンからの手紙だった。

東京・青山に無印良品初の路面店ができた5年後の1988年。ロンドンでは老舗とされるリバティ百貨店の仕入れ担当から、日本の無印良品にラブコールの手紙が送られてきた。

小池によると、こんな内容だったという。

「我々は、ロンドンの百貨店として常に東洋から英知をもらってきました。そして今回、東洋から一番重要なものをロンドンに持ってきたいと思い、5年間、無印良品の日本の店に通って勉強しました」

担当者らの尽力によって、リバティ百貨店とのパートナーシップ契約を締結し、無印良品はロンドンに海外1号店をオープンさせた。

もともと無印良品は、欧州の高級ブランドが日本で氾濫していることに対するアンチテーゼとして誕生した。誕生に携わったクリエイターや堤らの間では、日本の美意識を見直そうという議論もあったそうだ。

事実、余計なムダを省いた無印良品の商品には、「わびさび」の美を感じさせるものが少なくない。知的で異文化に関心のある欧州の文化人やクリエイターたちに、「ＭＵＪＩ」が受け入れられた背景に、「東洋的なもの」があったのは否定できないだろう。

それがＭＵＪＩの魅力であることは間違いないし、海外進出にあたってはユニークな強みにもなった。

だがもはや、良品計画の海外展開のステージは、もっと進んだレベルにある。堤の言うように、「日本らしさ」や「クールジャパン」のイメージで勝負する段階は終わった。本当の意味でグローバル企業になれるかどうかの真価が試されるステージなのだ。

海外店舗数が国内店舗数を抜いた

２０１７年度の良品計画の連結決算は、７期連続の営業増益を達成。順風満帆だった。無印良品の海外店舗数は、国内店舗数を抜いて、年度末に４５７店になった。

２０１７年度の海外事業売上高（営業収益）は１４４７億円で、売上高全体の38％を占める。増収率は23％で、良品計画の成長の原動力にもなっている。営業利益を見ると、海外事業で160億円を稼いでおり、こちらは全体の36%を占めている。

欧米事業は赤字だが、中国をはじめとした東アジア事業が稼ぎ頭となっている。

一般に、日本の小売業でこれほど海外事業がうまくいっている企業は多くはない。

ユニクロを展開するファーストリテイリングの2017年9月〜18年2月の半期連結決算を見ると、国内ユニクロ事業の営業利益が887億円、海外ユニクロ事業は807億円と拮抗している。

良品計画は、ファーストリテイリングなどに続くレベルのグローバル小売業になっているのだ。

2015年に良品計画の社長に就いた松崎も、もともとは経営幹部として海外部門で成果を上げた人物だ。現在では、2020年度に売上高5000億円、営業利益600億円、ROE（自己資本利益率）15%以上、という意欲的な目標を掲げている。

社会から必要とされる企業であれば、成長の結果は後から付いてくるはずだ。

「反体制商品」を掲げて生まれた無印良品が、資本市場の価値観に屈すれば、存在価値はなくなってしまう。株式市場が求める利益拡大という目標に迎合してあらゆる事業戦略を組み立てるのであれば、それは本末転倒であり、体制に敗北したことを意味する。

だが、果たして今の時代、そんな理想を本当に貫くことができるのか。

企業理念と市場経済のはざまで、どんな着地点を見いだしていくのだろうか。

答えは明確には見えないが、堤の思索のなかにヒントがあると、金井は考えている。

7年間、良品計画の社長を務め、2015年に代表権を持つ会長に就いた金井は、2017年に60歳になった。堤と接した時間が長いわけではない。だからこそ、「堤さんの発言や考え方を調べながら、無印良品はどうあればいいのだろうと考えています。無印良品というものを〝探求〟するために」（金井）。

中国で「MUJIホテル」が誕生

2018年1月18日、良品計画が中国・深圳に世界初の「MUJIホテル」を開業した。

堤が存命であれば90歳。

もう少し生きて、自分の目でその出来ばえを確かめたかったに違いない。

日本でも2019年春、東京・銀座に、無印良品の新たなフラッグシップ店に併設されるかたちで、MUJIホテルがオープンした。

MUJIホテルは、運営を外部に委ねるものの、コンセプトは良品計画が策定。内装のデザインや家具の提供も手がける。

堤の念頭に、中国へのホテル進出があったかどうかは分からない。

だが無印良品は既に中国で200店以上を展開しており、ホテルが受け入れられるだけの知名度はある。ホテルという業態を加えることで、MUJI流のライフスタイルを中国の消費者に、より明確に伝えようという狙いだ。

急成長の末、日本以上に拝金主義と資本の論理が社会を覆う中国。なかでも新興IT企業が集まる深圳は、「中国のシリコンバレー」と言われ、現代の中国を最も象徴する都市だ。街は豪華な高級ホテルが乱立している。

そのなかで、豪華絢爛の対極とも言える「簡素で心地良いホテル」というアンチテーゼを、中国14億人の国民に、提案する試みだ。

開業に合わせて現地で記者会見した社長の松﨑は、「無印良品の世界観を圧倒的に感じてもらえる」と語った。

堤の思想がどこまで普遍性を持ち得るのか。その試金石とも言える。

「正しいかどうかは分かりません。けれど世代が変わったわけだから、僕たちなりに解釈して、自己責任でやるしかない」。堤が残したDNAの継承について、金井はこう語る。

最近、良品計画は「感じ良いくらし」というキャッチフレーズを、「感じ良い社会」へと広げて、小売業以外の分野も手がけようとしている。

ホテルがその象徴だが、ほかにも社会課題の解決をビジネスにつなげる試みとして、商店街の再生や団地のリノベーションなどにも取り組んでいる。

このあたりも、堤の思想と深く結びついている。

すべてを損得のもの差しで測るようになった世の中に対する問題意識。

消費の対象とならないものはすべて無価値だと考える社会に対する批判精神。

堤という経営者の本質は、事業家であり資本家でありながら、行き過ぎた資本主義社会に対する違和感を捨てなかったところにある。

そして、その思想を引き継ぐことこそ、青くさく、遠回りのように見えても、無印良品を永続させる最も堅実な方法なのだ。

金井はこう考えている。

「無印良品が世に出た頃、再生紙を使ったりして、いろいろな意味で一般的な商品の常識とは違うことに挑戦しました。当時はもちろん、『こんなものは売れないよ』とみんなに言われたわけです。割れた椎茸にしても、生成りのTシャツにしても。ところが10年、20年経って、そういうものが当たり前になりました。ほかと違いを出すのはなかなか難しくなっていきます。再生紙のノートといったって、今ではそこら中で売っているわけですから」

「そうすると、僕たちはやっぱり常に無印良品とは何ぞやということを世に発信をする必要があるわけです。それがMUJIのホテルだったり、住宅だったりする。現在取り組んでいる里山を守ろうとか、シャッター通りを再生しようという活動も同じ意味です」

「常に世の中を見わたして、『これはおかしい』とか『感じが悪いな』ということに対して、ＭＵＪＩの価値観はこうあるべき、ということを提示していく。それによって、今では当たり前になった商品も、もとは無印良品がパイオニアなんだということを、消費者が感じるきっかけになると思います。製品そのものの競争では違いがなくなってきているけれど、根底にどんな精神性があるのかということが、改めてこの先は大事なんだと思います」

堤の矛盾が無印良品の個性に

無印良品の聖地とも言える東京・青山。１９８３年に初の路面店がオープンしてから28年後の２０１１年、青山店は「Found MUJI（ファウンド・ムジ）」という新業態に生まれ変わった。

無印良品では現在、生活の知恵がつまった日用品を、日本各地の産地や世界各国から見つけだして学ぶ活動をしており、青山の店ではそうした食器や衣料を販売している。

堤は無印良品を通じて、「消費者の自由」を唱えた。

バトンを引き継いだ金井ら現経営陣は、そこから一歩踏み出し、存亡の危機にある職人や生産者を支えようと、堤の発想を進化させた。

店内の白い壁には、ドイツの哲学者フリードリヒ・ニーチェの言葉が記されている。

「何か新しいものを初めて見つけることではなく、古いもの、古くから知られていたもの、あるいは誰の目にもふれていたが見逃されていたものを新しいもののように見出すことが、真に独創的なことである」

ここに、堤の思考から発展した一つの視点が浮かび上がる。

西友のPBとして無印良品が誕生した頃は、強大な力を持つ大手メーカーが「体制」の側に身を置く権力であり、小売業は消費者の味方として、権力に立ち向かうという構図があった。価格や商品仕様の決定権を、メーカーから奪還することが小売業界の大義名分となり、各社がノーブランド商品を展開していった。

だが今やそのメーカーは、逆に規模を拡大して力を付けた小売業から厳しい条件を突きつけられるようになっている。巨大小売業にコスト低減を迫られ、ものづくりの理想を守れなくなったつくり手も少なくない。

無印良品として何かができるはずだ。

ファウンド・ムジには、そんな問題意識も透けて見える。

多様な事業を手がけた堤が、経営者として最後まで深く思いを込めた無印良品。

そこには経営者としての情熱だけでなく、「反体制」を唱えて時代の大勢に抗うという、堤個人の哲学も反映されている。

そして無印良品には、その堤の思想が今なお、確実に息づいている。

興味深いのは、欧州の高級ブランドを日本国内で広めたり、世界の一流ホテルを買収したりしながらも、「わけあって、安い。」にこだわる堤という人物の「両義性」だ。無印良品という事業には、堤本人が抱えていた矛盾がそのまま内包されており、それが唯一無二の個性を生み出している。

だからこそ堤という人間の息吹に、消費者は魅了されるのかもしれない。

4　「第二創業」へ走り出す

見えはじめた異変

順調に成長していた良品計画に異変が目立ちはじめたのは2019年ごろからだ。

2019年2月期決算は、連結営業利益が前期比1%の減少だったが、20年2月期は、19%の減少となり、急ブレーキがかかった。

ニトリホールディングスや100円ショップなど安値を打ち出すライバルとの競争が激しくなるなかでも、「わけあって、安い。」という創業の精神を大切にして、価格を抑える努力を続けていた。会長の金井は、かつてよりも生活者の間に格差が広がるなかで、価格はどうあるべきかということに問題意識を持っていた。デザインやコンセプトはよいけれど、価格は高めだと感じられるような商品になっては、無印良品の精神に反するという思いがあった。

とくに2019年は10月に消費税が8%から10%に上がり、生活者への負担がさらに増した時期だ。良品計画は増税に合わせて、価格引き下げに力を入れた。節約志向を強める消費者に支持され集客には成果を上げたのだが、需要を見誤り在庫のコントロールでつまずいた。販促施策を多用したこともあり、大幅な減益に陥った。

1980年に誕生した無印良品は、20年後の2000年ごろ、急成長の副作用やユニクロなど競合の成長が影響し、経営不振に陥った。その後、経営を立て直し、成長軌道に戻ったが、今度はそのまた20年後、創業40周年の節目に、大きなピンチを迎えた。

生活雑貨など多様な商品の開発を手掛けてきた金井。2008年に社長に就き、2015年からは代表権のある会長として経営を担ってきた。「Mr．MUJI」とも呼ばれ、その無印良品の創業精神の普及と伝承を担ってきただけに、良品計画に吹き付ける逆風に、強い危機感を持っていた。

2020年の夏、金井会長にインタビューをした際、次のように語り、40年の節目に社内体制を立て直す必要性を示していた。

「人海戦術に頼らなくて済むようなIT（情報技術）の整備が間に合っていませんでした。

これまでは情報システムをつぎはぎでつくってきたことも影響しています。最近は抜本的な対応のために積極的なシステム投資をしています。サプライチェーンや本部の管理コストなどをしっかり見直す必要があります」

海外事業についても大きく見直す時期だと、金井は考えていた。

「結構いろいろな地域に出た半面、結局ドミナント（地域集中）展開ができていません。国・地域ごとのバイイングパワーが生まれるように主要な国・地域で、売価を下げつつ店舗を増やします」

海外事業は中国などが急ピッチで伸びてきたが、国によって業績にばらつきが大きく、てこ入れが必要な段階にもなっていた。2020年7月には、米国事業でチャプター11（連邦破産法11条）を申請して立て直すという荒療治にも乗り出した。

この時期は、業績悪化にコロナが追い打ちをかけたような状況だった。決算期変更で6カ月間の変則決算になった2020年8月期は、連結最終損益が169億円の赤字になった。コロナに伴う臨時休業のほか、国内外の店舗で減損損失を計上したことが響いた。

「土着化」への挑戦

コロナ禍の逆風に耐えながらも、試練のなかで進化すべく歩みを進めた。以前から取り組みはじめていたことではあるが、コロナ禍によって必要性がさらに鮮明になった戦略がある。

それは都心の商業施設内での店舗展開が目立っていた無印良品を、より人々が住む生活圏の近くへと、持って行こうという取り組みだ。地方への出店で、無印良品は何をしたいのか。ひとつの象徴的な店舗として、新潟県にできた大型店について取り上げる。

コロナ禍で迎えるはじめての夏。不安が日本を覆っていた。小売業や消費関連のビジネスでは、もともと進んでいた消費のネットシフトが加速し、リアル店舗の存在意義が大きく揺らいでいた。そんななかで、「リアル店舗の意地」を感じさせるような、良品計画の巨大店舗が、新潟のある街に2020年7月、オープンした。

新潟県上越市にある直江津という地域の中心市街地に開業した「無印良品　直江津」だ。直江津は、駅が北陸新幹線のルートから外れていることもあって、人を集めるうえで恵まれた環境にはない。そんななかで、久しぶりに話題を呼ぶ商業施設となった。

立地は駅の近く、商店街の一角にあり、前の年にイトーヨーカ堂が撤退していたショッピングセンターの2階フロア全体を占めるかたちで、無印良品が入った。約6000平方メートルという広大な店内には、生活雑貨や衣料品、寝具などが、豊富な品ぞろえで並ぶ。

上越市という人口20万人に満たない地方都市で、これほど大きな店に挑んだ良品計画。

ネット全盛社会にあって、小売業として「反骨精神」の表れとも言えるだろう。リアル店舗の存在意義を明確に示せることは、まだまだある。例えば、地域の交流や文化を育てる拠点として機能すること。地元の農作物をしっかりとそろえて、生産者と生活者が共存共栄すること。それらを実現するための仕掛けを随所に充実させた店舗だ。

「なおえつ良品市場」というコーナーは、「地元産品の販売を通じて、お客様といっしょに上越の価値を再発見する」という理念で展開しており、野菜など地元生産者の商品をそろえる。「オープンＭＵＪＩ」というフリースペースのコンセプトは「新たな集会場」。イベントスペースとしても活用でき、地元のクリエイターの作品展示会なども開ける。全国で街の書店の衰退が指摘されるなかで、フロア中央あたりに、直営で大きな書籍売り場を導入し、存在感を放っていた。同社によると、地元の書店が数年前に閉店したことに対応して、大きく書籍売り場を割いたのだという。

金井はネット通販全盛期にあってリアル店舗の意義についてこう語っている。

「人同士が対面することでリアル店舗には人のぬくもりがあります。『お互いさま、お疲れさま』と言い合える世界です。人間はローカルを形成する生き物。ローカルの中で自分の存在意義を見つけながら生きています」

「今は便利なＳＮＳ（交流サイト）やネット通販もあります。コロナ下でこれらに夢中になる人も増えました。ただコミュニケーションとしては深くない。すべてがオンラインだと幸せではないでしょう」

多くの小売業が地域密着を唱えるなかで、それがかけ声倒れにならないように、良品計画では「コミュニティマネージャー」という役割をつくって、地域を学び、つながりを強めようとしている。直江津でもあらかじめ、コミュニティマネージャーが地域に入り込んで農家らと交流を深めながら、自分たちがつくる店は、地元から何が求められるのかを考えてきたという。

さらに直江津では、小型バスに商品を積んで、山間地域などを巡る移動販売を手がけはじめた。高齢化の進展などで、「買い物難民」の問題は日本各地で深刻になっている。地域への貢献という大きな目標に向かって、手探りながらもこうした新事業を手がける意義は大きい。

直江津の開業にあたり、会長の金井は「あえて東京に背を向ける」と語った。良品計画が「土着化」と呼ぶ、泥臭いまでの地域密着戦略を進めようとする意気込みがあった。「かねて掲げてきた『感じよい暮らしと社会』へ向けて、小売業の枠を超えて地域に貢献する事業を続けていきます。我々は『土着化』と言っていますが、地域に根ざした個店経営を進めます。それを足し集めた結果として世界水準の高収益企業になりたいのです」

コンビニのパートナーを変更

コロナ禍の初年２０２０年は、出店戦略だけでなく、もうひとつの転機があった。商品供給先としてのコンビニのパートナーが変更されたのだ。旧セゾングループ企業であるファミリーマートは、無印良品の誕生時から商品を扱ってきた長い歴史がある。２０００年代前半までにセゾングループが解体されてからも取り扱いを続けてきた。だが長年組んできたファミリーマートと良品計画の契約が２０１９年１月に終了となった。

セゾングループ解体という事実をあらためて実感させる関係解消ではあったのだが、良品計画としては、コンビニ向け戦略を再構築することを目指した。もう一度、コンビニ経由で消費者の暮らしに近づいていくためだ。

提携先を探るなかで、新たにローソンと組むことになり２０２０年の夏、一部店舗から試験的な販売を始めた。その後、扱い店舗を拡大している。良品計画によると、２０２２年５月から、ローソン店舗への「無印良品」の本格導入を開始し、23年９月には全国約１万２７００店舗に導入されている。化粧水や文房具、靴下、レトルトカレーなど、約２００品目の生活に密着した商品群を取り扱っているという。

ローソンとの提携が公表される以前に、別の動きが水面下であった。

ファミリーマートとの提携が解消となった良品計画がセブン‐イレブンと手を組む――。関係者によると2019年、こんな計画が進んでいた。両社で方向性については一致し、商品供給にとどまらず、良品計画がセブン向けの限定商品をつくる構想もあったという。

だが内容を具体化する段階で、条件が合わずに立ち消えた。無印良品の特徴を一言で表せば「実用性×センス」だ。コンビニ業界の覇者、セブン‐イレブンであっても独力で同様のブランドを育てるのは難しく、無印に魅力を感じていたのだろう。

では、ファミリーマートが無印良品と関係を絶ったのはなぜか。ひとつは仕入れ条件などから利益を伸ばしにくかった。そしてフランチャイズチェーン（FC）加盟店にとって扱いやすい商品構成ではなかったといった理由がある。あるファミリーマートの加盟店オーナーは「無印の文房具はブランド力があったが、菓子は通常のメーカー品とバッティングした」と話す。コンビニの事業モデルでは、売れ残りを廃棄すると加盟店が損失負担しなければならない。

各コンビニチェーンの加盟店の経営状況は依然として厳しい。良品計画とローソンの協業は、加盟店にとってのメリットが厚い内容にしないと長続きしないだろう。本部がつくった全国一律のフォーマットではなく、各店の商売の事情に応じて商品を選びやすくする必要があるはずだ。

ただそこにはジレンマもある。ある程度まとまった品目数を扱わないと、無印の世界観は表現できないからだ。売り場が限られるコンビニ特有の難しさだ。セブン幹部によると、良品計画とセブンとの提携案が消えた背景にはそんな壁もあった。

生活圏に近い身の回りの小売店舗同士の戦いは激しさを増している。日用雑貨なども扱うコンビニにとっては、安値で消費者を引き付けるドラッグストアや100円ショップも手ごわい相手であり、様々な業態が入り乱れた戦いになっている。商品構成は限定的だが、セブン-イレブンは100円ショップ「ダイソー」の日用品を扱い始めた。新たにローソンに導入された100円を切る良品計画のノートやペンなどに安さを感じることはできる。良品計画にとって、生活に密着した存在になることが目的のコンビニ販売ならば、価格抑制の努力はこれからも継続的に求められるだろう。在庫管理を徹底しながら値下げしていくためにもサプライチェーンの作り直しが、やはり重要なテーマになってくる。

あくなき生活者への接近

無印良品の独立店舗1号店が、1983年に東京・青山からスタートしたことからも分かるように、都会的なデザインやイメージも魅力のひとつと言えるだろう。しかしここに来て、事業展開の方向性からは、もっと日常的な生活の中に入っていこうという意思が鮮明だ。金井は言う。

「無印良品としては日常生活の基本商品、つまり着るものと食べるもの、そして生活用品を請け負いたい。誰もが格差を超えて使ってもらえる『印』の無い良品を作っています。そのためには消費者の生活の近くに存在する必要があると考えています」

いかに生活者に近づいていけるのか。地方や郊外への出店強化、ローソンなどコンビニエンスストアへの商品供給、これらにとどまらず、様々なかたちで地域への取り組みを加速させる。団地のリノベーションや商店街活性化プロジェクトに加えて、子育て支援施設の空間設計なども手がける。

そもそもなぜ無印良品は、ここまで様々な社会課題と密接に関わり続けていかねばならないのだろうか。たとえ経済合理性の観点からは利益にすぐ直結しないようなことであっても。

創業の原点を振り返れば、過剰な包装やデザインなど、当時市場にあふれていた商品への違和感からスタートしたのが無印良品だ。だが文具にせよ、家具にせよ、生活雑貨にせよ、どんどんと他社から似たような商品があらわれる。それも安価に。無印良品のコンセプトに「寄せていく」ことは難しいことではないからだ。

それならば、無印良品は社会の中で、「ちょっと変だな、違和感があるな」ということを次々と捉えて、それを事業としてかたちにしていく必要がある。立ち止まることはできない宿命だ。

世の中全体でサステナビリティやESGが叫ばれ、「ソーシャル」な存在として先行者であったはずの無印は埋没しかねない状況でもある。創業から無印良品に関わり今もアドバイザリーボードメンバーである、クリエイティブディレクターの小池一子は、こんなふうに見ている。

「置かれた環境は厳しいですね。社会が変わってきているという意味では、無印が提言したものが、広く人々の中に生まれてきています。捨てられたものを見直すというような。『Re』の意識ですよね。リビルド、リクリエイト……そのような試みが広がっています」

いわゆるサステナビリティや循環経済のような考え方だ。「先導してきた無印が次はどうするのかを問われているのですね。これからの厳しい時代には、もうひとつステージが上がったアプローチや、店舗のあり方が必要だと思っています。『言い出しっぺ』が置いて行かれるわけにはいきません」

2021年の決断

無印の思想が薄れかねない危機にあって「伝道師」の役割を務めながら、一方で企業力が問われるビジネスの厳しい競争からも逃れられない。二つの方向のピンチと直面する金井。2008年に社長になってから13年、会長になってから6年というタイミングで、大きな決断をした。

「良品計画社長に、ファーストリテイリング出身の堂前（宣夫）氏が就任」。2021年7月。小売業界の話題を集める社長交代の発表があった。ユニクロと無印良品は、それぞれ規模や個性は違えども、ともにSPA（製造小売業）企業としては日本の代表格であり、グローバル展開で成果を上げている。ライバルとしての関係もある。モールなど商業施設内でも主要テナントとして互いに集客を競い合う。そのような状況のなか、意外性のある社長人事だった。

西友の出身者や長く良品計画で育った幹部らとは違う「異文化」を組織に取り入れることで、化学反応が起こるかどうか。「ショック療法」によって大きく会社を変えようとしているのかもしれない。そんなことを推察させる人事だった。

堂前はこの時52歳。マッキンゼー・アンド・カンパニー・インク・ジャパンを経て、1998年に「ユニクロ」を展開するファーストリテイリングに入社した経歴だ。同社の幹部として成長に貢献した実績がある。2019年、良品計画に入り営業本部長を務めていた。2021年の9月1日付で、専務から社長に昇格する人事の発表だった。松﨑暁社長は代表権のない副会長に退き、金井会長は続投となった。

社長交代の公表に続いて、同じ7月に発表した長文の経営計画は、既に取り組んできた経営改革をさらに加速させようとする内容だ。「土着化」や「個店経営」といった、これまでのキーワードを引き継ぎながら、より踏み込んだ印象がある。3カ年の中期計画とともに、2030年への意欲的な数値目標も盛り込んだ。これまでの良品計画のスタンスとは異質と映り、驚きをもって受けとめられた。

創業者・堤の独特な功罪に目を向ける

会社の置かれた状況を考えると、最も意味の重いフレーズは、経営計画の冒頭で打ち出したこの言葉だろう。

「第二創業」

ここには経営陣の強い思いが込められている。1980年に誕生してから41年。年月とともに積み重なったのは、ブランドへの信頼や、のれんの重み、事業遂行のノウハウといったプラスの要素だけではない。様々な負の要素も同じように積み重なるものだ。それを脱ぎ捨て、経営陣と社員が新鮮な気持ちで再スタートに立てるか。重要な局面に良品計画は直面していた。

なぜ「第二創業」が必要だったのか。あらためて金井会長に聞いてみた。

無印良品はかねて、社会や人に役に立つ、という方針を掲げてきた。金井は「しっかりと利益を出すことが、本当に役に立つということです」と力を込めた。「資本の論理の要請にも応えるのが、あるべき会社なのです」

堤清二は小売業について「資本の論理」と「人間の論理」の境界にあると定義したのだが、理念を追求するあまり資本の論理をないがしろにしては、企業としての存続が危ういというのが金井の思いだろう。株式市場やそれが求める利益や経営効率、成長性などをしっかりと実現していきたいということ。外部環境の激変に伴って、経営の足場が揺らいでいるという危機感を強めていたはずだ。

「堤清二さんには独特な功罪があったと思います。無印良品という思想は生活者の発露であり、世界で通用するものです。しかし、考え続けないとイノベーションのジレンマに陥ってしまいます。堤さんは他にもたくさんのイノベーティブな事業や文化的活動を創り出し、堤さんならではの素晴らしいものが多くあった。しかし残念ながら事業的なサステナビリティはなかった。それは当時の堤さんが持つ独特の信念や感性に対し、（セゾングループの中に）ものを言える雰囲気がなく、各々がやらされ仕事ではなかったか。儲からないと思っても、堤さんの前では言えなかったのではないかと思います。良品計画で『第二創業』と打ち出した背景には、堤さんの罪の面については、反面教師にしたいという思いがあるのです」

「Mr.MUJI」と呼ばれ無印良品の伝道者という役割を担ってきた金井だが、会社の大きな転機にあっては、創業者・堤のマイナス面に目を向ける必要があるという覚悟がにじむ。生活者に「自由」をもたらす「反体制商品」という堤の発想が、無印良品の背骨であり続けることは変わらないとしても、一方で堤には事業を継続させることへの関心の薄さという重大な欠点があったのは確かだ。

そして金井は、良品計画の組織風土や企業としての実力にも問題意識を持っている。「MUJIの理念・思想が好きな社員が集まっていますが、それを時代に合わせ、事業としてしっかりと変化と深化をさせていくということが弱かったと反省しています。例えば個店経営という考え方にしても、大胆な権限移譲とその前提の教育体系が甘かった。また、個店経営を支える本部のバックオフィスの体制が弱かった。第二創業にあたってはまず、調達力、物流、ＩＴ（情報技術）、人財育成、法務などのプロ化に取り掛かっていきます」

経営陣や社員たちが大切にしてきた「ＭＵＪＩらしさ」という言葉についても金井からすれば、危うさを感じるものだ。

「無印良品の思想と過去の実績は現在の商品開発メンバーにとって大きな重荷になった面もあり、生活者として自ら考えるより、『いかにＭＵＪＩらしくするか』、と頑張ってしまうので、それは過去と同じものになってしまう」。大きく時代が変わっているなかで、過去の手法やイメージを繰り返そうとしても、通用しない。今を生きる生活者の目で見て、暮らしのなかの課題を発見できるか、商品開発の芽を見つけ出せるかが問われる。

40年以上、積み上げてきた「らしさ」の追求ではなく、かつて無印良品が生まれた時の本質を、いま一度、経験や実績をとっぱらった「素の状態」で掘り下げてみよう——。そんな思いが、「第二創業」にかける金井の言葉から感じ取れる。

良品計画は精緻なマニュアルで業務を標準化したことに強みがあって、2000年前後の業績の厳しい時期から立ち直るために効果的だったとされる。だが時間の経過とともに、ここにも課題が生まれていた。金井は「マニュアルに書いてある通りやればよいという企業風土になったことにも反省があります」と語る。本来は、現場の声や提案によって更新されていくのがマニュアルの建て付けなのだが、社員が受け身になり考えずに仕事をしてしまう方向に機能していた。

会社全体でいわゆるチェーンオペレーションではなく、「個店経営」つまりは店舗ごとに取り組みを考えて、立地する地域に根ざしていこうという方向へ舵を切るなかでは、マニュアル依存は打破すべきなのだ。

「第二創業」の持つ意味

1989年に西友から分社化された良品計画は、会社設立から30年が過ぎた。ここから先、手をこまぬいていては衰退の道が待ち受ける。そんな危機感が「第二創業」という言葉ににじんでいる。では「第二創業」と冒頭に掲げた、経営計画の内容はどんなものだったか。

2022年8月期から2024年8月期までの3年間を対象とする一方、「2030年に実現したいこと」として、より長期の目標も示した。社会や地域との関わり方など定性的な情報も、異例の長文で記載されているが、良品計画の企業理念については、以下のように再定義した。

●「人と自然とモノの望ましい関係と心豊かな人間社会」を考えた、商品、サービス、店舗、活動を通じて、「感じ良い暮らしと社会」の実現に貢献することを、企業理念とします。

そのほか良品計画の使命などの記載についても、これまで提唱してきた精神を、より丁寧に掘り下げたり、具体的に進めたりして、一つひとつ言語化した印象だ。一方で注目を集めたのが、2030年8月期までの目標として示された数値計画だった。良品計画にとって、これまでとは異質な拡大計画のように感じられた。

それによると、国内外の店舗数を約2・5倍の2500店に拡大する。日本と中国を中心に出店し、国内では各地の食品スーパーと隣接した店舗を増やすなど、より生活圏に近い場所に出店の軸足を移していく。2021年8月期（当時見込み）に連結で4900億円だった売上高と、490億円だった営業利益を、それぞれ2030年8月期に3兆円と4500億円まで拡大する計画を示した

1989年、良品計画として会社が設立されて以来、西友グループ出身者以外の人材が

今回初めて社長になった。そして打ち出した意欲的な経営計画には、ある意味で、良品計画という会社が創業時から抱える「矛盾」が鮮明に表れている。それは「社会や人間にとってよいこと」を追い求める理想と、もうひとつは資本の論理そのもの、効率よく稼いで急ピッチで成長し続けること。

「それらふたつの要素は全く相反せず、両立するものだ」と言い切れれば、葛藤はないかもしれないが、おそらくことはそう簡単ではない。多くの企業は、そこで実質的には資本の論理に従っていくことになるのだろうが、それでも良品計画は理念と利益の双方を危ういバランスで保ちながら生き抜くことができるかどうか。むしろそうした矛盾を抱えながら生きることが、無印良品らしさなのかもしれない。

堤清二は「資本の論理と人間の論理の境界にある」という理想を掲げながらも、セゾングループを継続させることができなかった。良品計画はその難題を引き継いでいるとは言えないだろうか。不可能を可能にする重いミッションを背負いながら、実現できれば他社がまねできない絶対価値になるという遠いゴールに向かって歩みを進めているように思える。

アドバイザリーボードの小池は別の視点から見ている。

「もともと無印はマーケティングなしでつくり上げたものなんですね。生活者の欲望を喚起するのではありません。マスが何を望むのかが第一でなくて、自分たちがどう行きたいのか、という発想です。そこが（他の商品とは）全然違う。きちんとしたビジョンを持っていなければ、メッセージを発信できません。いわば、受容者（生活者）に関する『壮大な性善説』なんです。我々は『こうすれば、分かってくれる生活者がいる』というような大きな信頼感を持っているのです。確信が持てるものをつくって『これがいいでしょ』と顧客に伝える商人の感覚。これからも、それが大事だと思います」

創業メンバーとしての熱い思いを共有した小池ならではの視点。理念か利益か、理念も利益も……。果てしない問いのなかで迷走しかねないのが、今の無印良品ではないだろうか。そんなときに、創業の原点をみつめる言葉は特別な響きを持つ。

「第二創業」を打ち出してからの2年。コロナ禍は長引いたうえ、世の中の大きな変化として世界的なインフレに伴う原料高という試練も待っていた。第二創業を掲げた新体制は、地方・郊外への出店など積極的な施策を進める一方で、価格戦略で難しい舵取りを迫られた。

2023年10月に、2023年8月期、通期決算の説明会が、オンラインで開かれた。2023年8月期の連結決算は、売上高に当たる営業収益が前期比17％増の5814億円、営業利益は1％増の331億円だった。下期（3〜8月）だけで見ると、営業利益が前年同期比65％増と大幅に伸びるなど、業績の回復傾向が見える決算だった。

国内外の積極出店が売上増加に貢献した一方で、利益回復の一因は国内で原価上昇に伴って一部商品の価格を引き上げたことだ。世界的にインフレ圧力が高まるなかで、アパレルなど他の多くの小売業も価格を上げている。良品計画も例外ではないのだが、悩ましい副作用もあった。2023年8月期、電子商取引（EC）サイトを含めた国内の既存店の客数は7％減だった。客数は小売業にとっては、顧客からどのくらい支持されているかを表すバロメーターでもあり、放置はできない状況だろう。

社長の堂前は会見でこう語った。

「不本意ながら、値上げをせざるを得ない状況でした。これから我々が努力をしていかなければいけないところです。生産を平準化、効率化してもう一度、手に取りやすい価格を実現していくのは、商品開発で大事なことのひとつです」

「わけあって、安い。」を社是にしてきた良品計画にとっては、たとえ利益貢献が大きかったとしても、値上げの決断は悩ましかったはずだ。値上げによる利益拡大をよしとはせずに、利益をしっかり出しながらも価格を抑えられる体制を目指そうという決意だ。ただし100円ショップ企業が300円の商品などをそろえて展開するアップグレード版の店舗といった、価格競争力のあるライバルは力を増している。同じような戦いの土俵に乗ってしまう「同質競争」のわなに陥る恐れは強まっているのだ。

堂前は、価格抑制だけでなく、他社との違いを打ち出すために無印良品らしさを強調する4つの要素を、商品開発に入れていくと意気込みを語った。

「地球環境を維持する商品」「社会課題を解決する商品」「生活者個人の個性が輝く商品」「文化や伝統から学ぶ商品」

難度が高まる一方の、無印良品らしさの追求。就任から3年目に入った、ユニクロ出身の堂前社長はどのように具体化していくか。

世界規模の商品生産、調達、物流など良品計画の課題については、グローバル製造小売業（SPA）の成功モデルである、ユニクロなどの優れた点も目標にして鍛え上げていく必要があるだろう。だが、もちろんそれだけでは無印良品の存在意義はなくなってくる。極端に言えば、消費者はユニクロの服を買っていれば、それで事足りてしまうのだから。

会見では、堂前から自社の将来展望について印象的なフレーズがあった。

「グローバルサプライチェーンを中心としたグローバル製造小売業という観点よりは、各地の地域に分散しながら、そこで自立的に発展していく地域分散型の資源循環業になろうというふうに考えています」

　やや抽象的な概念にも聞こえるが、新しい産業構造を構築するという野心もうかがえる。地産地消のサプライチェーンをつくる、自然の力で資源循環する天然素材をフル活用する、商品リサイクルのしくみを整備することで、消費者は資源供給者にもなる……。構想は大きい。あとは一つひとつ、実例をつくっていくことだろう。

　決算発表があった10月に、良品計画は東京・新宿の靖国通りに面した店を、衣料品特化の店にしてリニューアルオープンした。中古の無印良品の服をつなぎ合わせたり、染め直したりと、「アップサイクル」して販売する「ReMUJI」の売り場を大規模に展開するほか、服やプラスチック商品の回収に力を入れる。新宿で目立つ好立地にあり、インバウンド顧客も多く見込める店だ。

　執行役員の永原拓生は「世界に無印のものづくりの考え方を伝えていく情報発信拠点という位置づけになります」と、リニューアル開業前の記者会見で話した。

　西友のPBだった無印良品は、あえてファッションの中心地、東京・青山に1号店を開いたルーツがある。今回の新宿のファッション特化店のように都心店からの情報発信は、今でも重要だろう。特に既に海外の方が、店舗数が多くなっているなかで、海外に向けての発信は、これまで以上に大切になっている。ただし国内でのこれからの出店と成長の軸は、地方や郊外などの生活圏にシフトさせていくというのが、「第二創業」に挑む良品計画の大きな戦略だ。

1980年代まで日本を席巻したセゾンという企業グループが何だったのかを考えるときに、見逃せない重要な要素は、輝いていた「東京」の価値だ。東京のテレビ局などから流行が日本全国に発信され、若者が憧れた時代。セゾングループの西武百貨店やパルコ、そして西友も地方都市に拠点をかまえて、センスのいい東京の暮らしのイメージを振りまき、人々を引きつけた。無印良品が成功したのも、そのような文脈のなかで理解することができるだろう。

これからは、それは通用しない。東京の情報によって、地方の生活者を啓蒙するような時代ではないのだ。むしろ、東京から来た企業であることを忘れさせるくらいに地域に溶け込めるか。新時代の無印良品はそれを問われている。

「人口が減少する日本で、都心へ向かう企業が目立ちますが、当社は積極的に地方へ出て行きます」。会長の金井はこう語る。東京育ちの堤清二が生きていたらどう思うだろう。地方の食品スーパーの隣に相次ぎ出店していく方針に首をかしげただろうか。

無印良品に対して「消費文化へのアンチテーゼ」という意味を込めた堤なのだから、きっと「それが、いいんじゃないですか」と肯定したのではないか。

解体してしまったセゾングループ。そこに流れていた理想を未来につないでいくならば、良品計画は会社として永続していく必要がある。そのためにも堤清二を、功罪両面から解釈し直すことが求められる。第二創業へと走り出した無印良品。堤の理念がどこまで普遍性を持つのかも試されている。

第2章 西武百貨店という未完の改革

堤清二のビジネスパーソンとしての原点は、27歳の時に入社した西武百貨店にある。それも衆議院議長だった父・康次郎の命を受けて入社したにすぎず、当時の西武百貨店は、吹けば飛ぶような存在だった。恵まれない事業を足場に、堤は経営者人生を始めた。

そこで堤の反骨精神と創造性が培われ、いかんなく発揮されていく。「ラーメンデパート」と揶揄された西武百貨店を、洗練された文化の発信源へ生まれ変わらせていった。1982年、糸井重里がつくった広告コピー「おいしい生活。」は「セゾン文化」の象徴として広く知られるようになった。

セゾン文化を発信するだけでなく、堤は西武百貨店で、小売業の未来を示唆するようなありとあらゆる実験を繰り広げた。西武百貨店はいわば堤の〝実験室〟だった。そして西武百貨店から、セゾングループを構成する様々な事業が生み出されていった。

「脱小売業」や街づくりの発想をどう具体化するのか。従業員が上下関係に支配されずに活躍できる理想の組織はどうつくればいいのか。

西武百貨店は、一時は業界内で売上高日本一の百貨店となったが、一連の堤の改革は、バブル崩壊の影響もあって、未完のまま尽きた。

それでも当時の斬新なアイデアは、現在の百貨店業界に多くの示唆を与えるはずだ。

1　革新は、いつも逆境から

終戦間もなく、東京には様々な生活物資を扱う闇市が生まれた。なかでも池袋には、都内有数の大きな闇市があった。

その闇市と一体のように営業していたのが、池袋駅に隣接する「武蔵野デパート」。西武百貨店の前身だ。

発足したのは戦時中の1940年。もともと池袋駅に隣接する「菊屋」という店舗を、堤康次郎が買収して改称したものだ。既に武蔵野鉄道（現西武鉄道）の経営権を握っていた康次郎は、ターミナル駅である池袋で小売業に進出した。

戦火が激しくなり、店舗はいったん失われたが、戦後はテントを張って営業を再開。現在のコンビニエンスストアとさほど変わらない規模の小さな店だったようだ。野菜や果物、魚などを販売し、食糧難に苦しんでいた鉄道沿線の住民によろこばれていたという。

1949年には武蔵野デパートを「西武百貨店」と改称。木造2階建ての店舗だった。これが西武百貨店としての事実上のスタートである。

前途多難の船出だった。

戦後の復興に伴い、東京や大阪の百貨店は少しずつ活気を取り戻していったが、新興の西武百貨店は劣勢だった。三越や松坂屋、高島屋、伊勢丹という、呉服店として古い歴史を持つ老舗百貨店はもちろんのこと、阪急百貨店や東横百貨店（現東急百貨店）といった、私鉄系のターミナル百貨店と比べても、西武百貨店は明らかに見劣りしていた。

堤康次郎と青山操の間に生まれた堤清二は18歳で終戦を迎えた。

その後、東京大学経済学部に入学し、波乱の青春時代を送った。一時は共産党の学生運動に加わり、挫折を味わった。卒業後は結核を患い、長い療養生活を経験した。

政治家でもあった父・康次郎が、1953年に衆議院議長に選出されると、清二は議長秘書となった。そして翌1954年、27歳の時に西武百貨店へ入社した。

清二本人は、西武百貨店に入ることを希望したわけではない。康次郎の指示だった。当時、西武百貨店は母・操の弟である青山二郎が支配人として経営を切り盛りしていた。清二の西武百貨店への入社は、母の勧めもあったようだ。

もともと百貨店に関心を持っていたわけではない清二だが、入社するとすぐに新たな施策を打ち出した。

そこには学生運動を経験した20代の青年らしい理想主義と、封建的な父への反発心が作用している。清二がこだわった施策の一つが、大卒社員などの定期採用だった。

西武百貨店が大卒を定期的に採用しはじめたのは1956年。その頃に採用された元幹部はこう証言する。

「かつては清二さんの父・康次郎さんが全社員を集めて、講堂で話す機会がよくありました。私たち大卒の社員は、康次郎さんの目に入らないよう幕の後ろに隠されました。康次郎さんは、百貨店の仕事は女の子たちでやればいい、ものを売るのになぜ大卒がいるんだ、という考えでしたから」

清二は、父の反対を押し切って大卒採用を進めた。このように清二は、西武百貨店に入社した翌1955年、池袋本店の店長に就いてすぐに様々な改革に動いたのだ。

入社したのは父の指示だが、直後から家父長的に統治する経営手法に反発。「講演をしに来るのは断れなかったけれど、清二さんは親父の言うことを聞かずに会社を変えようと燃えていました」と先ほどの元幹部は振り返る。

それまでの西武百貨店は、高卒の女性以外は縁故採用が多く、個人商店のような状態だった。社史『セゾンの歴史』によると、大卒定期採用を始めた1956年に、堤は社員に向けて、「日本一の百貨店を目指す」と宣言している。ただ、当時の西武百貨店の売上高は、都内の百貨店の中でも9位だったという。

弱小百貨店からのスタート

百貨店経営に情熱を持ちはじめた堤は、幹部候補として社員を大事に育てないと、この先、ライバルの三越や高島屋、伊勢丹とはとても戦えないと考えていた。前近代的な組織をきらって辞める新入社員もいたが、若い人材を引き止めようと力を尽くした。

その頃、堤は仕事が終わると、若手社員を自宅に招いて勉強会を開いていた。人材を囲い込もうという思いがあったからだ。

西武百貨店の大卒定期採用2期生で、のちに西洋フードシステムズの社長などを務めた杉本惇は、当時をこう振り返る。

「堤さんは、いつ店長の座を追われてもおかしくありませんでした。だからこそ、私たち若手社員を自宅に集めて、〝オルグ〟していたのです」。オルグとは、組織拡充のために人を誘って同志を集めること。古参の幹部らが多数おり、28歳で店長になった堤の権力基盤はもろかった。

そんななかでも堤は、経営の近代化に向けて改革を進めた。もともと事業を取り仕切っていた叔父の青山二郎のやり方を否定し、良い商品を入れてもらうために、堤が自ら大手アパレルメーカーなどの取引先を回って交渉したという。

当時の西武百貨店は、あくまでも西武鉄道の一部門という位置づけで、西武グループの総帥である堤康次郎の指示は絶対だった。

事実、1962年の西武百貨店の米ロサンゼルスへの出店は、会社の命運を左右する一大プロジェクトにもかかわらず、清二の意に反して進められた。清二は当時をこう回想している。

「政治家だった父から、ロサンゼルスに店をつくれと言われた。私はとても無理です、西武にはそんな力はないし、日本の百貨店にはできませんと反対した。でも父はこう言った。日米関係は大切で、民間外交が必要なのだ。おまえは大学など行って理屈が多いからいかん、と」

米国で見た百貨店の終わり

政界の大物だった康次郎は、米ロサンゼルスへの出店の数年前、清二を引き連れて渡米して、当時の米大統領アイゼンハワーと面会している。その頃の外交テーマは日米安保条約の改定で、両国の関係強化と訪日の要請が目的だったようだ。

そんな経緯があるだけに、米国に西武百貨店を出すという康次郎の執念は強く、1万平方メートル級という、百貨店の海外支店としては巨大な店舗をオープンさせることになった。

結果は見事な失敗。開業2年後の1964年には閉鎖し、損失額は40億円を超えたようだ。

さらに同年、康次郎が急逝し、子供たちに事業継承が行われた。西武グループの主要事業のうち、本業である鉄道や不動産は異母弟の義明が継ぎ、清二が手にしたのは西武百貨店だけだった。

堤はのちにこう回想している。

「累積損失を抱えた西武百貨店を引き受けた。いずれは潰れるだろうと思われていた。私は洋服を着ないで生まれたのだから、裸になったつもりで頑張るしかないな、と」

西武百貨店の大きな重荷となったロサンゼルス出店だったが、堤はそこから一つの学びを得ていた。進出にあたって半年間、ロサンゼルスで部屋を借りて生活しながら、現地企業を調査した結果、流通業の未来について確信を得たのだ。

「百貨店の時代は間もなく終わるんじゃないか。世の中がリッチになると、消費者がいろいろな小売業の形態を選択するようになる。日本と米国は違うから百貨店は残るかもしれないが、普通では残らないなと考えた」

1960年代といえば、日本は百貨店の黄金時代だ。その時点で堤は、百貨店業界が凋落するという宿命を感じ取っていた。この先見性がのちに、日本の流通業界でセゾングループが特異な進化を遂げた大きな原動力となっている。

「堤さんは著作を読んでいないと言っていたけれど、やってきたことは経済学者ヨーゼフ・シュンペーターの創造的破壊そのものでした」。クレジットカード大手のクレディセゾン社長（現会長）の林野宏はこう指摘する。

もともとラーメンデパートと呼ばれる池袋の駅前百貨店からスタートしたうえに、ロサンゼルス出店の失敗で、西武百貨店は致命的な重荷を背負った。ライバルの老舗百貨店などと比べて不利な条件だったのは誰の目にも明らかである。

だが米国の情勢を見てきた堤にとってみれば、どんな百貨店も「五十歩百歩」に映ったのかもしれない。どれほど強い百貨店でも、変革しなければ、いずれは没落すると思えたはずだ。

1960年代以降、西武百貨店はパリに駐在している清二の妹・邦子の活躍によって、数多くの欧州の高級ブランドを、いち早く導入してほかの日本の百貨店をリードしてきた。エルメスや宝飾品ヴァン クリーフ&アーペルなどの高級ブランドを導入することで、百貨店の「格」を上げることに成功。イメージも向上させた。

だが将来を考えれば、もっと大胆な「創造的破壊」が必要だ。

堤は危機感を強めていた。

弱点こそが、強みになる

堤は、1968年に西武渋谷店を出すなどの多店舗展開を進める一方で、ビジネスモデルそのものについても、伝統的な百貨店の形態を破壊する大胆なつくり替えを進めていった。

そして西武百貨店の社長に就いてから10年ほど経過した1975年、西武池袋本店を大きく進化させる。

「9期」と言われた西武池袋本店の増築リニューアルだ。大規模な工事を経て1975年に完成。西武池袋本店は巨艦店舗に生まれ変わった。

だが実は、ここに大きな弱点があった。

西武池袋本店は、駅に張りつくような立地ゆえに、極端に細長い店舗だった。来店客は売り場全体を見通すのが難しく、店の端から端まで見て回ろうとすると、長い距離を延々と歩かなくてはならない。従業員にとっては、売り場のオペレーションがしにくいという欠点もあった。

イノベーションは逆境から生まれる――。

堤の発想を分析すると、いつもこの言葉にぶち当たる。

発想を転換して弱点を強みに変え、他社にはない特徴を打ち出して魅力につなげる、というものだ。

「この店を長い通りだと思えばいいんだ。途中におまわりさんが立っていても、大八車が通ってもいい」

西武百貨店元社長の水野誠一は、大学を卒業して入社したばかりの頃、９期の計画を社内で練り上げている最中に、堤がこう言ったのを覚えている。

水野は堤の義理の弟であり、マーケティングなどの才覚が評価されて、早くから販売促進などの大きなプロジェクトを任されていた。

西武池袋本店は増床に増床を重ねたため、入居している店も形が不ぞろいで、でこぼこしていた。

これを堤は、「普通の真四角では面白くない」と述べて、街の通りが持つ雑多性と評価した。つまり弱点を前向きに生かそうと考えたわけだ。

１９８０年代になって大きく花開く広告コピーの訴求力も、この頃から少しずつ片鱗を見せはじめていた。

９期増床当時のコピーでは、「西武は新しい街　街を歩くと美術館がある。公園がある。広場がある。」と掲げた。こんな構想を具体化するため、横長の巨大な売り場の中に、ショッピングストリートや公園、広場を模した設備を取り入れていった。

最大の目玉は、最上階に導入した常設の「西武美術館」にあった。

西武美術館は、1970年代から80年代にかけて、西武百貨店の「自己否定型イノベーション」、すなわち「脱小売業」戦略の象徴的な存在だった。

堤は自身の傾倒する現代美術を中心に、知的なイメージを西武美術館から発信していった。

ライフスタイルの変化に寄り添う

脱小売業とともに、9期増床で打ち出した方向性は、ライフスタイル別の商品構成だった。

「脱小売業」「ライフスタイル別の商品構成」という2つのキーワードは、現在の小売業やファッション業界でもしきりに語られている。この戦略に、西武百貨店は実に40年以上前の、1970年代から取り組んでいた。

戦略の背骨になる堤の理念は、青くさくも聞こえるが、論旨は明快だ。

それは、生活者の視点で発想すること。高度経済成長を経て、必要最低限のものが行きわたり、人々はそれぞれの価値観で「より良い生活」を求めはじめた。こうした人々に寄り添うことこそ、小売業に求められると考えた。

堤は１９７５年の社内報で、次のように述べている。

「生活の要求の多様性、意義のある生活を送りたいという願望、生活の知恵を得たいという願い、そういう人びとの要求に応えるように売場が作られ、商品が提供されているということ」

社史『セゾンの歴史』によると、１９７５年の９期増床の目玉として、ライフスタイル別商品構成を具現化した「ロアジール館」が８階から11階にオープンした。

のちの生活雑貨店「ロフト」、音楽専門店「ＷＡＶＥ」、書店「リブロ」など、セゾングループの専門店チェーンの前身となるものだ。

「ロアジール」とはフランス語で余暇を意味する。

「衣・食・住」が充足した時代には、「遊・休・知・美」という新たな消費者のニーズをつかまなくてはならない。そのためにも総花的な百貨店の商品構成を破壊して、専門店並みの深い品ぞろえを目指すべきだと考えたわけだ。

堤の時代を読む力と先見性がここに表れている。

ライフスタイル提案を強化した象徴的な売り場が、住居関連用品を扱う「オーマイダイニング」だった。

ダイニングルームに置く家具や家庭用品などを、昔ながらの商品分類にとらわれず、デザインの統一感を重視して品ぞろえした。

『セゾンの発想』（リブロポート）で社会学者の上野千鶴子が分析したように、9期のリニューアルで狙った主なターゲットは、結婚して家庭を持ちはじめた団塊世代だ。

西武鉄道などの沿線に総合スーパーが増え、日常的な買い物は郊外の自宅近くで済ませられるようになったのもこの頃のこと。都心部にある百貨店に人を呼び込むには、強い来店動機を持たせる必要があった。

そこで西武百貨店は、従来よりも高級感のある品ぞろえに努めるようになっていった。ただ、社史『セゾンの歴史』によると、9期増床時に実施したイメージ調査で、西武百貨店は「一流」「高級」「伝統」の項目では高島屋や三越に比べて大幅に評価が低く、伊勢丹にも劣っていた。「洗練された」「センスのある」「ファッショナブルな」という項目でも、伊勢丹よりスコアが低かった。

確かに1975年の9期増床は大きな話題を集めた。西武百貨店の存在感も高まった。だが、ライバルに勝つにはさらなる手を打つ必要があった。

百貨店から生まれた専門チェーン

9期の計画に続き、10期と言われる西武池袋本店の増築では、手応えのあった方向性をさらに進化させた。

1979年から80年にかけての10期の増築とリニューアルに向けて、売り場をどうつくるかという協議が社内で続いた。

打ち出したのは、「専門大店」というコンセプトだった。

高度成長時代の1960年代まで、消費者は商品や情報に飢えていた。

だが1970年代に入ると、ものは充足し、商品に関する情報も雑誌やテレビなどを通じて様々に流通するようになる。現代に通じる成熟した消費者が出現しはじめたのだ。

そんな時代になると百貨店や総合スーパーのように、あらゆる商品をまんべんなくそろえる大型店に消費者は魅力を感じなくなる。堤はこの変化の芽に敏感に気づいて手を打とうとした。それが「専門大店」という取り組みだった。

第一弾として1979年に登場したのが、10期リニューアルの目玉となった「西武スポーツ館」。約4400平方メートルという大規模な売り場を計画し、約45億円が投じられた。

乗馬やバドミントンなど、あまりプレイヤーが多くないスポーツに関連する商品も充実させ、人気のあるスポーツについては、情報やソフト、メンテナンスなどを強化した。売り場には、「マイスター」と呼ばれる専門社員を置いた。

1980年には「インテリア館」が開業。さらに1982年には、現代のデパ地下の先駆けとなる、「食品館」がオープンした。約41億円を投じて、新たな食のライフスタイルに対応する試みだ。生鮮食品の品ぞろえなどで専門性を高め、情報発信にも力を入れた。

こうした段階的な増築と新たな売り場の導入によって、西武池袋本店の売り上げは増大する。

1980年代前半、西武池袋本店の年間売上高が、東京・日本橋の三越本店を抜いて百貨店業界でトップになった。

この頃、西武百貨店は池袋本店ばかりでなく、全国的に事業を展開しており、さらに出店を拡大しようとしていた。西武池袋本店のリニューアルは、そうした出店戦略を支える大きな原動力にもなっていた。

「ラーメンデパート」がついに百貨店業界の頂上に君臨した。

1980年代、西武百貨店は規模の拡大にとどまらず、ファッションなどの情報発信力でも群を抜いていた。

当時、西武百貨店の飛ぶ鳥を落とすような勢いの一端は、欧州の高級ブランドの手広い展開にも見ることができる。西武百貨店が主導して日本に導入したのは、エルメスやイヴ・サンローランなど、フランス系の高級ブランドばかりではない。

例えばイタリアのジョルジオ・アルマーニは、西武百貨店や伊藤忠商事と共同で日本法人を設立。米ポロ・ラルフローレンの日本法人も、西武百貨店の子会社として発足した経緯がある。

現代では、ファッションに強い百貨店といえば伊勢丹だが、1980年代、「ファッションの西武」は伊勢丹と互角に張り合うような存在だったのだ。

新宿を地盤とする伊勢丹の元幹部は、「当時、渋谷や池袋にある西武百貨店の売り場を見に行くのは、とても気が重かった。常に新しい情報発信があって、伊勢丹よりも勢いがありましたから」と明かす。

西武百貨店は、銀行の借り入れに依存しながら急速に店舗を拡大していった。常に危うさと背中合わせだったとはいえ、堤は確実に百貨店業界で大きな仕事を成し遂げた。取引先が歯牙にもかけなかった池袋の三流デパートを、業界で最も注目される百貨店へ変貌させたのだ。

堤でなければ、成し遂げられなかった功績である。

2　セゾンが文化を〝民主化〟した

西武百貨店が老舗百貨店の脅威となった1980年代。その強みは、斬新な店づくりに加えて、消費者に夢を抱かせる巧みなイメージ戦略にあった。

セゾングループが演出したのは、「大衆にも文化の香りがする豊かな生活が手に入る」というイメージだった。

「セゾン文化」と呼ばれた当時の現象は、一部の富裕層のものだった文化を〝民主化〟した。

「僕は靴を脱いでいすの上にしゃがみ込んで、たばこを吸いながら、堤さんとやり取りしていたんですって。会長室で、お猿みたいな格好で。打ち合わせに同席した助手が後で教えてくれたんです。伸び伸びしすぎる僕を、よく大目に見てくれたと思います」

糸井重里がコピーライターとしてセゾングループの仕事を始めたのは30歳の頃のこと。1979年、北海道・旭川に開業した商業施設のCMソングを任されたのがきっかけだ。糸井が作詞し、シンガーソングライターの矢野顕子が曲をつくって歌った。

これが好評で、糸井は1980年の西武百貨店の年間キャンペーンに起用された。同年に打ち出した、「じぶん、新発見。」という広告のキャッチコピーが大ヒット。翌1981年以降、「不思議、大好き。」「おいしい生活。」といった、セゾン文化の代名詞となった言葉を紡ぎだしていった。

こうした仕事と並行して、糸井はセゾングループ全体の企業広告も任されるようになった。そのため、堤本人と直接打ち合わせをする機会が増えていた。

「例えば、何もない土地に街をつくる不動産事業や、買収した会社をどう伸ばすかといった事業プランを聞く立場にありました。今思えば、会社にとっては大冒険ですよね。30歳くらいの子に、いわば経営企画室の広告の仕事をさせているわけですから。もし当時、僕が物事を分かっていたら、怖がったでしょう」

糸井から見た堤は、経営者というだけでなく、社外の才能を発掘して活躍の場を提供するプロデューサーのような存在でもあった。

堤は、田中一光や浅葉克己といった、当時第一線で活躍していた気鋭のクリエイターや芸術家、文化人らとのネットワークをつくり、企業の発信力を高めていった。

糸井は、「堤さんは世間が興味を持ちそうな題材を、生き生きとプロデュースしているつもりだったのでしょう」と評する。

タレントは使わず、アートをつくる

西武百貨店は、広告を文化にしたと言われる。

著名なコピーライターの仲畑貴志も、堤に誘われてセゾングループの仕事を始めた。

「タレントを起用した広告を、堤さんは避けていました。既存のものをカネで買うんじゃなくて、自らつくろうという思いがあったんじゃないですか。アートをつくろう、と。堤さんならではの個性が非常に強く反映されています」

堤のキャラクターを語るとき、「辻井喬」のペンネームで詩や小説を書き続けた作家としての側面は見逃せない。

経済界からは皮肉交じりで「詩人経営者」とも呼ばれたが、堤は創作に対して並々ならぬ執念を注いでいた。

1970年代から80年代、セゾン文化が世の中を席巻する前から、堤は自らの感性を頼りに、美術や演劇、音楽というコンテンツを事業に取り入れていった。

大きな転機は1961年。西武池袋本店で開いたスイスの抽象画家パウル・クレーの美術展だった。上野千鶴子との対談を収めた『ポスト消費社会のゆくえ』（文藝春秋）の中で、堤（対談者名は辻井喬）は次のように回想している。

当時、百貨店で安定して客を集められる催事といえば、伝統的な国内の有名画家の展覧会だった。だが、そうした画家は「池袋という土地柄の、しかも新興百貨店の西武まできてくれない」（堤）。

そこで目をつけたのが、現代絵画や抽象絵画だった。

簡単には理解できないアバンギャルドな作品も多いが、堤が強い関心を持ったことも相まって、現代絵画や抽象絵画はその後、西武百貨店の文化催事の柱になる。

集客や採算性はともかく、「変わった文化催事をやる西武百貨店という知名度だけが広がっていった」（堤）。

この流れのなかで、1975年に西武池袋本店の最上階に「西武美術館」がオープンした。社史『セゾンの歴史』によると、「常設美術館設置は業界初」だったという。米国の画家ジャスパー・ジョーンズなど、現代美術を中心に展開。堤が個人的に支援していた現代音楽家の武満徹や作家の安部公房らには、グループの劇場などで作品を発表する場を提供した。

イメージ戦略で「格」を上げる

個人的な道楽で難解な芸術を事業に持ち込み、経営を圧迫した——。

1990年代のバブル崩壊後、堤に対してこんな批判が強まった。

だがクレディセゾン社長（当時）の林野宏は、新興百貨店が企業の「格」を上げるためのイメージ戦略が、堤のアートを巡る取り組みだったと評価する。「堤さんは、大衆の望んでいるものを、半歩先とか一歩先に見せる感覚で、西武百貨店のイメージを三越、高島屋、伊勢丹の上に持っていったのです」

西武百貨店のイメージ戦略の特徴は、堤が好む現代美術にとどまらず、広告、放送や出版、映画製作など、大衆性のあるコンテンツやメディアにまで触手を伸ばした点にある。

1970年代から80年代にかけて、サブカルチャーの担い手として若者に圧倒的に支持されたのは、このためだ。

林野は1982年にクレディセゾンに移る前まで、西武百貨店に勤務し、企画などを担当していた。その頃、堤からある指示が飛んだ。

「FM開局の自由化が進んでいくことになりそうだ。準備をしてくれ。西武百貨店の店がある地域には、すべてFM放送局をつくるんだ」

林野はすぐに日比谷図書館に行き、FM放送に関する本を3冊借りて、米国の制度などを勉強した。

だが林野によると、この政策は地元の資本を優先する流れになり、西武百貨店主導で放送局をつくるのは簡単なことではなかった。そこで取引のある地元企業に資金を支援しながら、FM局に出資してもらう方法で、全国に緩やかなネットワークを広げようとした。

一方で、東京にも新たなFM局ができるチャンスが訪れた。

林野が考えていたのは、パーソナリティなどのトークを減らして、音楽をメーンで流す放送局。名称は「FMトゥエンティーフォー」。こんな企画を堤に提案した。

「堤さんは、『コンセプトはこれでいいが、名前だけちょっと考える』と言いました。そして出てきたのが『J-WAVE』でした」と林野は振り返る。

セゾングループなどの共同出資で、J-WAVEは1988年に開局した。

お坊ちゃんコンプレックス

美術品などの収集は古今東西、巨額の富を手にした成功者に許される、贅沢な趣味の一つだろう。

西武鉄道と同じ私鉄グループを見ても、東急グループには創業者・五島慶太が集めた古美術品などを収蔵する「五島美術館」がある。大富豪だった堤康次郎にも古美術のコレクションがあったが、清二の文化との向き合い方は、父とはまるで異質だった。美術品の収集を楽しむよりも、全く違った目的のために活用しようとした。

自身がつくった美術館を、「時代精神の根拠地」と呼び、大衆とコミュニケーションを取るための手段と位置づけたのだ。

背景にある堤の心理は、どんなものだったのだろう。

糸井には、堤の言動のなかでも印象に残っているものがある。

西武百貨店などのイメージ戦略が成功し、企業の「格」が上がった後でも、堤は「上から目線」で仕事をすることを自らや社員らに戒め、庶民に寄り添う意識を最も大切にしていた。

「西武百貨店は長靴でも来られる池袋のデパートから始まったのに、何を偉そうにしているんだ、というのが、堤さんが役員を怒る時のポイントでした。長靴のお客さんが拒否されず、堂々と入れる店でなくてはいけない、という思いを強く持っていました」

堤本人は、決して大衆ではない。特権階級の家に生まれ育ったエリートだ。糸井はこう分析している。

「本当の世情は知らなかったと思いますよ。知らなきゃダメだって、誰よりも言っていたのが堤さんでしたが。大実業家の息子として育った人ですから、ダイエー創業者の中内㓛さんとは違います。下に見られている人たちに対する視線は、相当学んで身につけたものじゃないかな。そうあるべきだ、という。自分が坊ちゃんだというコンプレックスがあったのだと思います」

敗戦を体験した知識人が大衆に寄り添うのは珍しくない。堤の場合はそれに、大資本家である父への反発が加わる。

だが、そこには大きな矛盾が横たわる。堤自身も、父と同じ上流社会に属するという事実だ。この葛藤は生涯、堤の心から離れなかったのだろう。

だからこそ、西武百貨店のイメージ戦略では、長靴で来店するような消費者にも、平等にセゾン文化の雰囲気、すなわち「おいしい生活。」を感じてもらう方向へ進んでいった。

3　挫折の連続のなかに先見性

一連の広告戦略の効果によって、セゾン文化は当時の日本を席巻した。

その最中の1984年から、西武百貨店は「第2次多店舗展開」と呼ばれる、出店攻勢に乗り出していった。

この拡大戦略の効果があり、1987年度の西武百貨店の売上高は、三越を抜いて、業界1位になった。西武池袋本店の売上高が日本一になったのに続いて、企業としても創業50年弱でついにトップに成り上がったわけだ。

第2次多店舗展開の中でも、西武有楽町店（開業1984年10月）、西武筑波店（同85年3月）、西武塚新店（同85年9月）の3店舗は、西武百貨店において戦略的に重要な意味を持っていた。

わずか1年の間に次々とオープンしたこの3店舗は、百貨店の事業モデルを根本からつくり直さないと将来はないという、堤の思いがつまったプロジェクトだった。

そして堤は、計画段階から店づくりの細部にこだわり、理想の百貨店像を練り上げていった。

3店舗には、それぞれ立地や規模などの制約があり、これまでの発想では百貨店として事業を成立させるのが難しかった。

そのため、堤は容赦なく社員に指示を飛ばし、何度でも計画を練り直させた。堤は、頭の中に描く構想を抽象的な言葉で伝えることも多く、社員たちはいかにそれを解釈し、具体化するのかに骨身を削った。

「日本の国の中心に進出するということ。この店の成否に、セゾングループ全体のイメージがかかっていました」。西武百貨店出身で、のちに雑貨専門店ロフトの初代社長を務める安森健は、西武有楽町店オープンの意味をこう解説する。

西武百貨店はそれまで、池袋、渋谷という、東京都心部の西側を拠点にしてきた。それが、ついに世界有数の商業地である銀座・有楽町地区へ乗り込むのだ。

堤は銀座へのこだわりについて、こう語っている。

「むしろ、それぞれの地域の限界――渋谷という限界、池袋という限界がある。そうすると、やっぱりもう一か所どこかにないと、『日本の百貨店』にはならないといった意識はありました」（『わが記憶、わが記録』中央公論新社）

銀座・有楽町地区には当時、松坂屋や三越、松屋、そごうなどが店を構えていた。セゾン文化の全盛期であり、若い消費者の間で西武百貨店の存在感はライバルを圧倒的に上回っていた。

それでもやはり、百貨店としての「格」を上げるには、日本を代表する商業地で成功を収める必要があった。

西武有楽町店は、有楽町駅の近くにある「有楽町マリオン」という再開発ビルに、阪急百貨店と隣り合って出店した。売り場面積は約1万3000平方メートルと小ぶり。ライバルの松屋銀座店の3分の1程度の広さだったようだ。地元商業者などの強い抵抗があって、店名に「銀座」を使えないという不利な条件のなかでスタートを切った。

「ほどよい狭さの、大世界。」

糸井重里が同店の広告コピーを担当。店舗の狭さを逆手に取って、全く新しい百貨店をつくろうという意気込みが伝わってくる。

逆境をバネに変えるセゾングループの真骨頂だ。糸井はこう振り返る。

「店は狭いのですが、でもそこから広がっていくということで、例えば旅行や保険を販売したり、日本や世界のお酒を集めた『酒蔵』が入っていたり。今もよくお題目として、モノからコトへと言っているけれど、本当に『モノからコトへ』を具体化する場所をつくった人は、そんなにはいないと思います」

西武有楽町店は、物販を中心としたそれまでの百貨店の姿から脱し、都市生活者のための新たな商業空間を目指した。

「脱小売業」路線を進める象徴として、堤は、情報発信基地となる全く新しい百貨店をつくろうと意気込んだ。

コト消費の象徴、「チケット販売」

それでは、西武有楽町店ではどんな情報を消費者に提供したのか。

例えばセゾングループの西武クレジット（現クレディセゾン）が金融情報を提供したり、不動産会社の西洋環境開発が海外のマンションやリゾート情報を提供したりした。

何より、情報発信を軸とする「コト消費型百貨店」を象徴したのが、「チケットセゾン」だろう。この最初の拠点が、西武有楽町店に導入された。

当時はコンピュータシステムによるチケット販売事業として、チケットぴあが登場していた。セゾングループは当初、出版が祖業のベンチャーである、ぴあとの連携を探っていた。だが急遽、自前でチケット事業を立ち上げることにした。

「コト消費」の代表的なコンテンツである、コンサートや演劇のチケットを新しい方式で提供する——。

西武有楽町店の開業が、チケットセゾンのスタートになった。

チケットセゾンの立ち上げから責任者となった西武百貨店の橋本行秀。もともとは開業に向けて、西武有楽町店の全体計画を練り上げる営業企画の部署にいた。

堤の発想のシャワーを直接浴びる場所にいた当時を、橋本はこう振り返る。

「新しい百貨店は、モノからコトの時代の情報発信基地にならないといけないということで、『生活情報館』というコンセプトができあがりました。8階は消防法の関係で物販ができないゾーンでした。であれば、それを逆手に取って何かできないだろうかという議論を重ねました。当時、堤さんは『これからの時代』というキーワードのなかで、カードとリザベーションという言葉を使っていました」

実際にクレジットカードはいち早く普及し、セゾングループは流通業界の中でも先行して西武クレジットをカード会社として成長させた。

ではもう一つの、リザベーション（予約）とは何か。

「リザベーションという言葉を、堤さんはかなり広い意味で使っていて、旅行のほかに、エンターテインメントのチケットなども含まれると考えていました。『例えば、地方の祭りの出しものを見る桟敷席のチケットをつくって提供するような時代が来るんだ』と言っていました」

リザベーションという言葉で、堤はコト消費の欲求の拡大、そして希少性のある娯楽、イベントの価値が高まるという、社会の変化の潮目を言い当てていた。

堤の考えに沿って西武有楽町店では、クレジットカードや旅行などに関する情報提供に力を入れた。

加えてもう一つ、エンターテインメントのチケット販売ができないかという議論が進んだ。

当時、セゾングループは、並行して「銀座セゾン劇場」を開設する準備を進めていた。同劇場側の強い要望もあり、堤の決断によって、自前でチケット事業を立ち上げることが決まった。

セゾングループには何らノウハウのない分野だったが、橋本はこの事業を責任者として育てていこうと自ら手を挙げた。

「神に近かったんじゃないですか」

橋本は、堤の時代を読む先見性に、多くの社員が絶大な信頼を置いていたと振り返る。堤の言葉で決まった自前のチケット販売事業を、何としても軌道に乗せようと、「不眠不休の状態で働いた」（橋本）と言う。

チケットを確保するため、橋本は雑誌『ぴあ』を見て興行主を訪問し、「チケットを提供してほしい」と頼む日々が続いた。

西武有楽町店からスタートしたチケットセゾンは、チケットぴあに匹敵する知名度を誇る事業に育った。

紆余曲折はあったが、チケットセゾンは現在、チケットのネット販売大手イープラスへ事業が引き継がれている。西武有楽町店は新規事業のインキュベーターの役割を担っていたというわけだ。

新たな再開発ビル「有楽町マリオン」の上層部には松竹、東宝の映画館が入った。一種の都市型ショッピングセンターを形成しており、1984年のオープン当時は「マリオン現象」と言われるほど多くの来店者でにぎわった。

多数の機能をそなえた複合型商業施設やショッピングセンターが消費市場の主役になる。そんな大波が訪れていた。

この流れをいち早くキャッチした堤は、自ら街づくりに挑んでいく。

「店をつくるのではなく、街をつくれ」

西武有楽町店が開業した翌年の1985年、関西では西武塚新店（兵庫県尼崎市）がオープンした。肌着メーカー、グンゼの工場跡地を再開発したもので、商業空間「つかしん」の中に西武塚新店が入る構図だ。

「店をつくるのではなく、街をつくれ」

堤はこう宣言した。全体のキーワードになったのは「生活遊園地」だ。

ここには、百貨店が中心となるショッピングセンターという発想を超えて、新たな街づくりをしようという堤の意思が表れている。

物販にとどまらない娯楽や学びの要素を取り入れた商業開発。その意味では、現代のショッピングセンター開発を、堤は先取りしていたとも言える。

街づくりに正面から取り組んだという点では、現代の商業デベロッパーを上回る壮大な構想でもあった。

例えばつかしんには、教会や飲み屋横丁、小川や池のほか、ライブステージを持つ「ヤングライヴ館」などの多様な施設があった。

堤らは、全国各地の商店街の研究をしながら、つかしんの計画をつめていった。従来型のショッピングセンターとは違い、あえて本当の街にあるような雑多な要素を盛り込むことで、疲れずに買い物ができる環境を目指した。商業施設の枠を超えて、堤が理想の都市設計に取り組んだプロジェクトだったのだ。

自らの思想に基づいて大胆に事業を構想する堤に対して、流通業界や産業界ばかりではなく、幅広い方面から注目が集まるようになった。

思想家の吉本隆明はその一人だ。

糸井重里によると、吉本は「左翼政党が言っているのは革命ではない。堤清二がやっている『つかしん』の方が革命だ」と、評価していたという。

理念先行で、コスト増が足かせに

つかしんは、小売業界以外にも大きなインパクトを与えた。

1986年、「埼玉新聞」に掲載された埼玉県知事との対談で、堤は次のように語っている。

「全国からいろいろな方が見学に来ておられます。埼玉県からもお見えになっています。都市計画の担当の方が多いようです」（「埼玉新聞」1986年4月23日付）

一民間企業が手がけた都市計画に、全国の自治体関係者が続々と訪れるのだ。

さらに堤は、つかしんにホテルや劇場をつくる構想も抱いていた。セゾングループがつかしんに投じた金額は約200億円に上った。

話題性は高く、広く注目を集めたものの、収益面は厳しい状態が続いた。堤の理想を実現するためのこだわりが、コストを押し上げてしまったのだ。これは西武有楽町店にも共通する課題だった。

つかしんの準備に携わった西武百貨店の元幹部はこう明かした。

「つかしんの計画を練る会議で、堤さんは『つかしんがある辺りのことを詠んだ昔の和歌があるのだが、分かるか』と問いかけたことがありました」

笹についての和歌があったことが分かり、ある担当者が次のように提案した。「建物にこのタイルを使うと、光の加減で笹のように見えます」。結果、そのタイルが採用されることになったという。

セゾングループの元幹部によると、つかしんを街のように見せるために導入された並木もコスト増の原因になった。葉の落ちる落葉樹は、掃除が大変なために商業施設側はあまり使いたがらない。それでも堤は落葉樹を採用した。なぜなら「お客が落ち葉を踏みしめて歩く体験ができるのがいい」と考えたからだ。

つかしんの開業と同年の1985年には、茨城県で西武筑波店もオープンした。こちらは人口に限りがある地方都市で、クルマでの来店ニーズを取り込みながら、百貨店がどこまで戦えるかという実験でもあった。

西武筑波店の開業と同時期、筑波研究学園都市では国際科学技術博覧会（つくば科学万博）が開催された。セゾングループのパビリオンのような意味合いを持つ店舗でもあったわけだ。

開業当初こそ大きなイベントがあったものの、学園都市とはいえ人口が集積していたわけではない。ほかの百貨店は出店に消極的だった。

結果として、第三セクターが開発するショッピングセンターに西武百貨店とジャスコ（現イオン）が出店することになった。

西武百貨店元幹部の安森健は、西武筑波店の開業当時に店長を務めていた。開業を準備する段階で、ダイエーが近くに巨大な店舗を計画していることが分かり、堤は怒りをあらわにしていたという。

「どうして、こんなところにダイエーが出てくるんだ。しかもこんな巨大な店舗をつくる計画とは。何とかならないのか」

「つくば科学万博」の開催に合わせて、西武百貨店とジャスコのほか、ダイエーが大型店を開くことになり、地元商店の懸念も高まった。

大規模小売店舗法の規制の下で３社の店舗規模をどうするのか。地元や行政との調整が紛糾し、西武百貨店とダイエーの政治力の勝負となった。少しでもライバルより有利な条件で開業できるよう、安森らは力を尽くした。

安森は西武筑波店の開店準備室長だった時に、堤に怒られた記憶がある。堤に店舗の計画を説明する「会長答申」の時のことだ。

「西武筑波店には、映画館もあります」と発言したことが、堤にとがめられた。「映画館が」と言うべきところを「映画館も」と言ったというのだ。

ものがあふれるなかで、サービスや娯楽、情報が重要になるという読みから、「脱小売業」の戦略を打ち出していた堤にとって、「映画館は百貨店と同格のもの」という認識だった。映画館は決して、百貨店の付属施設ではないという考えを安森に植えつけたかったのだろう。映画館そのものの魅力を高めるように知恵を絞らなくてはならないのに、付属施設として矮小化しようとした。堤にはそんなふうに感じられたのかもしれない。「安森のやろう、逃げやがって許せねえ、と思ったんでしょうね」（安森）

テクノロジーで人間性を回復する

「〝メカトロ〟に対する認識度が低い」

堤は安森に対して、こうも言った。西武筑波店は「メカトロ店舗」というコンセプトを打ち出していた。

だが、メカトロに対する西武百貨店全体の取り組みが鈍いと、堤は感じていたようだ。「メカトロ」とは、自動搬送システムを使って店内の物流を合理化するといったハイテク技術を駆使した店舗のこと。セゾングループでは、西友能見台店（横浜市）に続いて、西武筑波店でメカトロを導入していた。

セゾングループ全体の方針や企業姿勢を伝える広告にも携わっていた糸井重里は、ロボットを導入した堤の考え方を、直接聞いたことがあった。

「初期のロボットをスーパーマーケットに導入するという議論でも、ゆくゆくはどういう時代が来るという話をこんこんとしていましたね。いずれは人がやらなくてもいいことを、ロボットがやってくれる。これから我々はそれを視野に入れて仕事をしていくべきだ、と。今も似たような話が実現しつつあって、よく話題になっていますね」

現在では極度の人手不足を背景に、製造業だけでなく、小売業やサービス業でもロボット導入の機運が高まっている。

堤はそれを30年以上前に先取りしていた。

それだけではない。「なぜロボットを導入するのか」という点にも、深い思想の裏づけがあった。

堤は、ロボットなどの先端技術を駆使して、セゾングループの職場から、力仕事や単純作業を排除しようと考えていた。テクノロジーの進化が人間性を回復すると信じていたのだ。

現場に全権を委ねた狙い

もちろん、いくら技術革新が進んで単純作業が減ったとしても、組織の仕組みが変わらなければ、人間性の回復も期待できない。

上意下達で命令通りに動くばかりで、現場に創意工夫が生まれなければ、来店客を満足させる店などつくりようがない。

そんな発想から、堤は当時としては百貨店業界で画期的だったある仕組みを導入した。

それが「ショップマスター制度」だ。

1975年、西武池袋本店の大規模増床で導入された。

これは男社会が支配するピラミッド型の古い組織を根こそぎ破壊するという、堤の経営哲学の真骨頂でもあった。旧来型の百貨店のビジネスモデルへの挑戦、とも言い換えられる。

ショップマスターは、そのショップの仕入れや販促、ディスプレイ、売り上げなど、すべての管理を任される。大きな責任の伴う役割を、堤は惜しみなく現場の社員に与えた。

ショップマスターの第1期生に選ばれたのは60人から70人。このうち3分の1が女性だった。

ショップマスターになると、部長や課長、係長、平社員といった階級を無視して、自らの裁量で任せられたショップを運営できる。売り場と商品を最もよく知る現場の社員に全権を委任するという、堤流の秩序破壊とも言えるだろう。

古くさいピラミッド型の組織ばかりで、ともすれば硬直化した働き方しかできなくなる百貨店業界の中では衝撃的だった。

第1期生に選ばれた女性はこう話す。

「1期生に選ばれたのは、20代半ばから40代までの社員でした。階級は平社員から部長クラスまでまちまち。西武池袋本店の衣料品・ファッションから食品まで、あらゆる分野でショップマスターが選定されました」

「高級ブランドでショップマスターを務める人もいました。こうした人は、ブランドの本社がある欧州に買いつけに行く必要もあります。若い女性のショップマスターが海外に買いつけに行くと、ライバルの百貨店から来ているのは40代から50代の部長ばかり。そんな現象がよくありました。それほど、百貨店業界では画期的なことだったのです」

堤は、ショップマスターがそれぞれ専門店の店主になることを期待していた。百貨店というビジネスモデルでは、外商は固定客を抱えているが、店頭に立つ売り場スタッフが固定客を持つのは難しい。そのためどうしても、マスを相手に商売をすることになる。

だがショップマスターに権限を委ねることで、彼らが上顧客を開拓・維持しながら売り場を運営していけば、ショップごとに固定客を増やしていける、と堤は考えていたのだ。

そんなショップが多数集まる商店街へ、百貨店が変貌を遂げること――。

それが、堤の描いた新しい百貨店の姿だった。

現在、苦境にある百貨店各社の再生の道筋を考える際に、一つのヒントになるはずだ。

上下関係にとらわれない組織を

ただ、働く社員にとって、ショップマスター制度は当初、戸惑いの連続だったようだ。抜擢された若い社員は急に降ってきた責任の重さに困惑し、部長クラスは「なんで俺がこんな現場の仕事をしなくてはいけないんだ」と不満をためた。

堤はそんな状況を理解していて、よくショップマスターを招いてパーティーなどの会合を開いていたという。悩みも含めて、ショップマスターに語ってもらい、それをもとに改善することが大切だと考えていたようだ。

堤の経営姿勢について、「できてしまったものには興味のない人」と評価する声は多い。だが、このショップマスター制度は、堤もつくり出してから長く気にとめ、手厚くフォローしていた。「堤さんのきめ細かさが表れていた」と前出のショップマスター1期生の女性は振り返る。

西武百貨店はもともと、極めて封建的な体質の企業だった。本章の冒頭で紹介したように、堤康次郎がやって来ると大卒社員を隠していたというエピソードにも象徴される。

社員の序列がはっきりした保守的な風土は西武百貨店にとどまらず、百貨店業界全体の特性とも言える。堤は西武百貨店を経営しながら、そんな古い組織風土を変革しようと試みた。そして、旧秩序に対するアンチテーゼとしてショップマスター制度を打ち出した。

西武百貨店は事業そのものの改善が追いつかなくても、まずはイメージ先行で業容を拡大した。堤はそれを確信犯的に進めていったのだ。

石橋をたたいて渡るように慎重な経営判断を重ねていては、いつまでたっても老舗の三越や高島屋、伊勢丹には追いつけなかったはずだ。

確かに急激な拡大によってバブル崩壊後、セゾングループは多額の負債を抱えた。そしてセゾングループ崩壊の〝元凶〟として、堤が進めてきた文化路線はやり玉に挙がった。1999年、西武池袋本店の美術館が閉鎖され、「ホテル西洋 銀座」に併設されていた「銀座セゾン劇場」も姿を消した。

かつて、堤が掲げたセゾン文化を表現する施設は、長野県軽井沢の「セゾン現代美術館」などがわずかに残った。ただ、同美術館は改修工事などのため、2023年11月から2026年4月まで長期休館する予定という。

1980年代に世の脚光を浴びた西武有楽町店とつかしんは、話題性とは裏腹に、堤の夢の実現のために投資額が膨らみ、事業としては苦戦が続いた。

つかしんは2004年に西武百貨店が撤退。つかしんのショッピングセンターは、グンゼグループが運営を手がけて継続している。西武有楽町店も2010年に閉鎖に追い込まれた。西武筑波店は健闘していたが、それでも開業から30年以上経った2017年、ついに閉店を余儀なくされた。

「政権交代」

日本のバブルは1991年に崩壊した。同じ年のはじめに堤はセゾングループ代表という立場から引退すると表明している。1990年代は百貨店業界をとりまく環境が暗転した時代だ。

日本百貨店協会がまとめる全国百貨店売上高は、1991年の9兆7000億円がピークで、その後は大きく減少していく。1980年代まで百貨店業界の中で、際だった輝きを放っていた西武百貨店も、強い逆風に苦しむことになった。

この時代、西武百貨店の実質的リーダーが堤から、和田繁明に移行したことは大きな変化だ。同社の歴史をあとから振り返れば「政権交代」と言ってもいい動きだった。

和田は1957年、西武百貨店に入社した大卒定期採用の2期生だ。グループの外食企業に転じていた1992年、経営難に陥っていた西武百貨店の再建を堤氏に託され、西武百貨店会長に就き翌年社長になる。西武百貨店へ復帰した和田が1992年、社員向けに出した「西武百貨店白書」は、このような書き出しで始まる。「西武百貨店は今、経営の危機に直面しています。それなのに、特に経営陣に危機感がないように私は思えます」

なぜ「政権交代」だったかと言えば、ひとつには和田が実権を強めるなかで、経営陣の顔ぶれが大きく変わったこと。もうひとつは経営の方向性が、拡大からリストラへと、大きく転換したことだ。和田が就く前の社長は水野誠一。先述のように堤の義理の弟に当たり、マーケティングなどに強みを持つ人物だった。和田は経営再建のために自身の意思を体現する幹部を集めて体制を固めていった。

和田は幹部の意識改革に力を入れるとともに不採算店舗の閉鎖や人員削減にも踏み切り、1995年度には4期ぶりに経常損益を黒字転換させた。経営立て直しに成果を上げるにつれて和田の求心力も一層高まっていった。和田の改革は、いわば「セゾン的」な経営を、反面教師にすることで成り立っていた。理念先行あるいは雰囲気先行で、事業として利益面の数値管理が甘いことなど、西武百貨店の弱点を修正すべきと考えていたのだ。

若い頃から和田を引き上げ、危機にある百貨店の再建を託した堤だったが、和田との関係は次第に微妙なものとなった。その後、不動産会社・西洋環境開発の債務処理案件などセゾングループの再建を巡って対立した実態は、第5章で詳述する。

2000年になると百貨店業界で、歴史的な動きがあった。百貨店大手の一角を占めたそごうが民事再生法の適用を申請して経営破綻した。再建に向けた経営トップには、西武百貨店の会長を退いていた和田が起用されたのだ。さらには同時期に経営難に苦しんでいた西武百貨店との経営統合案が構想され、2003年には持株会社、ミレニアムリテイリングが発足し、その下で統合された。

いわば、そごうと西武を併せて再建させる一石二鳥の荒業を、和田の下で進めていった。統合への過程では、西武百貨店も銀行からの債務免除を受けて大規模リストラに取り組むなど、西武百貨店とそごうの再建は大きな痛みを伴った。

ミレニアムリテイリングの誕生は2000年代に続いた百貨店の業界再編のモデルになった。そごうの法的整理、西武百貨店の私的整理などで、やむにやまれぬ事情があっただろうが、それでも大規模な業界再編の先鞭をつけたのは確かだ。2007年に大丸と松坂屋ホールディングスが統合したJ・フロントリテイリングが誕生し、08年には三越伊勢丹ホールディングスが発足した。

一方で、ミレニアムリテイリングは、2006年にさらなる再編へと動き、百貨店業界の枠を超えて、セブン&アイ・ホールディングスの傘下に入るのだが、その後の展開は、今回の文庫化で追加した第8章で記載している。

自己否定と事業革新のジレンマ

堤は1960年代、米国を訪れて「このままでは百貨店は生き残れない」と悟った。それ以降、百貨店を進化させるべくもがき続けた。

事業としては挫折の連続だったと言わざるを得ない。

だが堤が西武百貨店を舞台にして目指したものは、店づくりから人事制度まで、彼の理想と哲学に裏打ちされたものであった。

そして堤が当時抱えていた問題に、百貨店業界は現在もなお直面し、答えを出せずにいる。

堤の先見性が抜群に優れていたのか、百貨店業界が30年以上変われずにいるのか——。

ロフトの初代社長を務め、西武百貨店の幹部としても長く堤を見てきた安森は、その奮闘と挫折をこう評価する。「文化や情報、イメージという〝糖衣〟を西武百貨店に被せた戦略は、妥当でした」。老舗百貨店と比べて歴然とした格差があったなかで、「西武百貨店が個性の乏しい普通の百貨店なら、お客さんにとっては訪れる価値がない」からだ。

巨費を投じて、そごうと西武百貨店を傘下に収めたセブン＆アイ。同社名誉顧問の鈴木敏文は、「あれほど文化から商売にまで精通した経営者はほかにはいない」と、堤の異能ぶりを高く評価していた。ところがその鈴木も、2016年に退任した。

堤の経営者人生は、池袋の「ラーメンデパート」から始まった。到底、恵まれたスタートとは言えないだろう。

しかしその不利な環境こそが、堤を絶えざる自己否定と事業革新に駆り立て、西武百貨店は数々の先進的な取り組みを世の中に打ち出していった。

もちろんその挑戦のなかには成功も失敗もある。「自己否定」から革新を生み出そうという堤の発想法は、西武百貨店において最も鮮明だった。従来の百貨店を否定するからこそ、セゾン文化を発信する美術館や、時代を先取りするロフトなどの専門店も生み出された。

だがその一方で、小売業というビジネスの基本がおろそかになった面は否定できない。仕入れや在庫管理、販売といった商いの基本を、地道に磨いていくような経営から遠くなっていったのだろう。

セゾングループが展開していた多様な事業会社。それらの源流は、経営者・堤清二を育てた西武百貨店にあった。堤清二がこの世を去ってから10年後。2023年に、セゾンのふるさととも言える西武池袋本店を巡って世を騒がせる事態が起きた。同店の不動産とそごう・西武という会社の売却案に伴う騒動だ。その遠因はやはり堤がつくった企業文化にあるように思えてならない。功罪の両面がある堤の遺産だ。その結末は後述したい。

第3章 自由な異端の地パルコ

日本の都市型ショッピングセンターの草分けである「パルコ」。ファッションビルとも称されるこの業態は、現在では、実に数多くのデベロッパーが日本各地で展開している。だが1980年代まで、「ファッションビル」という言葉は、そのままパルコを指していた。そう表現しても過言ではないほど、当時の若い世代から圧倒的な支持を集めていたのだ。

東京・渋谷のフラッグシップ店を中心に、流行の発信拠点として、ほかを寄せつけない存在感を放っていたパルコ。単に服を売るだけでなく、劇場を併設し、演劇や映画、音楽などのエンターテインメント事業や、出版業にも力を入れていた。とがったコンテンツを発信して、若者文化をリードする。それが黄金期のパルコの姿だ。

第2章で見たように、「セゾン文化」を発信する母体は西武百貨店だが、若者に強くアピールしたのは、むしろパルコだ。セゾン文化と聞いてパルコを思い浮かべる人も少なくない。

西武百貨店が堤清二の直轄地なのに対して、パルコはセゾングループの中心から少し距離があった。だからこそ独自の創造性を発揮したとも言える。いわば自由な異端の地。パルコが得意としたのは、若者が好きなサブカルチャーであり、堤個人の趣味とは離れたものだ。だが堤は、それをパルコの個性として許容した。

その寛容さが、結果としてセゾン文化の波及力を高めることになった。

1　幻の「銀座パルコ」

「1973年に渋谷に開業して以来、東京23区内に新たに店を構えるのは44年ぶりです」

パルコの社長（当時。現執行役員）、牧山浩三は2017年9月、記者会見でこう意気込んだ。

2017年11月4日にパルコが新店を開業したのは、東京・上野。2012年からパルコの親会社となったJ・フロントリテイリングが運営する松坂屋上野店に併設する。下町の雰囲気を感じさせる「パルコヤ」という新たな屋号をつけ、30代から50代の大人の消費者を狙う。

都心部で存在感を示すためにも、上野の新店は重要な拠点となる。

だが、同じ23区内でも上野より数段格上の日本随一の商業地に、パルコを出店する計画が過去にあったことが、今回の取材で明らかになった。

幻の「銀座パルコ」構想――。

それは今から20年ほど前、2000年代半ばに進められていた。

プランタン銀座をパルコに

「プランタン銀座をパルコにしたいのです。読売の方に会わせていただけますか」

堤清二に相談を持ちかけたのは伊東勇。2000年から08年までパルコの社長を務めた経営者だ。西武百貨店の出身だが、数年でパルコに移り、長く堤の薫陶を受けてきた。

プランタン銀座は、2017年春から「マロニエゲート銀座2&3」という名称に変わったが、銀座で30年以上にわたって営業する有名な百貨店だった。

建物を保有するのは読売新聞グループで、運営会社も読売新聞東京本社の子会社が担う。以前はこの会社に、三越が30%出資していた。

三越はプランタンを重視しておらず、30%の株式を売却する気があるのではないか――。

伊東にはこんな期待があった。

2000年代半ばに三越の社長を務めていた石塚邦雄には会うことができる。あとは読売の経営幹部と会う機会をどうつくるか。

堤が読売グループを取り仕切る2人と関係が深いことを、伊東はよく知っていた。読売新聞グループ本社主筆の渡辺恒雄と、日本テレビ放送網会長だった氏家斉一郎だ。渡辺も氏家も、堤とは東京大学の同窓で、学生運動の同志でもあった。

堤の仲介で、伊東は当時の読売側の幹部と会うことができた。

だが、伊東が考えたプランタン銀座をパルコに売却するという提案に対して、三越と読売は、互いの意向に配慮するような発言を繰り返すばかりで、話はなかなか進まなかった。

伊東は「もうちょっと時間がかかるようですから、いったん休止にします」と堤に報告した。

2000年代半ばの時点で、セゾングループは既に解体されており、パルコの筆頭株主は不動産大手の森トラストだった。堤はもう経営に関与する立場ではない。

それでも伊東の申し出を受けて、堤は精力的に動いた。

振り返れば、堤はその経営者人生で長く「銀座」という場所に執念を燃やし続けてきた。

西武百貨店とパルコの両方で経営幹部を務めた森川茂治は、セゾングループにとっての銀座の意味をこう解説する。

「西武百貨店もパルコも、フラッグシップ店は池袋と渋谷というターミナル駅に立地して、私鉄沿線の顧客をキャッチするビジネスモデル。沿線に住む団塊世代がつくった戦後の新しい『東京』とともに発展した新興企業です。だからこそ、『元来の東京』、つまり江戸の生活文化が残り、老舗が商売をしてきた銀座に、どうしても拠点が欲しかったのです」

堤が銀座に抱いた野望

銀座や日本橋は老舗百貨店の三越や高島屋の縄張りである。

都心西側の池袋や渋谷に店を構えていた西武百貨店が、東側の激戦地に乗り込んで勝つというのが堤の野望だった。その象徴が、1984年に出店した西武有楽町店だった。

だが、セゾングループが本当に銀座で勝とうと思ったら、そもそも西武百貨店を1店出すだけでは無理だったのかもしれない。

セゾングループは、池袋にせよ渋谷にせよ、西武百貨店とパルコがタッグを組んで、その街の消費者を魅了してきたからだ。

池袋から成り上がった新興百貨店が、普通の方法で老舗百貨店に挑んでも勝ち目はない。百貨店が持ち得ない若者を魅了する斬新なイメージ戦略と情報発信で、一発逆転を狙う――。

これがセゾングループの成功の方程式だった。

そのためには西武百貨店だけでは足りず、ファッションのテナントを集積した都市型ショッピングセンターの草分けであるパルコが不可欠だ。パルコこそが、老舗百貨店が持ち得ない有力な業態だからだ。

1970年代から80年代、パルコは西武線のターミナル駅である池袋の街のイメージを向上させた。さらには東急グループの拠点である渋谷の街の印象を刷新する力も持っていた。

いずれも、ターゲットにしたのは団塊の世代より下の、当時の若い消費者だった。戦後、私鉄沿線に住宅地が広がり、そこに住む若者たちが消費者として台頭してきた。若い大学生など、地方から東京への流入も続いた。そんな新しい都市生活者を魅了して、池袋と渋谷という街をつくり変えたのがパルコだった。

若き堤の野心と恐怖心

1969年にパルコ1号店が池袋に誕生した経緯を振り返ってみよう。そこからは、まだ駆け出し経営者だった堤の、野心と恐怖心が混ざり合ったような感情が浮かび上がってくる。

池袋パルコはもともと京都の百貨店の丸物が1950年代に東京に開いた店舗だった。西武池袋本店の北側に隣接しており、業績は低迷していた。

「ある日、小佐野賢治から電話が来た。『君、丸物を買いたまえ』と」

堤は1960年代、経営が苦しくなったパルコの買収を打診された時のことを、こう語っている。

小佐野とは、「昭和の政商」と呼ばれ、ロッキード事件にも関与した人物だ。運輸・観光事業を幅広く手がけ、丸物の買収でも間に入っていた。

1960年代は、ダイエーなどの総合スーパーが急成長していた時期だ。堤はこう考えていた。

「丸物を私が買わないと、ダイエーやイトーヨーカ堂が買収して池袋に出てくるかもしれない。そうなると西武百貨店にとって難物だ。無理をしてでも買わなくては」

西武池袋本店を守るための防衛的買収という色彩が強かった。

ただ、丸物を買収してからも、再建は難しく、赤字が続いたという。

堤はすぐに見切りをつけ、百貨店を廃業することを決断。当時の顧客調査で要望が多かった「名店街」として再生を目指すことにした。

名前も、イタリア語で公園を意味する「パルコ」として、ターゲットを若い女性に定めた。

パルコ1号店が池袋にオープンしたのは、1969年のことだ。

当時の日本では、百貨店こそが自他ともに認める小売業の王様だった。ファッションにせよ、インテリア用品にせよ、質の良いものを買おうと思えば、百貨店を真っ先に思い浮かべる消費者が多かった。

そんななかで、パルコは「ファッションビル」という新しい業態をスタートさせた。百貨店と似たような商業施設に見えたとしても、ビジネスモデルは全く異なる。

パルコは自ら商品を仕入れて売るのではなく、テナントからの賃料で利益を得る不動産業だ。百貨店のように品ぞろえで勝負するのではなく、テナント構成と建物全体のイメージで勝負する、空間プロデュース業とも言えるビジネスモデルだった。

パルコには、伝統的な日本の百貨店のビジネスモデルに対するアンチテーゼという側面もあった。だからこそ、伝統的な百貨店に満足していなかった若者たちから圧倒的な支持を得るようになったのだ。

そう考えると、百貨店出身の経営者である堤が、百貨店の強力なライバルになり得るパルコを生み出したのは、ある種の自己否定とも言える。

パルコというイノベーションが起きたのは、買収した旧丸物の再生に苦しんだ経験があったからだ。逆境に屈せず、新たなアイデアで打開するセゾングループのＤＮＡが表れている。

テナントの選定眼がパルコの意義

堤が他界する2年半ほど前の2011年春、筆者は日本経済新聞の記者として、堤にインタビューをした。

当時、堤はパルコという会社の価値について、次のような話をしている。

「パルコは、単なる小売業の集積ではないんだというのが、私がつくった時の考え方です。小売業に新しい風を吹かせました。テナントが集まって相互に啓発する。単独出店では採算が合わない店でも、集まって商圏を広くすれば、そういう店が欲しいという顧客が来ます」

「例えば海外のファッション関連の書籍を集めた個性的な書店でも、パルコに入れば経営が成り立ちます。各地の商店街は今、シャッター通りになり、そういう個性的な店は閉店せざるを得ない状況です。けれどパルコは昔の商店街の役割を補完できます」

「重要なのは、単独の各店がどういう価値を持っているかを見つけだす目を持つことです。パルコ自体が消費者に対する発信力を鍛えることで、パルコを支持する店が増えます。普通の大型店にはないきめ細かなノウハウがありますから」

パルコは単なる貸しビル業ではなく、有望なテナントを見極める目利き力、テナントが相乗効果を発揮できるようにするプロデュース力を持った新たな小売業だ――。堤のこんな自負がうかがえる。

増田という異才が個性を育む

パルコの誕生と躍進は、同社を率いた増田通二という人物を抜きにしては語れない。堤と旧制中学校で机を並べ、東京大学でも同窓だった。演劇や美術が好きなところも共通する。

パルコでは、増田が〝創業者〟として語られ、一貫して社内での存在感は大きかった。1984年から社長、88年から会長となり、89年に退任している。

増田の自伝『開幕ベルは鳴った　シアター・マスダへようこそ』(東京新聞出版局)によると、父は日本画家。堤康次郎は、絵画のお得意様でもあったようだ。

増田は東京大学時代から堤家に出入りし、大学3年生の身分のまま、西武グループの国土計画に入社する。その後で大学を卒業し、定時制高校の教員を8年間務めた後で再び西武グループに勤めることになった。異色の出戻り社員でもある。

2度目の入社後、西武百貨店でいくつか仕事を経験した後、堤清二から池袋の丸物の再建を頼まれた。

丸物をパルコへ転換するなかで、増田はリーダーシップを発揮する。

「パルコ」という名称は、イタリア語で「公園」を意味する。「西武」の文字を加える案も浮上したが、百貨店から独立した存在であるべきとして、増田は反対したという。

増田は、独特のセンスと才覚でパルコの立ち上げを成功させた。西武百貨店の元幹部は、「堤さんは増田さんにライバル心があり、その才能に嫉妬することもあった」と証言する。

渋谷のイメージを一新したパルコ

パルコは1973年、渋谷への出店で一躍有名になる。

「すれちがう人が美しい～渋谷公園通り～」というコピーで、裏通りの印象が強かった区役所通りのイメージを一新。「公園通り」と呼ばれるようになり、洗練された若者のファッションの街へと変貌していく。

堤と渋谷の関わりは興味深い。

パルコ進出の5年前の1968年に西武渋谷店が開業した。西武池袋本店以外に、本格的な店舗を持っていなかったため、堤にとっても渋谷進出は悲願だった。

池袋、渋谷ともに私鉄のターミナル駅といっても、渋谷は後背地に多くの高級住宅街を抱えており、池袋とは様子が違う。「西武＝池袋の百貨店」という印象から脱却するには、渋谷に出店するチャンスを逃すわけにはいかない。

だが、渋谷は東急グループの本拠地だ。西武グループの堤康次郎と東急グループの五島慶太という、創業者同士が各地の観光開発などを巡って激しくぶつかっていたことも、西武百貨店の渋谷進出のハードルが高かった一因だった。

堤は渋谷進出に向けて、五島慶太から東急グループを継承していた五島昇と、2世経営者同士で、協定を結んだとされる。

東急側が西武の進出を許容したうえで、両社が共存共栄を目指そうというものだったようだ。

先代の根深い対立を解いて、全面対決にならないよう〝手打ち〟をしたわけだ。

それでも、渋谷での西武百貨店の商売は想像以上に難しかった。

西武百貨店は渋谷に出店した際、東急百貨店に対抗して、斬新な広告宣伝やファッションの売り場づくりに力を入れた。だが東急線沿線の住民にとって、西武百貨店の認知度は低く、渋谷が「東急の街」であることに変わりはなかった。

そこに、パルコという〝援軍〟が登場して、状況はがらりと変わった。セゾングループの力で、渋谷は若者の街というイメージがつくり出されていったのだ。

ボウリング場を劇場に

パルコが出店したのは決して恵まれた場所ではない。むしろ商業地としては、渋谷駅から500メートル余りも距離のある「悪立地」だ。当時、区役所通りと呼ばれていた坂道の上にあったのだ。

この辺りはその頃、駐車場や雑居ビルの並ぶ何の変哲もない街並みだった。そんな場所に西武百貨店は土地を購入した。もとは西武渋谷店の駐車場用地として確保したようだ。

池袋でパルコを成功させた堤は、パルコのイメージをさらに高めるため、渋谷の未利用地を活用して、パルコの2店舗目を開業することにした。

西武百貨店が渋谷に進出した時と同様、堤はパルコについても、「池袋のパルコ」というイメージを変えたかったのかもしれない。

当時、日本中がボウリングブームに沸いていた。

渋谷パルコの計画が固まる前には、上層階にボウリング場を設けて、その下を商業施設にする構想があった。だが、にわかにボウリングブームが下火になったので、ボウリング場の代わりに、自前の劇場を導入することにした。

坂の上という悪立地までどのように消費者を引っ張ってくるか。増田らは、遠くまで来てもらうには、目的を持って見に来てくれる劇場が最適だという考えに至った。

そして1973年5月。渋谷パルコの開業よりも約1カ月早く、「西武劇場」をオープンさせた。

増田は、無理をしてでも劇場を先行オープンさせることで、劇場が商業施設の付随施設ではなく、それ自体が本格的な文化の拠点であることをアピールしようとした。

劇場は、堤と親しい作家である安部公房の前衛演劇から、木の実ナナと細川俊之が演じるミュージカル「ショーガール」まで、多彩な演目で話題をさらった。

パルコを成功に導いた広告宣伝

増田の自伝によると、経営理念は「本人も周囲も面白がること」。特に若い女性をターゲットにした斬新な広告宣伝は、時代をリードした。

例えば「裸を見るな。裸になれ。」「モデルだって顔だけじゃダメなんだ。」というコピー。過激なポスター写真も含めて、「NGが出るかどうか、ギリギリの危ない線をいつも狙っていた」と当時の担当者は明かす。

広告宣伝では、当時注目されはじめていたアートディレクターの石岡瑛子やイラストレーターの山口はるみなど、新進気鋭のクリエイターを起用。広告業界やアートの世界で、パルコは一躍注目を集めるようになった。

「『パルコとなら面白いことができる』と一緒に仕事をしたがったアーティストも多かった」と先の担当者は振り返る。

パルコの広告の仕事で有名になったクリエイターやアーティストを、資金力のある消費財メーカーなどが起用するようになり、ギャラが高騰するケースもあった。その結果、企業規模が小さく、広告予算のあまり多くないパルコでは使えなくなった人もいたという。

渋谷パルコが開業した1970年代、日本の経済や社会は戦後初めて〝成熟期〟を迎えた。物質的な豊かさをひたすら追求した高度経済成長が一段落して、人々は新しいライフスタイルを模索しはじめていた。

そんな時代に、パルコは若者文化を牽引するリーダーとなった。新たなカルチャーの発信者であり、発掘者だったのだ。

保守的な百貨店の文化催事や美術展とは、次元の異なる新しい文化を発信したパルコ。「パルコは全体のイメージ感で売るような業態になった」

堤はこう評価し、西武百貨店もパルコの成功にならうように、イメージ戦略を加速させていった。

渋谷パルコが最上階に西武劇場をオープンさせてから2年後の1975年、西武池袋本店の最上階に「西武美術館」が開業した。

パルコの広告が世間の耳目を集めた1970年代に続いて、80年代は西武百貨店が「おいしい生活。」などに代表される斬新なコピーで世間の話題をさらった。

こうして歴史的な流れを検証し直すと、パルコこそが、セゾン文化の源流だったという見方もできる。

周囲に高級住宅地を抱えているとはいえ、際立つ個性のない街だった渋谷は、パルコの進出を機に一変した。「ファッションと文化があふれる若者の街」といったイメージが定着し、実際に訪れる客層も大きく変わっていった。

「街づくり」の発想で若者を魅了

若者の街、渋谷。いつも、何か面白いものがある街。

その誕生にパルコが果たした役割は大きい。

とはいえ、パルコを出店しただけでは限界がある。街の個性を一層際立たせるために大きな効果があったのは、パルコを軸としてセゾングループが進めていった「街づくり」にあった。

公園通りの坂の下の西武渋谷店と、坂の上にある渋谷パルコ。たった2つの商業施設によって街をつくることはできない。この2つの存在だけで「区役所通り」のイメージを変えることも、難しかったはずだ。

パルコは、1973年に渋谷店を開業してから、街づくりを意識した多様な取り組みを進めていた。「見せる場、見せられる場」をテーマに環境整備を進めていったのだ。

例えば渋谷パルコがオープンした当時、原宿周辺などから渋谷パルコまで、クラシックな馬車に人々を乗せて走るイベントを展開したことがある。公園通りには、西洋の街並みになじむような赤い電話ボックスや、スズランを模した街灯などが設けられた。

そして渋谷パルコを取り囲むように、商業や娯楽の多様な施設を次々とオープンさせていったのだ。

例えばライブハウスなどもパルコが開業。若者の一大文化拠点になった。

当時、パルコが手がけた代表的な商業施設には次のようなものがある。

1975年に「パルコ・パート2」、81年に「パルコ・パート3」が開業。音楽や映画関係では、1988年にライブハウスの「クラブクアトロ」、99年には本格的なミニシアター「シネクイント」、2002年にはスペイン坂の入り口にパルコの新たなファッションビル「渋谷ゼロゲート」がオープンした。

若者が集まる街というイメージが高まった結果、渋谷パルコの周辺には自然発生的に、他社の様々な商業施設も集まり、新しい街が形成されていった。

1980年代には「イッセイミヤケ」の三宅一生のほか、「コム・デ・ギャルソン」の川久保玲、「ヨウジヤマモト」の山本耀司などが活躍し、DCブランドブームが起こった。いち早く店舗に個性的なデザイナーのショップを導入して全国的なブームの火つけ役となっていたのがパルコだ。

渋谷パルコと公園通りは当時、DCブランドの〝聖地〟となり、女性だけでなく、若い男性らがセールに列をなす現象も起こった。

成り行きから生まれた成功

『わが記憶、わが記録』の中で、堤は渋谷の街づくりについてこう語っている。
「正直に申し上げますと、（西武百貨店の）渋谷店をオープンしたときぐらいまでは、それほどはっきりしたまちづくりの発想はありませんでした。けれど、引き続いて渋谷パルコの物件が出てきたときに、発想がはっきりと出てきました。だから、成り行きのなかで出てきたというのが実際だと思います」（カッコ内は筆者注）
「私個人のオリジナルではありません。パルコの増田氏などの発想がかなり大きいと思います」

堤本人が打ち明けている通り、セゾングループの代表的な功績として語られる渋谷の街づくりは、すべてが堤の意図によって進んだものではなかった。増田が率いるパルコとの相乗効果には偶然の要素もあり、ある種の成り行き任せの結果でもあったのだ。

渋谷パルコの「西武劇場」（のちに「パルコ劇場」へ名称変更）から発信された文化にも、同じことが言える。

劇場のオープンに向けて、堤はニューヨークのハーレムに劇場の視察に行った。劇場に対する思い入れが強かった堤だが、運営を続けるなかで、理想と現実のギャップに直面する。

堤が個人的に長く支援してきたのは、ノーベル文学賞の受賞も近かったと言われる安部公房だ。前衛作家であり、西武劇場を使って演劇活動にも積極的に取り組んでいた。あるいは現代音楽家の武満徹。現代音楽のイベント「ミュージック・トゥデイ」を長年続けてきた。

だが渋谷パルコ内という立地にある劇場は、前衛的、実験的な演目よりも、分かりやすい大衆に受けるコンテンツが好まれた。

「パルコ劇場は立地もあり、建物の性格もあって、私がやりたいと思うものをやってもあまり客が入らない」（『わが記憶、わが記録』）

1987年には、セゾングループのホテル西洋 銀座に併設する形で、「銀座セゾン劇場」が完成した。「西武劇場」は「パルコ劇場」と名称を変えて、演目はより広く受け入れられやすい内容が増えていったようだ。

「パルコ文化はセゾン文化のなかのライトな部分です。セゾン文化の本流は、やはり現代美術館（中略）であり『ミュージック・トゥデイ』です。サブカルチャー的な部分がパルコ、そういう意識でした」（『わが記憶、わが記録』）

現代美術館とは、軽井沢の「セゾン現代美術館」のこと。現代絵画の巨匠の作品を多数、所蔵する。

堤は美術、文学、演劇、音楽とも、前衛でありながら本格的な芸術を好み、自らの事業のなかでも、それらを人々に触れてもらおうと考えていた。

では堤の言う、パルコの「サブカルチャー」とは何だったのか。

サブカルチャーを容認した堤

西武百貨店以上にとがった内容で展開した広告映像やポスターも、一種のサブカルチャーと言えるかもしれない。

しかし最も典型的なのは、若者向け雑誌『ビックリハウス』（パルコ出版）だろう。1970年代から80年代にかけてパルコが手がけてきた。パロディーや遊び心にあふれる読者参加型の誌面づくりが特徴だ。糸井重里が編集していた読者投稿の企画「ヘンタイよいこ新聞」などが話題を集めた。

パルコの主要顧客は若者であり、その若者を引き寄せるサブカルチャーで、パルコは強い発信力を持った。単にものを売るのではなく、若者の関心の高い映画や音楽などの最新カルチャーを提供。商業施設はあまたあれど、パルコほど若者との距離が近くセンスの良い存在はない、といったイメージが広がった。

それは事業としては大きな強みである。意図せざるものだったとしても、堤は「こういう文化はダメ」と切り捨てず、若者から発生する新たな文化を受け入れ、容認する姿勢を貫いた。

結果としてセゾン文化は、本格的な芸術から漫画などのサブカルチャーまで、混沌としたものを内在しながら、大衆の心をつかんでいった。

不本意に進んだ地方進出

1970年代から80年代にかけて、パルコは渋谷で若者を魅了し、新たな消費文化を打ち立てた。

同時に1975年の札幌進出を皮切りに、岐阜、千葉、大分などといった各地での展開も進んでいった。地方出店は、東京で成功したパルコ文化を、地方の消費者にもシャワーのように降らせるという狙いがあった。

だがこれらの地方進出は、決してパルコとしての経営判断ではなく、セゾングループの事情によるものも多かった。

セゾングループ内にある西武百貨店や西友の不振店舗を、パルコへ業態展開して再生しようとしたのだ。岐阜や千葉のパルコは、西武百貨店が提携した地元百貨店のてこ入れに行きづまった末に、パルコに転換したケースだ。大分ではスーパーの西友が出した店舗が失敗した後をパルコが引き受けた。

セゾングループ各社の杜撰な経営の尻ぬぐいを、パルコは担わされた。池袋の丸物をパルコに転換して成功した方式は、ほかの場所でも成果を上げるに違いないという、堤の思惑があったのだろう。

増田は、全国の大都市でパルコを展開させる構想を抱えていた。

パルコは本来、大衆に寄り添うのではなく、とがった商品を提示して、こだわりの強い消費者を広域から集める事業モデルだ。一定の人口がある大都市にふさわしい事業と言える。

札幌店などを除けば、様々な事情によって業態転換された地方のパルコの多くは、増田にとって望まざる出店だったはずだ。パルコを成功に導いた立役者の増田であっても、オーナーである堤の意向には逆らえなかったようだ。

のちにパルコの社長になった伊東が、企画責任者だった時のことだ。

当時のパルコ首脳が堤に呼ばれ、西武百貨店が運営していた川崎店、つかしん（兵庫県尼崎市）、だるまや西武（福井市）、心斎橋（大阪市）の4施設を引き受けてくれとの命を受けた。

心斎橋は、「パルコ」の店名をつけながらも、長く西武百貨店が運営してきた。1990年前後になって、西武百貨店は急拡大のツケによって経営が苦しくなってきていた。

伊東は抵抗しようとした。「4つとも断ってきてください」。すると首脳は怒った。「オーナーが4つというのに、全部断るのか」

伊東は、「じゃあ心斎橋だけは何とかしましょう。あとの3つはうちの力では無理なので、私が堤さんに会って断ってきます」とたんかを切った。

「緊張しましたよ。どう言われるか分かりませんから。けれど、できない理由を正直に説明すると、堤さんは黙って聞いて、了解してくれました。若造が説明に行ったのが、かえってよかったのかもしれません」と伊東は振り返る。

結局、心斎橋だけは1991年にパルコが引き受けた。

当時のパルコの筆頭株主は西武百貨店。セゾングループの中にあった当時から、パルコは独立した経営が難しく、大株主の意向に左右されてきた。

そしてその後も、パルコは流転する。

節目ごとに変わる大株主との摩擦に悩まされる運命をたどっていったのだ。

2　パルコの流転と堤の戦い

伊東がパルコの社長に就いた2000年、セゾングループは傘下の不動産会社である西洋環境開発の清算に伴う巨額債務の負担割合を巡って、金融機関との交渉が大づめを迎えていた。

セゾングループ各社の信用力は地に落ち、それぞれが独自にスポンサーを探さねばならない状況に陥っていた。

堤は経営から完全に退き、事実上のセゾングループの身売りや解体が進みつつあった。伊東は当時をこう振り返る。

「セゾングループの混乱時、どうすればパルコを潰さずに残せるかということばかり考えていました。資本増強に向けて提携先を探したけれど、なかなか見つからなくて、最後の最後に決まったのが森トラストでした」

2001年、森トラストがパルコに20%を出資し、筆頭株主となった。

だが出資から時間が経つと、パルコは森トラストから流通再編の提案を受けるようになった。「高島屋はどう思いますか、などと打診されました」(伊東)

パルコを使って業界再編を仕掛ける意向の森トラストに対して、伊東は「パルコは独自に残っていけるので、再編の必要はありません」と断った。

「さっさと辞めちまえ」

2010年、パルコと筆頭株主である森トラストの関係は急速に悪化する。森トラストはパルコへの出資比率を5割近くまで高めることを提案。経営の独立を守ろうとしていたパルコは大きなピンチに直面した。

森トラストに対し、パルコは日本政策投資銀行と資本業務提携して対抗した。これに森トラスト社長の森章（当時）は怒り、パルコ経営陣の解任を検討する事態に発展していった。

この頃、既にパルコの経営からは離れていた堤に、伊東は叱責された。

「おまえだけラクをしたいのだったら、さっさと辞めちまえ」

伊東自身も2008年にはパルコの会長に退き、2010年からは相談役に就いていた。森トラストとの折衝も後継社長に任せていたが、堤からすれば、伊東が後輩の面倒を見ていないせいでパルコが危機に陥ったように見えたのだろう。隠居するのは無責任だという怒りだった。

混乱の最中、2011年にはイオンが、パルコの事前了解なく株式の12%を取得し、第2位の株主に躍り出た。そしてパルコ経営陣に対して、事業提携や役員の大幅刷新を求めて、森トラストと歩調を合わせてきたのだ。

当時、堤はこう語っている。

「両社とも『名門』と言っていい会社なのに。理念なく両社が結びついているようだ。流通業界に関係していた者として憤りを感じる」

イオンとの提携に反対した堤はこの頃、幹部を集めて、パルコの文化発信力を守るように説いたという。

1990年代以降、セゾングループはバブル処理の過程で解体された。戦犯とされた堤は経営の表舞台から去り、長い間沈黙を貫いてきた。

だが、パルコに対するイオンの出資には、許しがたいものがあったようだ。

当時、筆者の取材に対して、堤はこんな思いも述べた。

「片っぽうでは『祇園精舎の鐘の声、諸行無常の響きあり』というのがありますが、そうであってはいかんぞ」という、心の葛藤だ。自分にできることがあるかどうか。経営者として奮闘した昔の思いが呼び起こされているようだった。

その後、紆余曲折を経て登場したのが、J・フロントリテイリングだ。大丸や松坂屋などを展開する同社は、かねてパルコに魅力を感じていた。

2012年春には、パルコ株の3割を保有する筆頭株主の森トラストから、J・フロントリテイリングが株式を取得。続いて同年中に、J・フロントリテイリングはTOB（株式公開買い付け）によって株式を追加取得し、パルコを子会社化した。イオンが求めた提携は、具体化せず終わった。

J・フロントリテイリングの子会社となってから、パルコは連結業績への大きな貢献を期待される存在となった。

株主を巡る攻防戦によって苦難を経験し、最後にはほかの流通グループの子会社になったパルコ。堤にとってはやはり無念な結果だったのかもしれない。

だが突きつめれば、パルコが流転したのはセゾングループの崩壊が原因であり、パルコの不遇の責任は、堤自身が一番に負わねばならない。

〝催眠術〟が効かない時代

資本の問題は、J・フロントリテイリングの登場によって解決した。

だがパルコはもう一つ、大きな課題を抱えていた。

〝異端〟として輝いていた独自性が、揺らいでいたのだ。

堤は2011年、パルコについて次のように語り、パルコが立ち返るべき原点を強調した。

「やっぱり、マンネリになったのかなあ」

「重要なのは、単独の名店がどういう価値を持っているかを見つけだす目を持つこと。そしてパルコ自体が消費者に対する発信力を鍛えること」

だがパルコが全盛を極めた1970年代から80年代と現在では、そもそも事業環境が大きく異なっている。

パルコが日本に登場したのは、日本経済の成長真っ只中。若い女性たちの給料が年々上がるいい時代だった。

伊東はこう考えている。「増田さんはパルコの顧客、テナント、そして社員を催眠術にかけた。パルコに行けばきれいになれる。パルコはこんなに素晴らしいショッピングセンターなんだ、と」

だが1990年代以降も、若い女性を魅了するファッションビルはあちこちに増えている。

JR東日本が展開する「ルミネ」や、三井不動産の「ららぽーと」なども成長していった。「お客さんは催眠術から解けた。パルコに行かなくてもいいかもしれない、と」（伊東）

パルコが若者文化をリードした時代はもう終わった。

もはや、パルコはファッションビルの中でも特別な存在ではない。

〝催眠術〟が効かない時代のパルコの個性とは何なのか。

3 アニメ文化に宿るDNA

渋谷パルコは建て替えのため、2016年8月7日で一時休業した。2019年秋に新たなフラッグシップ店としてオープンすることを宣言して、43年間続いた営業をいったん終えた。最後の営業日に、渋谷パルコの全盛期を知る40代や50代が、昔を懐かしむように大勢駆けつけた。

夕暮れのなか、店舗の外観をスマートフォンで撮影する人の姿も目立った。

パルコに熱狂したかつての若者たちは、どんな思いで渋谷パルコの一時休業を受け止めたのだろうか。頭によぎったのは、パルコ劇場のミュージカルなのか、DCブランドを買い求めて行列に並んだ日のことだろうか――。

「ここに行けば、時代の最先端を味わえる」

消費者をこんな思いにさせる1980年代までのような大がかりな〝魔法〟はないとしても、パルコが長年取り組んできた情報発信や文化の創造力は、今も有効なはずだ。

だが若者向けに発信する文化の中身は、時代とともに変わっている。

古くからのファンだけではなく、新しい文化を発信して次世代の顧客を獲得できるのか。いい意味での新陳代謝がなければ存在意義を失ってしまう。

ただパルコは、着実に新しいスタートを切っている。その一例は、意外にもアニメのコンテンツにあった。

パルコでは現在、アニメ関連のショップを売り場に導入し、現代の若者文化の重要な一要素として、積極的に事業に取り込んでいるのだ。

堤は、サブカルチャーにも理解を示していた。とはいえ、それは堤の放任主義によって、パルコの文化が若者に広がった側面もある。きっとアニメ文化は、堤の趣味には合わないはずだ。

そもそも全盛期のセゾングループは、欧州の高級ブランドや高尚な現代美術などで、大衆を啓蒙していった。

だが、そういった憧れをかき立てる手法は現代の若者には通用しにくい。

それよりも現代の若者が好むのは、ネットを通して普通の人が発信するコンテンツだ。大きなブームにはならないが、無数のファンのサークルができている。

もはや企業が消費者を啓蒙する時代ではない。それでも、パルコにできることはあるはずだ。アニメコンテンツに対するパルコの取り組みを見ると、若者文化を察知するパルコの感度は、決して鈍っていないことがよく分かる。

革新性こそ、パルコの命綱

パルコでアニメコンテンツを仕掛けたのは、パルコ常務執行役の泉水隆だ。

営業責任者として型破りなテナントを次々と誘致してきた泉水は、１９８３年にパルコに入社した。当時は渋谷パルコなどが先導したＤＣブランドブームの最盛期だった。

アニメ系のテナントを導入したきっかけは、２０１２年に実施した渋谷パルコ６階の全面改装だった。この時、泉水は6階を、アニメ「ワンピース」のグッズ店「麦わらストア」などをそろえた「シブポップ」というフロアへ刷新した。

もともと6階にあったメンズキャラクターのファッションは時代とともに衰退していた。「6階のテナントが丸ごと退店するという状況になってしまいました。次のテナントを検討する前提として、消費を先取りしないとパルコは生き残れないと考えていました」と泉水は語る。

「ららぽーと」を展開する三井不動産や、小売りグループ最大手のイオンは、巨大な資本を使って大型開発ができる。だがパルコにそこまでの資本はない。命綱は、誕生以来脈々と培ってきた革新性だけとも言える。

いち早く新しいことに挑戦して、その先行メリットでビル全体を活性化させる。それしか生き延びる方法はない、というのが泉水が引き継いできたパルコのDNAだった。

泉水は、いろいろなマーケティングを検討したが、渋谷パルコで実施してきた様々なイベントの中でも、「ガンダム展」などのアニメ系イベントの集客力が異常に高いことに注目した。

ヤング層をどうつかむのかという課題を考えたとき、ファッションはなかなか売れなくなってきている。現代の若者の出費の中でも圧倒的に高いのは通信費だが、同時にアニメやゲームにもかなりのお金を使うことが、調査を通して見えてきた。

そこで泉水は、洋服ではなく、アニメで若者の消費を取り込む方針に転じたのだ。

ハローキティ、ポケモン、弱虫ペダル……

アニメによって若者を引きつける効果は大きかった。

渋谷パルコでは、「ワンピース」グッズなどの常設売り場だけでなく、期間限定でアニメなどとコラボレーションし、コンテンツを変えながら展開するカフェも人気が高かった。キャラクターの「ハローキティ」や「ポケモン」、漫画・アニメの「弱虫ペダル」などをコンセプトにしたものだ。

泉水は、ファッションを先導してきたパルコが、アニメを積極的に取り入れることのギャップについて、こう解説する。

「パルコには、異なった価値観のものをかけ算することで、化学反応を起こしてビジネスを拡大するような考え方があります。渋谷パルコでは1階に『コム・デ・ギャルソン』が入り、上層階にはアニメがあって、共存する。何でもありの多様性がライバルとの差別化につながり、生き残る力の源泉になっています」

アニメというと、特定ファンの局所的な動きのようにも思われる。だがそこには時流を先取りして、変革を恐れない堤とセゾンのDNAが宿っている。

大丸心斎橋でエンタメの力を試す

「都心の楽しみは、やはり文化性やアートです。それを打ち出したい」

２０１７年秋、東京・上野にできた「パルコヤ」の開業を前に、パルコ社長（当時）の牧山は、記者会見でこう強調した。渋谷で消費をリードしたパルコの強みは、場所や時代が変わっても通用するという信念がにじんでいる。

パルコヤの開業と同時期に日本で公開された「ゴッホ　最期の手紙」という映画がある。画家・ゴッホの死の謎に迫るというユニークなアニメーション映画で、パルコが配給した。

パルコヤ上層にあるＴＯＨＯシネマズなどで「ゴッホ　最期の手紙」を上映するとともに、同じく上野にある東京都美術館の「ゴッホ展」とも連携した。文化と街づくりというパルコ全盛期の試みを、地味ながら再現しようとしたのだ。

パルコは、親会社Ｊ・フロントリテイリングとの連携が本格化してきたことで、上野に続き、これからも出店に弾みがつきそうだ。

Ｊ・フロントリテイリングは、フラッグシップ店である大丸心斎橋店の北館をリニューアルして２０２０年11月にパルコに変えた。

心斎橋は、大阪を代表する商業地だ。ここでもパルコは、単なる物販ではなく、文化やイベントを重視して、隣接する大丸の本館などとの違いを打ち出していく。

そこでパルコの強みとなるのが、演劇や映画などを長年手がけてきたエンターテインメント事業部を持っていることである。ただ劇場や映画館という「箱」を運営するだけでなく、コンテンツをプロデュースしたり、作品を買いつけたりといった長年の活動が、他社にまねのできない個性を生んでいる。

J・フロントリテイリングをはじめ、百貨店各社は今あらためて、物販中心の事業展開の限界に直面し、「モノからコト」という消費の流れに対応しようとしている。

そのなかで、小売業ではいち早く「コト消費」に取り組んでいたパルコの強みが発揮されるはずだ。

「40年間以上、畑を耕すように続けてきたエンターテインメント事業が、もっともっと生かされるだろう」

牧山は、心斎橋の出店についてこう強調した。

流転を経ても残るDNA

パルコは、若者文化のリーダーとなった栄光の時代から、セゾングループ解体のあおりを受けて、筆頭株主が転々とした苦難の時代など、波瀾万丈の半世紀を歩んできた。

そして現在、低迷から抜け出せない大手百貨店はこぞって、都市型ショッピングセンターに活路を見いだそうとしている。そう考えると、60年以上も前に丸物をパルコに業態転換した堤と増田には、先を見通す大きな力があったのかもしれない。

重要なのは、堤や増田が都市型ショッピングセンターの先駆けを生み出したことではない。一つの商業施設として、ほかにない価値観を発信できたことにある。

パルコは若者文化に対する感度の高さを維持し、ライバルの商業施設にはない独自の個性を放ち続けてきた。

そのDNAは、現在もなお健在だ。

堤はパルコの本質を理解していた。

たとえ自分の好みとは違う文化であっても、それを許容し、セゾン文化の幅を広げた。仮にパルコのイメージ発信を、堤が自らの型にはめようとコントロールしていたら、パルコもセゾングループも、消費者に対して大きな波及力を持てなかったかもしれない。

文化とは、異質なものを認める多様性そのものである。

堤はそれを深く理解していたに違いない。

4　12年ぶりの新社長誕生

2つのDNAを引き継ぐ

2023年3月、パルコに12年ぶりに新社長が誕生した。セゾングループとパルコ双方のDNAを、色濃く引き継ぐ人物だ。

前任の牧山社長からバトンを受けたのは、53歳の川瀬賢二。トップの年齢が10歳以上、大幅に若返った。J・フロントリテイリングは2012年にパルコを傘下に入れ、20年にはついに完全子会社化した。パルコの株式は上場が廃止された。それでも牧山が希望していた通りに、後継にはパルコ内部の人材が就いた。J・フロントリテイリングも自社グループの中でパルコのDNAをしっかりと残していくことに価値を見いだしているのだろう。

大学で美学芸術学を専攻した川瀬は、セゾングループが出版していた美術書に憧れて、同グループで働いてみたいと考えた経緯がある。「シュルレアリスム、とくに現代アートに近い方に関心があったので、トレヴィル、リブロポート、パルコ出版といった出版社の本に触れることが多かったのです」

「ルノアールなどと比べると、それほど人が集まりそうにないジャスパー・ジョーンズの展覧会をやったのがセゾングループ。心に響きますよね。そういうところに、目をつける知性を感じましたし、商業主義的でない印象を持ちました」

パルコ入社後は店舗勤務のほか、デジタル系の新規事業など様々な仕事を経験した。「自分も楽しみながら、楽しいことをやり、誰もやったことがないことを追求する」という社風のなかで育った。

だが川瀬が30歳になった2000年の前後は、バブル処理に伴いセゾングループの困難が極まる。主要なグループ企業はそれぞれ異なる企業との提携の道を選び、グループが解体されていくことになる。

「セゾンには愛着も誇りも持っていました。セゾングループから外れることは、かなり寂しい気持ちでいましたね。パルコという会社が守られることが、第一に重要ではありましたが、セゾングループが崩壊することはつまらないなと」

川瀬が40代の前半、2011年から12年にかけて、経営企画室などで仕事をした。イオンがパルコの株式を取得して提携を求めたのはこの頃だ。両社の話し合いを通じて、パルコの価値とは何なのかということを強く考える契機になったという。

「相手側が言っていることは、パルコのこういう機能、こういう資産が欲しいという主張のように聞こえたのに対し、こちら側は、パルコの精神、文化性、独自性を守るということだったのです。すごく印象に残っています」

「資本主義的に言うと、これだけの資産があるなら、こういう利益率に還元できるじゃないか、という方程式がなるほど成り立つんですよ。しかしパルコ側の主張は、そうじゃなくて、パルコはこういうふうに遊んでいて、こういうふうにおもしろいから、こんな特徴があって、その特徴が利益につながっているんだっていうこと。そういう対立軸が見えたときが、『俺たちは、こういうひとたちなんだ』というアイデンティティが自覚できた瞬間かもしれないですね」

結局、イオンが求めた提携は進まなかった。筆頭株主の森トラストも株を売却し、2012年からはJ・フロントリテイリングの子会社になった。株主は変遷すれども、川瀬が再認識した「パルコとは何者か」というテーマは永遠だ。

J・フロントリテイリングの子会社という立ち位置で川瀬は「グループの中にあって『和して同ぜず』の精神で、百貨店と異なるパルコの個性を際立たせる」と語る。新社長としては、コロナ禍で直面した苦境から各店舗がどのように回復していくかが、経営のひとつの焦点となっている。

パルコが社運をかけた渋谷パルコの建て替え。不運にも2019年11月に開業してまもなくコロナ禍という試練に直面し、厳しい時期を耐えることになった。建て替えによって、従来型のファッションやエンターテインメントにとどまらず、アニメやゲームといったコンテンツを強化し、新時代の情報発信拠点としての性格を強める戦略を進めてきた。こうした取り組みが成果を上げてコロナの落ち着きとともに集客が大きく回復した。

2023年10月、J・フロントリテイリングの3～8月期の決算発表があった。同社の好本達也社長は渋谷パルコや大阪の心斎橋パルコなどの回復について、日本のアニメ文化などを好むインバウンド顧客の貢献が大きいと指摘した。「キャラクター性の強いものや、IPコンテンツによっても、かなり集客しており、渋谷パルコは、そうしたものの殿堂になってきている」

だが、パルコの店が立地する地域や商品構成などにより回復度合いには大きなばらつきもあった。もともとコロナの前からインターネット消費が勢力を拡大し、リアルの商業施設には逆風が吹いている。

パルコやセゾンのDNAを引き継ぐ川瀬社長は、歴史的に積み上げてきた固有の強みをどのように現在の顧客にアジャストしながら業績を上げていくのか。腕の見せ所になる。

パルコで働くということ

パルコ文化が全盛期だった1970～80年代は、広告などマスメディアを通じたイメージ発信が大きな力になっていた。それはセゾングループ全体にも通じることだ。だが大きなイメージで包み込むようなマスマーケティングが効きにくい今の時代、どんなアプローチがふさわしいのだろうか。

J・フロントリテイリンググループの中にあって川瀬は、Z世代との接点を強める役割をパルコが担うべきという意識を強く持っている。パルコ社員ならばそれができると。

「Z世代は、どこかで熱量の高いコミュニティをつくっていて、どこかで勉強しているんですよね。マスメディアに出てこないんで、大人からは分かりづらいんだけど。そうしたものに対して、当社のひとたちは発見する力、発想する力、入り込んで情報をつかまえてくる力が強いんです」

J・フロントリテイリングは、ゲームの腕を競うeスポーツのプロチーム運営企業を2022年に買収した。川瀬は「音楽や映像の演出によってeスポーツをカルチャーやファッションへと近づける」ことで新たな文化をつくる考えだ。

堤清二がセゾングループを率いていた時代と現在が大きく違うのは、消費者の動向だけではない。働き手が豊富にいた時代は過ぎ去り、人材が希少資源というような状況にもなってきた。働き手も情報を多く持っており、「おもしろそうな会社」というようなイメージだけで、良い人材を長期的に引きつけるのは難しいだろう。

堤のような「カリスマ」が率いた時代とは、異質のリーダーシップが求められる。社員一人ひとりがどんなことにやりがいを感じているのか、どんな職場で働きたいのか、経営者はこうしたことを考えながら、社員との関係を構築することを求められている。川瀬はパルコで働くことについて、こう語る。

「行儀のいい感じ、優等生的な感じ、親にほめられるような感じの発想だったり、正解だったりには、この会社、興味はなくて。それよりも、どういう問いを立てるかということの方が、好きな人たちの集まりだと思うんです。流行をそろえるみたいなことには興味がなくて、流行をつくる方に興味がある。もし今後ＡＩ（人工知能）が発達して、正解を出すということが希少な価値でなくなってくるとき、問いを立てるということがすごく価値のあることになってくるんじゃないでしょうか」

それが結果として、顧客が喜ぶ新たな体験を提供することにつながれば好循環だ。ネット消費が広がり商業施設の価値が揺らいでいるが「正解が簡単に出る人工知能の時代にこそパルコの存在価値は高まる」と川瀬は語る。

Ｊ・フロントリテイリングという大きな船に乗ったかたちで、生き続ける「セゾン」という定量化できない価値。それを担うのは店舗という器でもなければ、会社という組織でもなく、一人ひとりの働き手と顧客なのだろう。

第4章 専門店に生き残るDNA

セゾングループが、ほかの流通コングロマリットと比べて優れていた点の一つは、有力な専門店を多数生み出したことである。

第1章で取り上げた無印良品は、西友のPB（プライベートブランド）として誕生したが、セゾングループの母体である西武百貨店からも、有力な専門店や各種の事業が次々に誕生してきた。

本章で取り上げるロフトは、雑貨を通して生活を楽しむというコンセプトを掲げて、1980年代後半に登場。消費者に新たな豊かさを提案した。書店チェーンのリブロは、セゾングループのイメージ形成に大きな役割を担った。革新的な売り場づくりや独自イベントによって、文化の情報発信の拠点となり、書店経営に一石を投じた。

チケットセゾンも、西武百貨店から生み出された新事業だ。ネット社会の到来にいち早く対応し、今はイープラスという会社に生まれ変わって、チケット販売業界で独自の存在感を放っている。

いずれもセゾングループ解体の影響を受けて苦しんだが、堤のDNAを引き継いだ人材が、不屈の意志で荒波を乗り切ってきた。

1　ロフトを生んだ堤のひと言

牧山圭男は、西武百貨店で趣味雑貨などを担当し、1980年代半ばに取締役に昇格した。この頃、セゾングループの本拠地である東京・池袋の高層ビル「サンシャイン60」で堤清二と偶然会ったという。

「あれこれ言われるのはいやだな」と牧山は思ったが、堤からは率直なひと言があった。

「牧山君、そろそろ東急ハンズの上等なやつをつくれないか」

このひと言が、ロフト誕生のきっかけになった。

1980年代、東急ハンズはユニークな大型専門店として人気を集めていた。DIY（日曜大工）用品など、こだわりの品ぞろえが特徴で、斬新な業態として堤も注目していた。

東急グループには、東急百貨店や東急ストアといった小売りの主要企業がある。

だが東急ハンズを開発したのは東急不動産。つまり異業種からの参入で成功した事例だ。「百貨店業界は問屋任せの体質で、革新的な業態が生まれにくい」という堤の考えを裏づけるものでもあった。

百貨店を経営してきた堤は、業界の限界を自覚し、それを突破するためにも、西武百貨店の幹部らに対して、独自の雑貨専門店をつくり出すよう指示を出したのだ。

「ハンズより上等な店を」

堤の構想を具体化したのが、西武渋谷店の店長だった水野誠一だ。ロフトの生みの親として知られる。

宣伝などを担当してきた水野が、堤から西武渋谷店の店長を任じられたのは1984年。「堤さんから、渋谷が面白くない。何とかしてほしいと言われました」と水野は振り返る。

当時、西武渋谷店に2つの別館を新設する計画があった。水野はそれらを大型専門店にしようと堤に提案した。

一つはファッションのセレクトショップ「シード館」として1986年に開業した。もう一つの別館が、「ロフト」として1987年にオープンする。

ちなみにロフトの設立に関わった牧山と水野は、堤と特別な関係があった。

牧山の義父は、元首相の吉田茂の側近として活躍した大物実業家の白洲次郎だ。白洲は20歳ほど年下の堤をかわいがっており、その紹介で牧山は西武百貨店に入社した。

一方の水野は、堤の妻の弟だ。水野の父は、かつて財界四天王の一人に数えられた元産経新聞社長の水野成夫。水野誠一は1990年に、43歳の若さで西武百貨店の社長に起用された。

セゾングループ内でもロフトが「堤さんのにおいがする店」（西武百貨店元幹部）と言われるのは、そんな背景もある。

身内や縁故者を重用する人事へのやっかみが、なかったわけではない。

だがロフトという業態を成功させるには、この二人の育ちの良さや、軽い遊びのセンスが欠かせなかった。

東急ハンズとは違う路線へ

ロフト1号店の開業は1987年。バブル経済が絶頂期に向かう時代の雰囲気も、ロフトという業態の方向性を後押しした。

牧山によると、1号店の開業に向けたプロジェクトチームは、渋谷にある東急ハンズを詳細に調査したことがあるという。

「ねじや釘はどのくらいあるのかなど、徹底して調べた結果、とてもかなわないということが判明しました」（牧山）。ロフトは東急ハンズが強みとするＤＩＹよりも、遊びの要素を重視する路線を極めることにした。

水野は、「既存の（西武百貨店の）商品部に頼ると斬新な売り場ができない」と考え、社内外で人材を公募。一から専門店を立ち上げていった。

１９８０年代半ば、堤は渋谷開拓の先陣を切った西武渋谷店が面白くなくなっているという危機感を持っていた。

西武百貨店が渋谷店を出したのが１９６０年代後半。続いて１９７０年代前半にはパルコが渋谷に進出した。１９８０年代はＤＣブランドブームが起こり、ライバルの丸井が渋谷の店舗を拡大するなど、商業施設間の競争が激化していた。

渋谷駅に直結した百貨店を持つ東急グループに対抗するには、セゾングループは常に話題を発信し続けるしかない、という宿命もあった。

社史『セゾンの歴史』によると、西武渋谷店に１９７０年に開業した「キュリオ」という西洋骨董売り場が、ロフトのコンセプトである「おもしろ雑貨」の起源の一つだという。西武渋谷店は開業後に苦戦し、そのてこ入れの一環として、こうした個性的な売り場を導入するなどの模索を続けていた。

西武渋谷店が開業当初に持っていたベンチャー精神を、１９８０年代にもう一度取り戻そうという堤の思いが、ロフトにつながったのだ。

堤とセゾングループ幹部らによる神戸大学での講義をまとめ、1990年代に出版された『生活総合産業論　消費社会への接近視角』（リブロポート）の中で、堤はこう述べている。

「マス・マーケット成熟の特徴としては、『シミュレーション化』『リゾーム化』『ガジェット化』の三つを挙げることができる」

シミュレーションは疑似体験を意味し、リゾームは地下茎を意味して系統樹的、垂直的な考え方の対立概念である。ロフトと深い関係があるのがガジェット化だ。

「ガジェット」とは、がらくた、無用なもの、取るに足らないもの、雑貨などを指す。

「現在では使用価値的な観点から見ればあまり意味のないような、雰囲気を楽しむ小道具的な商品が求められている。否、むしろ非実用的、遊戯的な商品だからこそ求められているというのがガジェット化現象の特徴に他ならないのである」

そしてロフトはまさにガジェットの集積だった。

ここに東急ハンズと近い分野の商品を扱いながらも、「実用」という発想から離脱した全く新しい雑貨店のコンセプトが表現されている。

堤が牧山に投げかけた「東急ハンズの上等なやつ」は、「もの余り」と「消費の成熟化」が進んだ1980年代という時代性を色濃く反映しながら、具体化していった。

好立地には恵まれなかった

1987年11月、ロフト1号店が開業した。西武渋谷店の別館という位置づけで、場所も大きな通りには面していない、やや奥まった場所にある。

「決して好立地ではなかったが、蓋を開けてみると「やたらと人が来て、堤さんは興奮していた」と牧山は言う。西友から無印良品という新しい業態が生まれたように、西武百貨店から専門店のロフトが生まれた瞬間だった。

ロフトの開業は日本全国で話題となり、地方からの問い合わせも相次いだ。

そして2号店が、1990年に大阪・梅田にオープンした。梅田ロフトの立地条件は、渋谷以上に悪かった。駅から遠いうえに、従来の商業エリアからは孤立していたのだ。出店の検討段階では懸念の声も上がったが、出店計画を聞いた堤はこう言ったという。

「今の時点で、人の通りがどうなっているのかなんて関係ない。魅力的な店をつくればいいんだ」

堤には、20年以上にわたる渋谷での挑戦に対する自負があったのだろう。

かつて、渋谷にパルコを出店したことがきっかけとなって、周辺に多様な店ができ、スペイン坂などと呼ばれる通りも有名になった。そこにロフトが開業し、街は自然増殖的に広がっていった。

セゾングループのDNAである逆境からのイノベーションが、渋谷のロフト開発でも花開いた。その精神を、ロフトの2号店以降でも発揮してほしいという、堤の願いが込められていた。

「脱西武、脱百貨店、脱堤」

戦後の小売業の歴史をたどってみると、かつて成功を収めた老舗百貨店や現在の2強であるセブン&アイ・ホールディングス、イオンなどの総合型小売りグループからは、有名な専門店チェーンはあまり生まれていない。

唯一、セゾングループだけが、無印良品を含めて、有力な事業を生み出すことに長けていた。

ユニクロを展開するファーストリテイリングにしても、家具・雑貨チェーンのニトリにしても、多くの有力専門店は、独立した単独企業として生まれ、成長を遂げている。

セゾングループは、ほかの総合小売業と何が違ったのだろうか。

「脱西武、脱百貨店、脱堤を目指しなさい」

堤は親しいセゾングループ幹部に、こう言い聞かせていた。

3番目の「脱堤」という言葉は、表面的には「カリスマ・堤清二」に頼らない自立した経営を目指せという意味に取れる。

ただそれだけではなく、父・康次郎がつくった事業から離れよう、あるいはそれを乗り越えようという思いがあったはずだ。家庭内、そして西武という企業グループに君臨していた父への反発が「脱堤」に込められている。

堤にとって、父親から譲り受けた「西武」と名前のついた百貨店を乗り越えることは、ある種の悲願だったのかもしれない。

普通の企業では、柱となる祖業を否定するのは難しい。「イノベーションのジレンマ」とも言われ、企業の第二の成長を阻んでしまう。

だが堤はそうしたジレンマとは無縁だった。祖業である百貨店のあり方を否定したことで、セゾングループは無印良品を生み、パルコを生み、ロフトを生んだ。

第2章で見たように、ロフトへとつながる考え方の源流は、西武百貨店の母店である池袋本店で、1970年代から80年代にかけて試みられた専門店化のプロジェクトにある。

1975年、西武池袋本店には、「ロアジール館」が誕生。従来の百貨店のような総花的な品ぞろえではなく、それぞれの分野で深い商品展開を追求した。のちのロフトや、書籍のリブロ、音楽ソフトのWAVEなど、セゾングループの専門店チェーンの前身となる専門店的な売り場が、そこに集積していた。

これを起点として、西武百貨店では「専門大店」と呼ばれる戦略が具体化していった。

2　リブロの静かな誇り

「ひそかに誇りに思っている企業がいくつかあるけれども、リブロは紛れもなくそうした企業のひとつである」

堤は晩年にこう書き残している。

西武百貨店からスピンアウトした有力専門店はロフトばかりではない。書店チェーンのリブロもある。

1975年、西武池袋本店にできた大型の書籍売り場がリブロの原点である。

同年、西武百貨店は西武美術館の導入と同時に、西武池袋本店を大幅に増床改装した。リブロのルーツはこの時にできた百貨店直営の書籍売り場で、これがのちに書店チェーンのリブロへ発展していった。

当時、百貨店内で面積が約1000平方メートルもある大型書店を設けるのは異例だった。書籍はなかなか儲からないというのが百貨店業界の常識だったからだ。

西武百貨店も当初は、外部の有力書店をテナントとして誘致する方向だったという。だが堤の決断で急遽、直営の書籍売り場をつくることになった。

百貨店業界では型破りとも言える決断を促したのは、ある社員の提案だったと言われている。「美術をはじめとする文化を戦略的に打ち出そうというときに、書店がテナントでもいいのでしょうか」。そんな内容だったようだ。

そもそも書籍販売は利益を出しにくい上、池袋は芳林堂書店などの大型書店がある激戦区だ。無謀な挑戦だったが、堤の号令の下で、書店プロジェクトが始まった。

逆境がリブロの独自性を生んだ

責任者になったのは、小川道明。出版社勤務を経て、セゾングループの西友で広報の仕事をしていた。出版分野に詳しい人材ということで、書店事業の立ち上げを託された。外部の書店からスカウトしたり、百貨店社内の人材を異動させたりした、急ごしらえの寄せ集め部隊で、リブロの開業に臨んだという。

素人が集まってつくった書店だったので、開業した後も悪戦苦闘が続いた。堤と親交の深い小説家、安部公房の代表作の一つ『燃えつきた地図』が、地図の売り場に置かれていたというエピソードがあるほどだ。

のちにリブロの取締役や池袋本店店長を務める菊池壮一は、書籍売り場が開業した2年後の1977年に西武百貨店に入社した。食品部門への配属を希望していたが、書籍部門に配属された。菊池は当時をこう振り返る。

「外からは百貨店の中にある素人本屋と見られていたから、新刊も全然入ってきませんでした。常備の書籍もなかなか出してくれない。そのため出版社を回って、『新刊を入れてください』『常備を入れてください』と頼み込んでいました」

池袋駅に隣接する新興百貨店として西武百貨店がスタートした時にも、国内の有力アパレルメーカーはまともに取引をしてくれなかった。入社したばかりの堤が、取引先に頭を下げながら何とか商品をそろえるという逆境から、西武百貨店はのし上がっていった。苦境を打開する過程で、西武百貨店は、他社の扱っていない欧州の高級ブランドを導入するなど、数々のイノベーションを起こしていった。

同じように書店の立ち上げでも、このＤＮＡが発揮された。逆境と闘い、革新を生んでいったのだ。

「児童書の読み聞かせなど、当時はどこもやっていないようなイベントを次々に展開していました」と菊池は振り返る。その時々の旬の話題を発信するユニークな書店として、リブロは少しずつ、存在感を発揮するようになっていった。

逆に言えば、そうした実績をつくらなければ、なかなか安定的に書籍が入ってこないという苦しい事情が背景にあったわけだ。

ニューアカブームを牽引したリブロ

「儲けなくてもいい。話題の発信だ」

書籍部門に対して堤は、当初からこう指示していたと菊池は振り返る。目先の利益のためでなく、世の中に何が発信できるのか――。素人書店ながらも、情報発信に力を集中した結果、1980年代、リブロは書店業界の常識を覆す独自の売り場づくりで、一目置かれる存在になった。

1980年代といえば、大学生の間でフランス現代思想などのニューアカデミズムがブームになった時代だ。既存の分類にとらわれない独自の本の並べ方が評判を集め、リブロの池袋本店は〝ニューアカの聖地〟と呼ばれるようになっていた。それまでは難解で縁遠い存在と思われていた哲学や思想が、一般の人にも手が届くようなイメージをまとって流行するという特異な現象が起こっていた。

ここでもリブロは、作家などを招くイベントや独自の切り口のブックフェアを展開。浅田彰や中沢新一といった学者が1980年代の「知のスター」のような存在になるうえで、リブロが果たした役割は大きい。

西武百貨店によって、欧州の高級ブランドは一般消費者の身近な存在になった。同じように、リブロによって象牙の塔の中にあった知は民主化された。リブロが牽引したニューアカブームでは「知がファッションになった」と言われたほどだ。

当時、文化性と知的なイメージを重視していたセゾングループの戦略の中でも、リブロは大きな役割を果たした。

1985年、リブロは西武百貨店から分社化して独立。その後は百貨店内だけでなく、西友やセゾングループ以外にも出店先を広げ、書店チェーンとして成長していった。

辻井喬にとってのリブロ

作家・辻井喬の顔を持つ堤にとって、書店事業は特別な重みがあったようだ。堤は、西武池袋本店の売り場に頻繁に立ち寄っていたという。

菊池は堤から、よく新刊についてたずねられたと振り返る。

「堤さんは本の表紙を見たり、立ち読みしたりしている時に、新しい事業のアイデアを思いつくようで、書籍売り場の事務所からいろいろなところに電話をしていました。例えば秘書に、『すぐに誰と誰を集めておくように』と会議の準備を指示していました」

堤は、フランスの現代思想で話題を集めた「リゾーム（地下茎）」など、海外で話題になっている思想を、店づくりにも導入しようとしていた。

社内会議で現代思想などの話題が出ることも日常茶飯事だったという。リブロの売り場を歩きながら、ビジネスのアイデアを膨らませていたのだろう。

また堤は自分で本を探すのが好きで、束にして輪ゴムで縛った図書券をポケットから取り出して、本の代金を支払っていたという。

堤が読んだ本の話題を役員会で持ち出すことが多いため、西武百貨店の役員らは、堤がどんな本を買ったのか、情報が伝わってくるようにしていたようだ。菊池のところにも、堤がどんな本を買い、そこにどんな内容が書かれているのかなどを聞く役員がたくさんいた。

「悪口が書いてある本を平積みしろ」

菊池は、毎日出る新刊の中から、堤の好みそうなものを選んで秘書室に送っていた。その中で堤が気に入ったものを買う仕組みだったのだ。

菊池はある時、秘書室からかかってきた1本の電話についてよく覚えている。

「今日、こんな本が発売されているはずですが、どうして入っていないんですか」と秘書から問い合わせがあった。その本は、セゾングループの批判が書かれた本だった。

菊池が「悪口が書いてあるので入れませんでした」と言うと、堤が代わって電話に出た。

「良い、悪いを決めるのは読者だから、この本を、何ならセゾンをほめてある本の隣に平積みしなさい」

作家でもあった堤、そして堤からリブロの経営を託された小川。ともに言論を扱う職業人としての矜持があったのだろう。

『『愛のコリーダ』もずっと売っていた。警察が来たようだが、売り場から撤去しなかったのです」と菊池は振り返る。1970年代に公開された同名の映画に関連する書籍を扱うかどうかの問題だ。「わいせつ」に当たるかどうか、裁判になった書籍でもある。映画と書籍ともに、著名な映画監督の大島渚の作品だ。

『愛のコリーダ』を扱い続けるという判断は、司法の結論が出ていない限りは言論の自由を守ろうという書店の意地でもあった。

結局、裁判では著者と出版社側が勝訴している。

こうした信念やこだわりも、リブロの個性の一つだった。

六本木ヒルズの場所に伝説の音楽館

現在、大型複合施設「六本木ヒルズ」がある場所にも、かつてはセゾングループの実験的な施設のWAVEがあった。

西武百貨店に起源を持つ専門大店構想が、独立店舗として具体化したプロジェクトの一つだ。

WAVEは、レコードなどの音楽や映像ソフトを集めた大型専門店で、1983年に1号店がオープンした。

1990年代には日本にも、HMVやヴァージン・メガストアといった外資系大型音楽チェーンが続々と上陸する。WAVEはその先駆けだった。

ＷＡＶＥの１号店に先だって、セゾングループはシェル石油と提携。六本木のシェル石油（当時）スタンド跡地に開業が計画された。六本木通りに面した地下２階、地上７階建ての建物だ。

ＷＡＶＥは音と映像に関する大型専門館として、レコードなどの多様な音楽ソフトを販売するほか、同じ建物内に映画館「シネ・ヴィヴァン六本木」や映像・音響のスタジオなどを設けた。

当時は、レコードの大型店もあまりなかった時代だ。

情報化社会を先取りした珍しい複合型大型店として、ＷＡＶＥは大きな注目を集めた。１９８０年代、ＣＤ（コンパクトディスク）やビデオが家庭に普及していった。最先端技術を活用して、音楽という、生活に彩りを与えるコンテンツを提供するＷＡＶＥは、セゾン文化を発信するうえで、重要な一翼を担い、若者の支持を集めた。

ＷＡＶＥでは、いち早く世界各地の音楽ソフトを販売。日本ではあまり知られていない民族音楽なども豊富にそろえたほか、自社レーベルを立ち上げて、ユニークな商品を売り出した。

著名な現代音楽家の武満徹と親交が深かった堤は、音楽に対しても思い入れが強かった。ＷＡＶＥの事業展開には当然、大きな関心を持っていた。

１号店は、斬新な店舗デザインとともに、若者らの都市住人に大きなインパクトを与えた。六本木での出店の後、WAVEは大型の音楽専門店として、渋谷など各地へ店舗網を広げていく。

堤の次男である堤たか雄は、セゾングループの事業の中でも、WAVEの印象が強く残っているという。

「六本木のWAVEは、ビルの一番上が収録スタジオでした。収録が終わったアーティストが館内を回って、1階にある私の母が経営していた『レイン・ツリー』というダイニングバーで打ち合わせをしていました。布袋寅泰さんや坂本龍一さんがよくいらしていて、私も中学生の分際でお会いできるような場所でした」

ただ当時、WAVE事業に携わったセゾングループの関係者は、「全く新しい試みとして音楽業界からは大変高く評価をされたけれど、収益的には非常に苦しかった」と明かす。

調査会社の東京商工リサーチによると、WAVEはピーク時には40店以上を有したが、2011年にすべての店舗が営業終了となり、破産を申請した。インターネット通販やダウンロード販売の台頭が打撃になったという。

それでも1980年代、音楽ソフトなどを扱うセゾングループの専門店が、当時の文化や流行をリードしてきたのは、間違いのない事実である。

単なる物販にとどまらない文化の発信とライフスタイルの提案こそが、リブロや

WAVEの強みだった。

そこに足を運べば新しい発見があり、自分も変わることができる。そんな何かに出合える店を、リブロもWAVEも目指していた。

そして現代、改めてリブロやWAVEのような取り組みが見直されはじめている。

米アマゾン・ドット・コムなどのインターネット通販が全盛になり、リアル店舗は、顧客に足を運んでもらえるかどうか、自らの存在意義を改めて問い直す必要に迫られているからだ。

そのなかでも、例えばカルチュア・コンビニエンス・クラブ（CCC）が運営する複合商業施設「代官山T－SITE」（東京・渋谷）などは、かつてのセゾングループのDNAを引き継いでいると言えるだろう。施設内にある大型書店「蔦屋書店」で書籍や音楽ソフトを販売しながら、遊歩道で結ばれた複数の専門店も含めて、全体でライフスタイルを提案している。

3　堤の理念、継承者たちの奮闘

堤の先見性から生まれた専門店やサービスは、新たなライフスタイルを提案して消費者を魅了した。

だが、それが事業として永続できるかは、また別の問題だ。

環境の変化に直面してもなお、安定的に利益を生み出す事業モデルを構築できるのか。

そのために経営者は、創業精神を大切に守りながらも、不断のイノベーションを重ねていかなくてはならない。

堤のＤＮＡを引き継ぎながら、そうした難題に挑んだセゾングループ出身のある経営者がいる。現在、インターネットで事業展開するチケット販売大手のイープラスで代表取締役を務める橋本行秀はその一人だ。

第２章で見たように、西武有楽町店の開業に合わせて、チケットセゾンは立ち上がった。橋本は当時、チケットセゾンの責任者を務め、その後も一貫してチケット事業を担い続けてきた。

１９９０年代後半、チケットセゾンは経営危機に陥った。

橋本はここで、チケットセゾンから、独自にエンタテインメントプラス（現イープラス）という新会社を設立。事業を発展的に継承することに成功した。

「自分のビジネスのありようを否定してイノベーションを起こす。まさに堤さんの教えを実行したようなものです」

橋本は１９９９年、インターネットに特化したチケット販売会社のエンタテインメントプラスをつくった時のことを、こう振り返る。

チケットセゾンの苦境

1984年、西武有楽町店からスタートしたチケットセゾンは、その後、西武百貨店の多角化戦略の波に乗って、拡大していった。「チケットぴあ」に匹敵する大手として、1980年代のセゾン文化の発信の一翼を担ったわけだ。

ただ橋本によると、そんな華々しいイメージとは裏腹に、チケットセゾンの事業は、利益を生みだすことに苦戦していた。1990年、不採算事業の整理に乗り出した西武百貨店によって、チケットセゾン事業は、西友の傘下へ移管された。

橋本は当時、同じく西友傘下にあったファミリーマートとチケット事業で連携を進めて、販売拠点を増やした。注文したチケットの受け取りなども、コンビニエンスストアの店頭でできるようにしたのだ。コンビニとチケット会社の連携という点では、業界の中で早い取り組みだった。

ファミリーマートと組んで日本全国に多数の販売拠点を持ったことで、消費者の認知度は向上した。

転換期を迎えたのは1998年のこと。

西友は経営再建のために、ファミリーマート株を伊藤忠商事に売却した。間もなく、ファミリーマートは提携相手を、チケットセゾンからぴあに切り替えた。チケットセゾンは、一気にコンビニ数千店舗の拠点を失ってしまったわけだ。

もともと、チケットセゾンとぴあは深い因縁がある。

ぴあは、創業者の矢内廣が大学4年生だった1972年に発刊した雑誌からスタートしている。エンターテインメント情報を集めた、当時としては斬新な雑誌で、そこから発展して1984年に「チケットぴあ」がスタートした。

1984年にチケットセゾンを立ち上げる以前、もともとセゾングループには、チケットぴあと連携する構想があった。

セゾングループの元幹部によると、先行して進めていたのはチケットぴあの拠点を、セゾングループの店舗の中で展開する構想だった。西武百貨店のみならず、西友内にもチケットぴあの拠点を設置しようとしていたのだ。

だが堤の決断によって、セゾングループは突如、自前でチケット事業に乗り出すことになった。

そこから、セゾングループとぴあは、因縁のライバル関係になっていった。当時はベンチャー企業だったぴあと、既に巨大流通グループになっていたセゾングループが対決する構図だ。

エンターテインメント業界に幅広いネットワークを持つぴあは、セゾングループにとって手ごわい相手だった。

ネット特化のチケット販売会社として再出発

1990年代後半、もともと事業展開に苦しんでいたところに、ファミリーマートとの取引を根こそぎぴあに持っていかれる非常事態が起こった。

チケットセゾン事業を担う西友のグループ会社エス・エス・コミュニケーションズでは、チケット事業の撤退が検討されていたという。セゾングループ内で、チケット事業が幕引きになる可能性は大きかった。

「チケットセゾンは事実上、潰れたようなものだ」と感じた橋本は、勝負に出た。長年チケットビジネスで苦闘してきた経験から、新たなビジネスモデルを温めていたのだ。危機をバネにしてイノベーションを生み出すセゾングループのDNAが発揮された瞬間でもあった。

橋本は、出版とチケット事業を手がけていたエス・エス・コミュニケーションズから、チケット事業だけを切り出し、インターネット販売に特化した会社として再スタートを切った。

それが1999年に設立したエンタテインメントプラス（現イープラス）だ。設立にあたっては、クレディセゾンから一定の比率を出資してもらえるメドはあった。

あとは残る分を出資してくれる企業を見つけなくてはならなかった。

橋本は事業プランを持って、IT関連企業などに提案に回った。

だが、なかなか条件に合う企業は見つからない。そんななかで飛び込んだのがソニーだった。

ソニーは社長の出井伸之（当時）の下、ネットビジネスの種を撒こうとしていた時期だ。橋本のプランを評価し、新会社に50％出資することを約束したという。

橋本は、ビジネスパートナーとなったソニーについて、こう語る。「ソニーにも、『ルールブレイカーであるべき』という発想があります。根底に流れている精神がセゾングループに似ているのでしょう」。だから、出井らソニー側は、橋本のプランに乗ったのだろう。

エンタテインメントプラスは、会員制のインターネット販売という新たな事業モデルだった。

一般販売の前に顧客から注文を取るプレオーダーの仕組みを導入するなど、業界で新たな試みを次々と導入していった。

プレイガイドなどを通じて、不特定多数に販売するマス向けのビジネスモデルだったチケット事業を、ネットを通じたワン・トゥ・ワン・マーケティングへ大転換させたのだ。

「一度、すべてを壊してからイノベーションを起こす。それが堤さんの教えでした」と橋本は語る。常に自己革新を求めた堤のDNAの継承者の一人である。

「脱百貨店」の高いハードル

百貨店から生まれた数々の専門店は、セゾングループの解体に伴って、多様な道を歩むことになった。セゾングループが生んだ多様な専門店の中でも代表格とも言えるロフトは、その後、どんな運命をたどったのか。

実はここにも、堤の継承者たちの奮闘があった。

西武百貨店から分社した後、ロフトの初代社長を務めたのが安森健だ。

ロフトが西武百貨店から分社化されたのは1996年のこと。西武百貨店は、1990年代に入り、財務状況の悪化や医療機器の不正取引などの不祥事に揺れた。

そこで当時、西武百貨店のトップだった和田繁明は、百貨店の再建に注力しながら、専門店として将来性のあるロフトを独立させた。

この時のロフトは、渋谷と池袋、梅田の3店舗。ロフト社長に就いた安森は、西武百貨店の経営幹部だった。1967年に西武百貨店に入社し、趣味雑貨部門などを担当した後、西武筑波店店長、取締役有楽町店長などの要職を歴任してきた。

西武百貨店からロフト社長に転じた安森は、「脱百貨店」を掲げ、事業の隅々に具体的な指示を出していった。

ユニークな雑貨があふれるロフトの売り場は、明らかに百貨店の売り場とは違う。

1987年、ロフトがオープンした時点で、表面的には堤や水野の目指した「脱百貨店」は実現できていた。

だが売り場の「脱百貨店」よりも難しいのは、顧客から見えないビジネスモデルの部分を、百貨店型から専門店型に変革することだった。

ムダが多く、利益の出にくい百貨店型のビジネスモデルと決別しなければ、専門店としての成長は期待できない。

そこで安森はまず、在庫を適切に管理できるような仕組みづくりに着手した。

ロフトは豊富な商品を売り場にそろえて楽しさを演出してきた。その代償として、過剰在庫や売れ残りを多数抱えていた。一品一品の在庫や販売状況を徹底して管理する緻密さに欠けていたのだ。

「問屋任せ」と言われる百貨店の仕入れ構造を刷新することも急務だった。一般に、百貨店では売れ残った商品を取引先に返品することが可能な「消化仕入れ」や「委託販売」という商慣行を導入している。百貨店側のリスクが小さい代わりに利幅も少ない。

専門店として独り立ちを目指すなら、このビジネスモデルを改めて、大半の商品を買い取る方式に変えなくてはならない。

買い取り型のビジネスモデルへ生まれ変わるため、「問屋任せではなく、商品を緻密に管理するのに不可欠な情報システムを導入した」と安森は語る。

西武百貨店のシステムを使い続けていては、ビジネスモデルを根底から変えることはできない。同時に、西武百貨店以外に店を出すことも難しくなってしまう。

着実に利益を生み出す組織へ

セゾングループの強みは、新たな事業を企画する発案力に優れていることだ。半面、新規事業を着実に稼げるように育てて軌道に乗せる実行力は弱かった。「アイデアが形になると興味を失う」と複数のセゾングループ元幹部が指摘するように、堤の性格が影響しているのは間違いない。

地味ではあるが、足場を固める仕事を担う社員を堤がきちんと評価していれば、セゾングループの運命は変わっていたかもしれない。

ただロフトの経営改革に乗り出した1990年代半ば、堤はもう経営の表舞台から退いていた。堤の力に頼らず、安森はロフトを企業として持続性を持てるように変えなくてはならなかった。

安森は堤から、「ロフトもPB（プライベートブランド）をつくらないのか」という提案を、度々受けていたという。おそらく堤の念頭には、1980年代に分社化されて、無印良品を展開して急成長した良品計画の存在があったのだろう。

無印良品は西友のPBとして生まれただけに、全商品が独自企画で、うまくいけば高い利益率が見込める。堤の頭の中には、そんな算段があったのかもしれない。

だが安森は、「ロフトにPBは必要ありません」と堤の提案をかわしてきた。ロフトの生命線は、売り場の楽しさを演出する豊富な品ぞろえにある。問屋やメーカーと協力して、バイヤーが季節に合った商品を選ぶ。これがロフトの強みであり、売りである。それを続けることがロフトの成長には最適と、安森は判断した。

一方で、情報システムの整備のほか、商品分野ごとに棚割りと業務を標準化した「ユニットオペレーション」という仕組みを導入して、収益性を高めるように工夫。これによって、ロフトの多店舗展開に弾みがついた。

西友が株式を売却した良品計画は独立資本の上場会社として成長していった。安森らは、ロフトも同じように上場させるつもりだった。

2002年には、親会社の西武百貨店が株式を一部売却して、イオンや森トラストなどが、ロフトに1割から2割、出資していた。どこかの傘下に入るのではなく、大株主を分散させるよう安森らは考えていたのだ。

堤に報告に行くと、「(堤は) すぐに私たちの意図を理解して、是非そうするべきだと賛成してくれました」と安森は振り返る。

セブン&アイの傘下に

だがその後、ロフトの上場に向けたシナリオが狂いはじめる。

2002年に大株主を分散させてから数年後、上場の幹事証券会社から安森に、突然連絡が入った。「上場は難しくなった」というのである。

当時、ロフトの筆頭株主である西武百貨店は、同じく経営再生中のそごうと統合して、ミレニアムリテイリングが発足していた。

安森は、西武百貨店側に何か問題が生じたのだろうと察した。

そして2006年、ミレニアムリテイリングは、セブン&アイ・ホールディングスに買収され、その後、ロフトも同社の孫会社になった。

「ロフトを何としてもガードしてくれ」

安森は、ロフトがセブン&アイの傘下に入った後、堤にこう言われたのを覚えている。

だがその安森も、2008年にはロフトの社長を退任した。

分社翌年の1997年度、ロフトの売上高は314億円だった。だが安森が退任する前の2007年度は684億円まで増えた。

その後、経営戦略などで、セブン&アイの意向が強く働くなかで事業を続けてきた。無印良品を展開する良品計画と比べると、ロフトの存在感は見劣りしていると言わざるを得ない。セブン＆アイが、ロフトの可能性をいかに伸ばせるかが問われている。

ロフトはそごう・西武の子会社として存在してきた。2023年9月、セブン＆アイはそごう・西武を売却したが、ロフトは売らずにグループに残した。ロフトの将来性を高く評価していると見られる。

ロフトの将来に期待はするものの、経営戦略などで、セブン＆アイの意向も強く働く。現在勢いのある専門店はユニクロやニトリなど、いわゆる専業企業が運営する例が多い。コンビニを軸にして多様な業態を持つセブン＆アイのような複合流通業が、専門店事業を展開することの難しさを示しているとも言えるだろう。

リブロ、苦難の時代に

堤の肝煎りで、セゾングループの文化戦略やイメージ発信に多大な貢献を果たしながらも、構造的には利幅の薄かった書店ビジネス。

1990年代、リブロは40店以上を展開する有力な書店チェーンに育っていた。だがセゾングループの経営悪化に伴い、リブロの親会社も、グループ内部でころころと変わっていった。ファミリーマート、西友、パルコ……。

2001年には、親会社であるパルコの筆頭株主が森トラストとなり、セゾングループの解体が進んだ。

そしてついに、パルコはリストラのため、リブロを取次大手の日本出版販売（日販）に売却することを決断した。

２００６年には、リブロ池袋本店の「大家」である西武池袋本店を展開する西武百貨店がセブン&アイの傘下に入るなど、次々と荒波に襲われていく。

激動のなかで、菊池はリブロ池袋本店の店長に就いた。

厳しい時こそ原点に返ろうと、菊池は、独自のイベントを矢継ぎ早に企画。「有能なスタッフがいてくれたおかげで、５年ほどの間に、約６００回ものイベントを開催できました」（菊池）という。インターネット通販のアマゾン・ドット・コムが急成長するなど、逆風が強まるなか、リブロは健闘していた。

それでも２０１５年、ついにこの池袋本店が閉鎖を余儀なくされた。

西武百貨店が自前で書籍売り場を設けてからちょうど40年。リブロは西武百貨店との契約満了後も、巨大な売り場を維持することを希望した。だが西武百貨店側が断ったという。

最後の営業日となった２０１５年7月20日には、閉店を惜しむ人々がリブロ池袋本店に続々と押し寄せた。

地下1階の大きな柱には、同店と関係の深い作家や著名人が多数のメッセージを書き込み、顧客が見入っていた。そこには作家の高橋源一郎や社会学者の上野千鶴子の名前があった。

リブロ社長の三浦正一（当時）は閉店のあいさつで、創業した池袋でもう一度出店したいという思いを語った。

だが、その夢は今も実現していない。

あるリブロ関係者は、「これだけインターネット通販が全盛になると、リブロが再び同じような大規模書店を新設するのはリスクがあるだろう」と語る。

取次大手の日販は、傘下のリブロと万田商事、あゆみBooksの3社を、2018年9月1日付で合併し、新会社リブロプラスを設立すると発表した。

書店経営に逆風が吹くなかで、経営基盤を強化するとともに、店舗運営などを効率化する。そして2023年10月にはさらに、日販グループで書店事業を展開するリブロプラスやブラスなど4社が統合され、新たにNICリテールズとして事業運営していくことになった。各社の店舗ブランドは継続する方針という。

会社の形は変われど、リブロでセゾン文化のシャワーを浴びた多くの顧客の記憶は、簡単には消えない。

百貨店というビジネスモデルの限界を打破するために、自己破壊を繰り返した堤。

そこからは、実に多様な専門店が誕生していった。

堤が生み出した数々の専門店を引き受けた後継者たちは、堤の発想力やＤＮＡを守りながらも、事業として存続できるよう、別の戦いを続けていった。

多様な人材がセゾングループから輩出され、経営者として育った。

次の世代を担う経営者を育てたことも、忘れてはならない堤の足跡だ。

第5章 「生活総合産業」の皮肉な結末

戦後の大衆消費社会をリードしたセゾングループ。西武百貨店を母体に、コングロマリットの形成に邁進していた堤は、一体、どこでつまずいたのか。

最大の挫折は、ホテルやリゾート開発といった領域にあった。

堤の経営者人生には光と影が交錯するが、影の部分は、これらの事業を担った不動産会社の西洋環境開発に凝縮されていると言っても過言ではない。

ホテルやレジャーはかねて、西武鉄道グループの主力事業だった。西武鉄道グループは、先代の堤康次郎が1964年に他界した後、清二の異母弟の堤義明が継承者となった。

清二が1980年代、ホテルやスキー場、レジャー施設といった西武鉄道グループと正面からぶつかる事業を急拡大した背景に、義明に対する対抗心があったことは間違いない。

ただし、単なる兄弟の確執によって、清二が多角化に走ったという一面的な理解も正しくはない。西武百貨店に入社して間もない1960年代、清二は早くも日本人にとって真の豊かさとは何なのかを考えながら、「生活総合産業」という理想を胸に抱いていた。

ただし、夢を追った結末は残酷だった。1990年代、セゾングループの負債は3兆円以上と言われ、西洋環境開発は2000年に経営破綻。グループ解体に至った。

本章では、セゾングループのホテル、レジャー産業への取り組みを振り返る。

1 異母弟・猶二が見た清二の夢

神奈川県の「鎌倉霊園」という広大な墓地の一角に、西武グループの創業者である堤康次郎の眠る墓があった。

毎年4月26日の命日には、西武鉄道やコクドなどのグループ幹部、総帥の堤義明がそろって集まることになっていた。義明の実弟である堤猶二は証言する。

「僕がセゾングループに入った後も、しばらくは出ていたんです。けれど、セゾングループがホテル西洋 銀座を開業して、さらに（グローバルで約100カ所にホテル事業を展開していた）インターコンチネンタルホテルを買収した頃から、もう来るな、という雰囲気になりました。おまえは敵だ、となってしまったのです」

猶二は、康次郎の五男として生まれた。義明と同じく、母は石塚恒子。堤清二の母・青山操はのちに正妻として迎えられたが、恒子は内縁のままだった。

1964年に康次郎が急死し、鉄道やホテル、不動産といった主要事業はすべて義明が継承した。清二は百貨店事業を引き継ぎ、セゾングループをつくった。

そして西武帝国は、2つに分裂していった。

猶二の経歴はグループの分裂に大きく影響されている。

当初は、プリンスホテル社長として西武鉄道グループの事業拡大に貢献する。

だが1970年代になると、「ホテル事業も自分で掌握したくなった義明に疎まれて」（セゾングループの関係者）、カナダのプリンスホテルの経営を命じられた。日本から追い出された格好だ。

経営を軌道に乗せてプリンスホテルを離れた時、清二からカナダに電話がかかってきた。

「銀座にホテルをつくっているんだけれども、ちょっと図面を見てよ」

これが1987年、セゾングループが鳴り物入りで開業した「ホテル西洋 銀座」だ。ここから猶二は、清二の右腕として、セゾングループのホテル事業に深く関わることになっていく。

当時、義明はどんな思いだったのだろうか。猶二はこう解説する。

「義明は、自分たち（西武鉄道グループ）が一番得意とするホテルや観光などに、セゾングループが進出しはじめたことが面白くないわけです。ホテルは俺の分野じゃないか、何でやるんだ、と。ホテル西洋 銀座なら、『あんな小さいホテルは関係ないよ』で済むけれど、インターコンチネンタルホテルをやられたら、メンツがないでしょう」

義明らが中心で執り行う先代への墓参りから、猶二が排除されるようになった背景には、こうした事情があった。

特異な経歴から、西武鉄道グループ、そしてセゾングループ双方のホテル事業に精通した猶二。清二がホテル事業にひかれていく経緯をどのように見ていたのか。

猶二の述懐とともに振り返る。

若い頃にホテル事業を手がけていた清二

康次郎が展開していた西武鉄道グループのホテル事業を継承したのが義明だったこともあり、清二は義明よりも、かなり後になってからホテル事業を経験したと思われがちだ。

しかし、実際は違う。

１９６４年の東京オリンピック開催の直前、9月1日に「東京プリンスホテル」は開業した。

港区芝公園にあるこのホテルは、もとは西武百貨店が開業準備の段階から担当していた。当時、西武池袋本店の店長だった清二は、東京プリンスホテルの事業責任者にも就いた。

オリンピック開催に向けてホテル不足が国家的な課題となっていた時代である。政治家だった康次郎は、「自分が貢献しなくては」と考え、大型国際ホテルの建設に乗り出した。当時としては水準の高い設備を有し、客室のデザインやインテリアなどは、清二の母親で、「会長夫人」(会長とは康次郎のこと)と呼ばれていた操が選定した。

開業を記念して、西武百貨店は同ホテルで「ダリ展」を開催。猶二は「西武百貨店でなくてはできないイベントでした。かなり大きな反響もありました。この時、清二さんはホテルに思い入れを持ったのだと思います」と振り返る。

ホテルの建設を急いだ康次郎だったが、その開業も東京オリンピックも見ることなく、1964年4月に急逝する。そして、グループのホテル事業は義明が継承することになり、東京プリンスホテルも、西武百貨店から西武鉄道グループに移管されることになった。

ホテル西洋 銀座で打ち出したアンチテーゼ

そこから20年ほど、派手にホテル事業を展開することのなかった清二が、1987年にホテル西洋 銀座を開業した。

発端は、東京テアトルという映画館会社などが計画していた土地の再開発に、セゾングループが参加したことだった。東京テアトルの増資もセゾングループが引き受けることになった。

「銀座に、情報発信拠点としてホテルをつくりたいと、清二さんは考えていました。ホテルだけでなく、劇場も合わせて」と猶二は明かす。

猶二のアドバイスを受けて開業したホテル西洋 銀座は、採算面では厳しかったが、時代を先取りする要素が多数そろっていた。

特徴は、「銀座セゾン劇場」を併設した点だけではない。

当時はまだ日本でも都市型の小規模高級ホテルは珍しかった。

ホテル西洋 銀座の客室数は80程度と極めて小ぶり。欧州にあるような、静かな高級ホテルを目指して、宴会場は設けなかった。

宿泊客それぞれのニーズに応えるきめ細かなサービスも特徴で、秘書のような業務をこなす「パーソナルセクレタリー」などを配置していた。

いくつも宴会場を持つ巨大なホテルばかりが「一流ホテル」とされる日本のホテル業界の実態に、アンチテーゼを打ち出したわけだ。いかにも清二らしいホテルと言える。

経営的には厳しい状況が続いたが、その後、日本に続々と登場した外資系高級ホテルのスタイルを、ホテル西洋 銀座は先取りしていた。

インターコンチネンタルホテルの買収へ

清二はそれまで使っていた「西武流通グループ」という名称を1985年、「西武セゾングループ」に変更した。そしてこの前後からセゾングループを「生活総合産業」へ進化させる動きを加速させる。

その過程で、清二がホテルや観光、レジャー事業に傾倒していったのは必然とも言える。

だがセゾングループ流の「生活総合産業」をビジネスとして成功させる難しさについて、猶二はこう話す。

「セゾングループは、消費者に新しいライフスタイルを提案するビジネスをずっとやってきたわけです。ライフスタイルが変わって市場が大きくなった時にそのビジネスを始めれば、確実に利益は出るでしょう。けれどセゾングループの場合、ライフスタイルが変わる前に、次の新たな価値観をどんどんと提案していました。利益の果実をつみ取る前に、新しい事業をスタートさせるのです。だから、なかなか利益が出なかったのです」

海外経験が豊富な猶二は、1988年のセゾングループによるインターコンチネンタルホテルの買収にも、当初から関わっていた。

「あの頃はどの銀行もM&A（合併・買収）をやりたがっていました。特に興銀（日本興業銀行）と長銀（日本長期信用銀行）は積極的でした」

そして日本興業銀行は、清二にヒルトンホテルチェーンの米国以外の国際事業を買収することを持ちかけてきたようだ。

「日本の企業が米国を象徴するホテルブランドを買ってもいやがられるだけです。そもそも誰が経営するんですか」という猶二の意見を聞いて、清二は断った。

続いて日本長期信用銀行が提案したのが、インターコンチネンタルホテルの買収だった。世界で約１００ホテルを運営する巨大チェーンである。

懸念はあったが、セゾングループはアジアと日本を担当し、ほかは共同買収するパートナーに任せるという枠組みで、清二は獲得を決めたという。

想定されていたパートナーの座からヒルトンが降りてしまうなど、紆余曲折があった。結局、セゾングループが買収した後に、スカンジナビア航空を共同出資に引き込むという綱渡りだった。

清二がヒルトンホテルを断り、インターコンチネンタルホテルに賭けた裏側には、欧米の世論の抵抗が少ないだろうという読みのほかに、清二が思い描いていたセゾングループの事業戦略や経営理念に合致したという事情があった。

清二は、アジアを中心とした国際戦略を練っていた。

当時、セゾングループ内では、スーパーの西友がインドネシアのヒーローグループなどと提携して、国際的ネットワークを構築しはじめていた。

そこに、インターコンチネンタルホテルの買収話が舞い込んだのだ。清二にとってはこれが、セゾングループ全体の国際戦略とも重なるように思えたのだ。

インターコンチネンタルホテルなどのホテル事業を手がける事業主や企業は、それぞれの国や地域で、ホテル以外にも多様なビジネスを展開しているケースが多かった。インターコンチネンタルホテルの買収によって、彼らとネットワークができれば、セゾングループにとってもより大きな相乗効果が得られると、清二は考えていた。

ホテルは文化の中心である

もう一つ、清二がインターコンチネンタルホテルを好んだのは、〝文化性〟の高さを感じたからだ。

ヒルトンなどの米系ホテルチェーンは、標準化された運営を強みにする。

対してインターコンチネンタルホテルは当時、世界に約100カ所あったが、傘下のホテルはそれぞれが地域のニーズに合わせた形でホテルを運営していた。

地域性を尊重する事業モデルが、清二の理念に呼応したのだ。猶二はこう解説する。

「ヒルトンは、どの国に進出してもグローバルスタンダードを貫いて事業を展開していきます。対してインターコンチネンタルホテルは、それぞれのホテルに豊かな個性がありました。建物にしても、内装にしても、地域の特色や文化を反映していたのです」

「インターコンチネンタルホテルはグローバル企業だけれど、地域特性に合わせて事業を展開しようとしていたわけです。サービスをはじめとする、あらゆることについて。この方針が、清二さんの発想に合ったんです。『これは面白いホテル会社だ。自分がやったらもっと良くなる』と」

清二にとって、ホテル事業はどんな意味を持っていたのか。

「清二さんは、ホテルは文化であるという感覚でした。地域に根ざした情報発信の拠点であり文化の中心である、と。1964年、東京プリンスホテルの開業時になぜダリ展を開いたのか、というところに戻っていきます。それもやっぱり文化の発信なんです」

「ホテルにはいろいろな人が訪れて、情報を持ち込んで、文化が混ざります。24時間動いていて、休むことのない文化のるつぼ。清二さんは、ホテルに対してそんな捉え方をしていたから、ホテル事業が好きだったのです」

日本にランドマークをつくろう

インターコンチネンタルホテルがグローバルホテルチェーンでありながら、地域性を重視するコンセプトである以上、日本にもそのランドマークとなるような同ブランドのホテルを新設しようという構想が、清二の発案によってすぐに動き出した。

ちょうどその当時、横浜の「みなとみらい21地区」に国際会議場やホテルをつくろうというプロジェクトが動いていた。

関係者によると、清二はこの案件に目をつけ、無理をして獲得しにいったという。

国際的なホテルでないといけないと主張し、1991年に「ヨコハマ・グランド・インターコンチネンタル・ホテル」が開業した。かまぼこのような斬新な形が特徴の個性的なホテルが横浜のウオーターフロントに誕生した。

インターコンチネンタルホテルを買収して初めてセゾングループが日本に開いたホテルで、清二は情熱を注ぎこんだ。猶二は開業当時をこう振り返る。

「横浜に欠けていたのは文化であるということで、現代美術などのアートをどんどんとホテルの中に取り入れていきました。彫刻、絵画、様々な装飾……。かなりレベルの高いものを導入し、ものすごいホテルが完成しました」

だが横浜というマーケットに対しては、かなり〝オーバースペック〟のホテルになったことは否めない。その後、過剰投資で経営が苦しくなる要因になった。

セゾングループがインターコンチネンタルホテルを買収した直後の1991年に湾岸戦争が勃発。世界各地で旅行客が減少した。ホテルチェーンの経営も大きな打撃を受ける。

さらに日本ではバブル経済が崩壊。風向きが急激に変わっていった。

不測の事態が続いてホテルの売却へ

インターコンチネンタルホテルの買収時、セゾングループ各社は資金を出し合った。だがここで、不測の事態が生じる。

共同出資していたスカンジナビア航空の経営が悪化したのだ。インターコンチネンタルホテルの40%分の株式を、セゾングループに買ってほしいと依頼が来た。

セゾングループ各社の協力姿勢には温度差があり、スカンジナビア航空保有のインターコンチネンタルホテルの株式は、当時はセゾングループ内でも比較的財務余力のあった西友が1992年に引き受けることになった。

セゾングループはインターコンチネンタルホテルの経営の立て直しを急ぎ、並行して米ニューヨークで株式を上場する準備に入った。

だが今度は年を追うごとに、セゾングループの経営危機が深まっていった。

西友では、多額の負債を抱えるノンバンク子会社の問題が明るみに出た。セゾングループに融資する銀行団からの返済圧力が、日増しに強まってくる。インターコンチネンタルホテルの上場までは待てないということで、今度は売却話が浮上することになった。

そこでも猶二が、売却先探しに奔走する。

1998年には、英大手ビール会社でホテルチェーンも経営するバスへの売却が決定。

当時の経済状況、そしてセゾングループの過剰負債から考えれば、売却はやむを得なかったはずだ。それでも側近によると、清二は当時、無念さをにじませていたという。

「後世から見れば、インターコンチを手放すなんて、なんてバカな経営者だったんだろうと、僕は思われるだろうね」

清二はこんなふうにつぶやいていた。

ただ、そんな思いとは裏腹に、インターコンチネンタルホテルを買収した当時から、セゾングループ各社では、「グループの財政状況がラクではないのに、なぜそんな高い買い物をするんだ」と、疑念と反発の声が高まっていた。

レジャーや観光にもアクセル

清二は、セゾングループの主軸であった百貨店やスーパーなどの小売業に限界を感じていた。

だからこそ「生活総合産業」を標榜し、ホテル以外にもレジャーや観光といった、現代で言う「コト消費」の分野に夢を抱いて、１９８０年代以降、アクセルを踏み込んでいった。

セゾングループがホテルやレジャー、観光に力を注いだ裏側には、時代的な事情もあった。

1987年、総合保養地域整備法（リゾート法）が施行され、国の施策に乗って、全国的にリゾート開発が加速していたのだ。

企業に週休2日制が広がり、バブル景気の後押しもあって、消費者はモノの消費からレジャーなどのコトの消費へ、鮮明にシフトしていた。

清二について、「1980年代のバブル経済の波に乗ってホテルやレジャーなどの事業を手がけた末に、失敗した経営者」というイメージを持つ人は少なくない。バブル経済の膨張に背中を押された清二が、にわかにホテルやレジャー事業に突き進んだ、という論調だ。

だが、それは事実ではない。

清二は事業家として歩みはじめた当初から、レジャー事業に強い関心を持っていたからだ。

レジャー産業に託した清二の思い

『レジャーの科学』（実業之日本社）という1962年に発刊された本がある。堤清二が編者となっている。清二が35歳の時のものだ。

日本工業新聞の連載を1冊の書籍にまとめたもので、「西武百貨店を中心にして、若干の社外スタッフを加えた、自称マス・レジャー研究会会員が分担執筆した」という。

この本の中で清二らは、大衆消費社会が進展すると、日本でも欧米のようにレジャー産業が、経済や社会において大きな役割を担うことを予見している。1960年代初頭の時点で、である。セゾングループのレジャー事業の原点なので、次に引用する。

「有閑階級に代わる有閑大衆が〝よき時代のよき生活〟を求めて、レジャーへあふれるようなエネルギーを燃え立たせている。

これが今日の米国であり、そして明日の欧州、明後日の日本の姿ではなかろうか。この現象をマス・レジャーとよぶ。

そしてわれわれは、二〇世紀後半に出現したこのモンスター、マス・レジャーの問題に取り組もうとしているのである」

こうした現状認識の下、同書は国内外のレジャー市場と産業について分析して、こんなふうに結んでいる。

「経営の理念は、消費者のレジャー活動に奉仕し、その人間的幸福の拡大に献身する具体的経済活動のなかから、私ども自身が創りあげてゆかねばならないと考えられる」

レジャー事業で日本人の生活を豊かにしようという、若き清二の決意表明のようにも受け取れる。

ここで「経営の理念」という言葉が登場しているが、実際に清二が順次手がけはじめたレジャーや観光事業は、文化を重視する清二の理念を色濃く反映したものになった。

清二の思想が表れた八ヶ岳開発

セゾングループらしい文化や芸術を備えた象徴的なリゾート開発が、長野県にある「八ヶ岳高原海の口自然郷」だ。

1960年代から別荘地の開発・販売を始めたものだが、1980年代からはリゾート地としての開発が本格化した。

ロッジの利用客や周辺で開発した別荘の居住者らを対象にしたコンサートなどが話題を集めた。さらに1988年、清二は「八ヶ岳高原音楽堂」をオープンさせた。

猶二はこう解説する。

「八ヶ岳の開発なども、清二さんの思想を反映している新しいリゾート開発です。一年を通じて定住的な要素を持つ、いわゆる村づくりのような開発です。空気がとても良い土地で、気象条件の面で見ても、楽器の音がきれいに出る日本有数の場所ということで、清二さんは音楽堂をつくりました。音楽関係者が住めるようにしよう、と。清二さんは、そういう文化づくりをしたわけです」

「セゾングループのリゾートには、一つずつコンセプトがあって、そこに清二さんの思い入れが埋め込まれているのです」

もう一つの象徴的な例は、セゾングループの不動産会社である西洋環境開発が手がけた代表的な案件「サホロリゾート」（北海道新得町）だろう。

スキー場などを核にした山岳リゾートだが、ここに清二は「長期滞在型リゾート」という、日本ではなじみの薄かったコンセプトを導入した。

セゾングループは1984年、世界最大のバカンスクラブ所有会社の地中海クラブ（クラブメッド）と業務提携。提携第1号の拠点にサホロを選定した。

1987年には「クラブメッド・サホロ」を開業。外国人と日本人の混合スタッフが、エンターテインメントやスキーレッスンを提供しながら、長期滞在しても飽きさせないという、独特のノウハウを取り入れた。

社会学者の上野千鶴子との対談を収めた『ポスト消費社会のゆくえ』で清二は、こう発言している。

「地中海クラブの特徴はボランティアの労働力が支えになっていて、企業と民間が協力してバカンス村を運営していくというところです。その経営方針に共鳴しました」

だが清二の理念に対して、現実は厳しかった。

欧州のような長期休暇を取得できる勤め人は日本では増加せず、長期滞在型リゾートのニーズは高まらなかった。バブル崩壊後の1990年代には、ホテル西洋 銀座と並んで、西洋環境開発にとって大きな懸案プロジェクトの一つになっていった。

性急すぎた事業の多角化

小売業にとどまらず、生活全域をカバーする事業を構想していた清二にとって、ホテルやリゾート事業は不可欠だった。

しかし同じ事業領域を本業としていた異母弟・義明への対抗心や確執も、清二の中には間違いなく存在していた。

清二は「プリンスホテルは、ホテルとしての質が低い」と度々、周囲に漏らしていたという。西武百貨店の元幹部は、「義明は猜疑心が強いから、政財界で面倒を見てくれる人が誰もいない」と、清二が吐き捨てるように話していたのを覚えている。

同じホテルやリゾート事業であっても、義明とは違うものをつくろうという思いが、セゾングループの事業をユニークなものにしたことは、間違いない。

ただ清二は、セゾングループのホテルやリゾート事業を、あまりにも急ピッチに拡大していった。

清二が戦略の柱に据えた多角化部門で綻びが見えはじめた1990年代前半。セゾングループの経営戦略を語る場で、清二はこんな発言をしている。

「多角化というのは危険なビジネスだ。これまでに散々失敗したり成功したりと苦労している。それでも世の中はこれから大きく変化するので、危険を突破してやっていかねばならない」

清二にとっての多角化は安易な事業拡大ではなかった。「生活総合産業」という、若い頃から構想してきた理念を実現するための手段だったのだ。

そして、リスクと背中合わせであることも理解はしていたようだ。

しかしそのリスクは、時代の流れのなかで、清二がコントロールできないほど深刻な危機へと発展していった。

2　「共犯」だった銀行が豹変――解体劇の舞台裏

バブル期までの拡大戦略で「共犯」だったはずの銀行は、バブル崩壊後、融資先に対する態度を一変させた。

負債の返済とセゾングループの解体を容赦なく迫る銀行に、清二は対峙した。

清二にとって、バブル崩壊後の経済の谷の深さと金融機関の豹変ぶりは、想定を超えていたはずだ。

1990年代にセゾングループを襲った危機を乗り越えることは困難を極めた。

ホテル西洋 銀座やサホロリゾートなどの懸案プロジェクトを多数抱えていたのが、それまでは〝セゾングループの〝花形企業〟とされていた西洋環境開発だ。この不動産会社が、セゾングループの解体を進める元凶となった。

西武百貨店の元幹部は、ある巨大レジャー施設の開発を巡って、かつて清二とこんなやり取りをしたと明かす。

「西武百貨店がやるのは無理があります。あんなに長期にわたって資金が必要な事業は、小売業にはできません。やめるべきです」。こう進言すると、清二は激怒したという。

「そんなことは分かっている。貴様に言われる筋合いなんか一つもない。あれは西洋環境開発にやらせるんだ」

その施設とは、神戸市の人工島・六甲アイランドに1991年に開業した「AOIA（アオイア）」である。

水が流れる巨大な滑り台や運河のある遊園地は、その斬新な企画によって大きな話題を集めていた。総事業費は800億円超。ゆくゆくはホテルなども建設し、都市型リゾートを形成する計画だった。

だが結局は1995年の阪神・淡路大震災で大きな被害を受けて、閉鎖に追い込まれた。

アオイアはもともと、西武百貨店関西という地域会社が、バブル経済真っ盛りの

1980年代、神戸市のコンペで勝って獲得したプロジェクトだった。

清二が提唱した「生活総合産業」「脱小売業」を旗印に、西武百貨店も事業の多角化を積極的に進めていた時期だ。当時はリスクへの配慮よりも新規事業への挑戦が優先された。

西武百貨店は、アオイアプロジェクトの事業会社の主要株主であり続けたが、清二の言葉通り、事業そのものはセゾングループ内の西洋環境開発が主導していた。

セゾングループの将来を担う会社として、清二がいかに西洋環境開発に期待していたかが分かるだろう。

だが期待とは裏腹に、アオイアなど、巨額資金を投じた不振プロジェクトの存在によって、西洋環境開発の経営は行きづまった。

セゾングループは売上高が4兆円以上に膨らんだ過程で、スタートした事業が利益を生む前に、銀行からの借り入れに依存しながら、次々と新しい事業に進出していた。

結果、セゾングループ全体の負債は3兆円規模に上っていたと見られる。

グループ解体の背景

セゾングループを解体に導いた2つの問題企業が、ノンバンクの東京シティファイナンス(TCF)と西洋環境開発だ。

この2社の過剰負債の処理を巡って、銀行が良品計画など、優良なグループ企業の切り売りを迫ったほか、体力の弱った主要企業が外部との提携に動くことで、セゾングループは解体していった。

ＴＣＦと西洋環境開発の巨額負債がいよいよ放置できなくなった１９９０年代の後半、日本経済はどんな状況だったかを簡単に押さえておきたい。

バブル崩壊は１９９１年とされ、その後は年を追うごとに様々なかたちで人々の生活にも影響が広がっていった。例えば、若者が就職活動に苦戦するようになり「就職氷河期」という言葉が飛び交ったり、外食チェーンの値下げが話題を集めたり。そんななかで、さらに大きなショックだったのが、１９９７年から始まる大規模な金融機関の破綻だ。

同年に北海道拓殖銀行、山一証券、１９９８年には日本長期信用銀行と名だたる会社が経営破綻していった。バブル崩壊後も先送りしてきた様々な問題が、抑えきれなくなって噴出しはじめたようだった。

金融業界全体で回収が難しい融資をどのように処理するのか。不良債権問題が大きなテーマとなったのだ。バブル期にどんどん貸し込んでいた銀行も一転して融資姿勢を厳しくした結果、多くの企業に影響が広がった。

問題業種として注目されたのが「ゼネコン、不動産、流通」だ。バブル期に不動産に多くを投資したり、値上がりを期待して土地を担保に借り入れたりといったことで、過剰債務を膨らませてしまった。

流通業界では、そごう、セゾン、ダイエーといった巨額負債を抱える企業がもがき苦しみ、日本興業銀行、第一勧業銀行などのメーンバンクにとっても大きな懸案となった。両行と富士銀行をあわせた3行で経営統合することを、1999年に発表し、金融危機から抜け出し生き残るための手を打ち始めた。

経営難の企業にとっては、もはや問題先送りは許されず、いよいよ最終的な解決策を求められるような、世の中の情勢になってきた。抜本的な解決策とは例えば、優良な事業を切り売りして負債を返していく、銀行団に私的整理というかたちで債権を放棄してもらう、あるいは民事再生法など法的整理を裁判所に申し立てる……。いずれにしても「平時」の経営状態ではない。

この時期は、生きるか死ぬかといった感覚で、貸し渋る銀行との折衝にあたっていた経営者は決して少なくないだろう。

決まらないTCF債権放棄

「早くしなくてはいけないのは分かっている。どの銀行も西友を潰そうとは思っていない。

でも話がまだまとまらない」――。１９９９年の３月中旬、西友の社長を務めていた渡辺紀征の表情は非常に険しかった。それもそのはずだ。渡辺は２月22日の業績下方修正の会見で「この席でＴＣＦの再建計画のお話もしたかったのですが……。３月上旬にはメドをつけたい」と述べていたのに、刻々と時間が過ぎていったのだから。

西友の経営の重荷となっていたノンバンク子会社、東京シティファイナンス（ＴＣＦ）の巨額の債務処理問題が大筋で決着して、枠組みを発表できたのは、３月も下旬になってからだった。

取引行がＴＣＦに対して、１９９８年度と99年度に総額２０００億円程度の債権を放棄する内容だった。一方で、以前からＴＣＦに多額の支援をしてきた西友はさらに、貴重な「財産」であった良品計画株の売却などで追加支援する内容だった。貸し手の金融機関と西友の痛み分けでようやく解決したが、西友の思惑と違ってかなりの時間を要した。

金融機関による債権放棄が決まらないと、西友は１９９９年２月期の連結決算で債務超過に陥る可能性があり、市場の信用失墜、株価の大幅下落、格付け低下、資金調達難という最悪のシナリオが現実になりかねない。最終局面では営業担当の木内政雄副社長も銀行との折衝に奔走した。何とか銀行団との間で債権放棄という基本合意にこぎつけて、時間切れを回避した。

セゾンが抱える双子の問題企業、TCFと西洋環境開発の事業内容は大きく違う。だが、ともにセゾングループ崩壊の元凶であり、なぜグループが解体していったかを考えるうえで示唆に富んでいる。

堤清二自身の思い入れが深い、レジャー・不動産開発の西洋環境開発に比べて、ノンバンク事業のTCFに対して堤の関わりは薄かった。だが、そのようなセゾンの中核から遠いビジネスにおいて、巨額負債を膨らませてしまうという実態は、グループ全体のガバナンスの弱さを示している。セゾンはコントロール不能に陥っていのだ。

TCFは1982年に西友の出資で、「西友ファイナンス」として設立された。小売発祥のグループであっても、クレジットカードなど消費者向けの金融だけでなく、企業向けなどに金融ビジネスをひろげても稼げるはずだ……。セゾン側のそんな多角化構想と、金融機関の融資拡大路線が〝負の相乗効果〟を生みだしたのではないだろうか。TCFは多額の不良債権を抱えて経営難に陥ってしまった。

バブル期の営業実態は、「銀行で融資するのが難しい案件を引き受けて、貸し付けることが少なくなかった」(セゾン関係者)という。1994年ごろからTCFの経営難が鮮明になって、西友は本格的なTCF支援に乗り出さなくてはならなくなる。ところが一方では、担保不動産の下落や貸出先企業の経営悪化などからTCFの不良債権が拡大していったようで、問題の早期解決が急務となっていた。

親会社の西友はTCFに対し、長きにわたって財務面などの支援を続けてきた。その過程で自らの資産売却によって原資を確保する必要に迫られて、1998年2月には西友の「虎の子」のひとつであった、ファミリーマート株を、伊藤忠商事へ大きく売却するという決断に至った。これよりファミリーマートの筆頭株主が西友から伊藤忠商事に変わった。

せっかく育った優良企業の株を引きはがされ、だんだんとグループが壊れていく――。このようなリストラが、セゾンで繰り返され、2000年代の前半には、「セゾン解体」が決定的になっていくのだ。

セゾンにとって苦しいところは、せっかく西友が身を切る支援をしてくれても、TCFの問題は根が深すぎて解決できずに、TCFを法的整理するか、もしくは銀行に債権放棄をお願いする、という選択肢が浮上してくることだった。

経営者にとってみれば、リストラや銀行団との折衝など、息のつけない苦闘が続く。社員らは、スーパーでの販売など目の前の仕事に集中しようにも、グループ全体に先行き不透明感が増していく。どんな負債処理を進めるにせよ、取引金融機関に大きな痛みを伴い、西友そのものの経営を危うくするのは避けられない事態となった。

ＴＣＦに対してはメーンバンクから社長が派遣されてきた経緯があったが、西友が親会社であることは事実。大きな親会社がある以上、いくら経営難だからといって子会社ＴＣＦを簡単に清算することはできない。金融機関の損失もより膨らんでしまう恐れがある。西友の意向で法的に清算した場合、債権放棄より重い損失を一気に金融機関に与えることになり、グループ各社が生き残るための資金調達にも支障をきたす。

なぜ交渉は難航を極めたのか

結局、債権放棄に向けて動き出さざるを得なかったが、１９９９年春に向けて交渉はなかなか進まなかった。「本当は１９９８年２月期にまとめたかった」（渡辺社長）というＴＣＦに関する交渉はなぜ難航を極めたのか。西武百貨店が筆頭株主である西洋環境開発の負債処理の問題が足かせになっていたことは間違いない。取引行の幹部は「セゾングループに西洋環境がなければＴＣＦは遅くても半年前には解決していた」と言い切る。「東京三菱銀行が強硬に筋を通せと主張している。それがのど元に引っ掛かったトゲになってＴＣＦの合意を遅らせている」。99年3月になってもセゾングループや銀行関係者からこうした声が漏れてきた。西友幹部や幹事行役の第一勧業銀行の焦りは募った。

多くの取引行が主張した筋論とは、「ＴＣＦで債権を放棄させられたうえに、西洋環境の債務処理の青写真が固まらず、損失がどの程度かが見えないようでは合意できない」という内容だ。

なかでも主力行の一つ東京三菱は、財務体質が比較的良好で債権放棄の実質的な原資となる公的資金を受け入れていないこともあり、最後まで合意を渋った。

銀行団は「セゾンは一体だ。西洋環境もTCFもグループ全体で枠組みをつくってもらいたい」と訴える。しかし「債権放棄後のTCF支援の枠組みさえ固まらない」（主要行幹部）という状況が続き、「セゾンは一体、誰に話を通せばいいのか」と不信感をあらわにする声も銀行から出ていた。

TCF問題の基本合意を発表した時点でも、西洋環境の明確なスキームは明らかにならない。グループ各社が西洋環境に対する追加負担に難色を示したため、セゾンと銀行間の話が煮詰まらなかったようだ。今回の合意は、各行が「西友にもしものことがあると銀行や社会に与える影響は計り知れない」という点で一致し、グループ全体の再建には不確定要素を残したまま、TCFの巨額の債権放棄に応じた「時間切れの合意」と言える。

合意に至るまでの長い交渉のなかで西友は「負担が次第に増えていった」（セゾン関係者）ことで、体力が一段と弱体化したのが実態だ。西友が50％以上を保有していた良品計画の株式も、段階的に売却していくことになり、優良子会社を手放すという大きな代償も払うことになった。

逆にセゾングループ問題と対峙する銀行側から見れば、不振企業からだけでなく、セゾングループの主要企業にできるだけ多くの資金を拠出させて、自分たちの損失を少なくするというのが基本戦略になる。「貸した方にも責任がある」というのは一定の理があるとしても、やはり立場が弱いのは借りた者だ。当然、セゾングループの債務処理は、基本的には銀行主導によって進んでいった。セゾンはより苦しい「撤退戦」を強いられた。

ＴＣＦと西洋環境のどちらを先に処理するかを巡っても、セゾングループと銀行の間で考え方の違いがあったようだ。「ＴＣＦは歴代社長らが第一勧業銀行から来ていたのだから、より責任は重いはず」（セゾングループ関係者）。当時は、そんな声がたびたび漏れてきた。銀行の関与度合いがより深いという点は、突かれたくないところだろう。第一勧業銀行などがＴＣＦ問題を先行して処理しようと考えたとしても不思議ではない。

西友は負担能力に限りがあるなかで、ファミリーマートや良品計画株の売却を軸にして相当の資金拠出を余儀なくされた。そして債権放棄に伴いＴＣＦは減資を実施。そのＴＣＦと西友に対して、クレディセゾン、パルコ、西武百貨店などグループ主要各社が増資を引き受ける枠組みをつくり、１９９９年８月に発表された。

銀行は、セゾングループがしっかりと問題に対処するという構図の先例をＴＣＦでつくらせた――。セゾン内部ではそんな見方が出ていた。

最大の懸案事項――西洋環境開発

1999年春から夏にかけ、TCFが一応の決着を見せ、いよいよセゾングループ各社の幹部らは、最大の懸案である西洋環境開発の問題と直面せざるを得ない状況になっていた。並行して西洋環境開発についても、金融機関とセゾン側との折衝は行われていたのだが、いよいよ「待ったなし」の状況となった。

TCFについては、いわばセゾングループの端の方にある会社が、いつの間にか巨額債務を膨らませていたといったイメージがあるのに対して、西洋環境開発はセゾングループの戦略上も、堤清二の理念を実現するうえでも、その重要性は高かった。「生活総合産業」を掲げて、より豊かなライフスタイルを提供するうえでは、レジャー開発やホテルは重要な要素となるからだ。

清二はグループが崩壊した後の2005年、『日経ビジネス』誌上(2005年5月30日号)で、西洋環境開発についてこう語っている。

「不動産部門の暴走、独走ということですね」

「私の監督不行き届きは免れない。その責任は取ったつもりですが、明らかに私の失敗でした」

過去の失敗を率直に反省した言葉ではあるが、違和感が残る。清二は西洋環境開発の会長や代表取締役相談役といった重い肩書を持ちながら、長く経営に関与してきた。神戸のレジャー施設のアオイアを巡る、西武百貨店元幹部とのやり取りから見ても、監督責任というレベルでは済まない責任を負っていたはずだ。

支援金はすぐ消えていった

セゾングループの深刻な経営危機が表面化する前の1991年、清二はグループ代表の座から退いていた。だが銀行側は、清二を交渉責任者として引っ張り出すことが得策だと考えていた。銀行側の言い分はこうだ。

「我々は西洋環境開発に融資したのではなく、堤清二が率いるセゾングループを信頼してカネを貸した」。つまり西洋環境開発が生んだ損失は、セゾングループ各社に負担をさせて、銀行の被害を小さくしようと考えていた。

堤は1990年代半ば、日本興業銀行頭取の黒澤洋に面会を求められた。ここで、西洋環境開発の経営が危険水域にあることを、明確に突きつけられたという。

間もなく西洋環境開発の経営陣は刷新され、再建に向けた新社長として、セゾン生命保険の社長を務めていた大滝哲男が起用された。

「支払いを待ってもらっている関係先が多数あり、資金繰りに奔走せざるを得ませんでした。セゾングループからの支援金があっても、すぐに消えていきました」と大滝は振り返る。

事業と人員のリストラを急いだが、セゾングループの支援がなければ、いつ倒産してもおかしくない状況が続いた。

西洋環境開発のルーツを振り返ると、西武化学工業の不動産部門が1972年に分離されて西武都市開発ができた。もともと住宅を中心に事業をしてきたが、1980年代のバブル経済の盛り上がりとともに、リゾートやレジャーへと業容を広げていく。

西洋環境開発の中でも、マンションや住宅事業は比較的、安定していた。それを苦境に追い込んだのは、リゾートやレジャーなどの大型開発プロジェクトだった。

神戸のアオイアのほか、三重県の海洋リゾート施設「タラサ志摩」、スキー場を核にした北海道の「サホロリゾート」、東京の「ホテル西洋 銀座」などだ。

小売業が発祥のセゾングループに、リゾートやレジャー施設の開発ノウハウは乏しく、人材不足は明らかだった。西洋環境開発の関係者は、「計画は派手だったけれど、採算性の見通しなどで、素人特有の甘さがあった」と明かしている。

構造的にとれない夢と現実のバランス

セゾングループのある会社の元幹部は、このように証言する。

「セゾングループがなにか設備をつくるとき、どうしてもコストが高くなってしまう面がありました。工事の途中で、堤さんが来て見て、もっとこうできないか、といった指示を出す。それを言われた幹部は『それをやると、とてもお金がかかるので、できません』と思っても言えないのです」。勇気を持って進言していれば、堤は理解したかもしれないが、神格化されている状況では、だまってしまう部下を責められないだろう。

堤の思い入れが強かった西洋環境開発ならば、このようなことがよく起きていたのではないか。

この元幹部によると、完成した施設を見て堤が「なんでこんな設備が出来上がったのか」と驚くこともあったという。つまりは堤の言葉を、過剰に忖度した部下たちが、ときにやり過ぎてしまうのだろう。上意下達の強い会社なら珍しくないことかもしれないが、セゾンの場合は、極端に振れやすかったのではないか。詩人でもあった堤は、よく言えば感性的、悪く言えば、曖昧で、どのようにも解釈できる比喩的な言葉で指示を出すことも多かった。

生活総合産業を提唱するセゾングループは心の充実も含めた豊かさの提供を目指す。そして西洋環境開発は不動産会社としてレジャーやホテルを手掛けるのだから、グループのなかで重要な役割を担う――。おそらくセゾンは、このような理想を持っていたのだろう。

しかし理想を、どこまでも追求しようとすれば、コストも際限なく膨らむ。収支のバランスをとって利益を出していくのが、現実のビジネスのはずなのだが、夢と現実の線引き、あるいはバランスがとれない状態に陥っていたと思われる。そこにはセゾンに君臨していた堤という存在があまりに大きかったことが影響しているかもしれない。

深刻化する金融機関との交渉

西洋環境開発の負債は、1990年代半ばには関係会社も含めて7000億円以上に膨らんでいたもようだ。

1995年にまとめた再建計画は、銀行が金利の減免などで支える一方、セゾングループ各社が1000億円を超える支援をする内容だった。

非上場の西洋環境開発は、西武百貨店が40%を出資する筆頭株主ではあるものの、西友やクレディセゾンなどの基幹各社も少額を出資していた。

ただ、上場する基幹会社が合法的な形で西洋環境開発を支援するには限界があった。

そして、この再建計画はすぐに頓挫する。

メーンバンクの第一勧業銀行で1997年に総会屋への利益供与事件が発覚して、大混乱に陥ったからだ。同年に山一証券が、1998年には日本長期信用銀行が破綻するなど、金融危機が深まっていった。担保に取っていた不動産の資産価値は激減し、銀行の不良債権処理は待ったなしの状況に陥った。


「なぜ、署名できないんだ」

1998年、第一勧業銀行は西洋環境開発について、追加支援を約束するようセゾングループに迫っていた。

当時の同行頭取の杉田力之は、多数の逮捕者を出した総会屋事件の混乱のなかで、急遽トップに就いた人物だ。セゾングループにとっては過去の経緯が仕切り直され、より厳しい状況で改めて話をつめる必要に迫られた。

杉田との会談を前にして、清二と側近たちはこんな検討をしていた。

「追加支援について、文書提出の要請があった場合はきっぱりと断るべきだ。セゾングループとしてはこれ以上、合法的な支援が難しくなっていると率直に言えばいい」

しかし、現実は甘くはなかった。

セゾングループ側の抵抗も虚しく、結局、清二は第一勧業銀行に対して「堤ノート」を、そして1999年春には、「確認書」の提出を余儀なくされた。

この2つの文書の肝は、西洋環境開発の債務処理に伴ってセゾングループが追加で1401億円以上を、拠出すると約束したことにある。

この確認書を提出するにあたり、清二とともに署名を求められていた複数のセゾングループ幹部がいる。だが当時、西洋環境開発の社長だった大滝と会長の森岡薫は、署名を拒否した。

確認書の提出前、数カ月にわたって何度も面会した清二から「どうして署名しないんだ」とつめ寄られたが、「これ以上は、グループ各社に支援をお願いすることはできません。限界です」と断った。

西洋環境開発の経営再建のため、修羅場に送り込まれた森岡と大滝は、二人三脚で難題と格闘してきた。

だがオーナーであった清二と決定的に対立したこともあり、そろって退任。1年後の2000年、森岡は病に倒れて他界した。

清二個人も迫られたバブルの後始末

1401億円以上の追加拠出は、銀行がセゾングループ各社に「売れる資産はすべて売り払え」と突きつけているのに等しい。清二が切望するセゾングループの継続は険しく、解体が濃厚になってきた。

この時期、バブルの処理を巡って清二は水面下で苦闘の山場を迎えていた。既に経営の表舞台を去っていた清二だが、銀行との交渉には自らが出向いていた。関係者によると、1999年の3月から5月、第一勧業銀行はもちろん、日本興業銀行、富士銀行、三井信託銀行といった取引各行の頭取や副頭取クラスの幹部らと、清二は相次ぎ面会している。

若い頃から小説や詩、評論を多数発表し、1990年代後半も執筆活動を続けていた清二。だが銀行団との折衝が厳しさを増したこの頃、側近には「書けなくなった」と漏らしていたという。70歳前後に負債処理という撤退戦に直面して、精神的に追いつめられていたのだろう。

関係者によると、確認書にはセゾングループの支援のほかに、もう一つの屈辱的な内容が記載されていた。

「セゾングループは、グループ各社の精神的よりどころであり、創業者の記念館でもある米荘閣を、銀行団に担保として差し入れます」

米荘閣は東京・南麻布の父・康次郎から引き継いだ敷地にあった迎賓館であり、清二の自宅にも隣接していた。

これは、翌2000年に西洋環境開発が清算される際の、清二の約100億円の私財提供にもつながる約束だ。セゾングループが所有していた米荘閣だけでなく、清二の持つ西武百貨店や西友の株式を、経営責任の明確化という理由で売却することになった。

清二はのちに私財提供について、次のように語っている。

「社会的懲罰でしょう。『そうしていただかないと、他の銀行がうんと言ってくれないんです』という言い方でした」(『わが記憶、わが記録』)

個人保証はしておらず、支払いの義務はないが、日本の文化に従ったのだという。

のちの首相に退任を促された和田繁明

銀行から交渉の矢面に引っ張り出され、負債返済を迫られた清二。

一方で、かつての愛弟子・和田繁明も清二と対峙せざるを得ない状況にあった。

和田は西武百貨店の大卒定期採用の2期生。1990年代前半、医療機器の架空取引などの不祥事で西武百貨店が揺れた直後にトップを託され、経営再建に辣腕を振るった。

そこで実績を残した和田は、さらなる難題であるセゾングループ全体の懸案事項を解決するよう期待されていた。1997年には、西武百貨店社長を専務の米谷浩に譲り、自らは会長に就いて問題に取り組んでいた。

だが和田は、メーンバンクの第一勧業銀行と激しく対立するようになっていった。和田の主張は、西洋環境開発という問題企業の処理に伴って、しっかりと経営をするセゾングループ各社が重い負担を強いられるのはおかしい、というものだった。「西武百貨店は西洋環境開発の筆頭株主ではあるが、経営には一切関与していない」として、追加支援に抵抗した。ただでさえ財務基盤の弱い西武百貨店が大きな負担を強いられると、存続が危うくなるという思いもあった。和田が理づめで主張する「貸し手責任論」は銀行の痛いところを突いており、神経を逆なでするものでもあった。

危機感を強めた銀行側は、和田を退任させようと動く。

当時、第一勧業銀行の頭取だった杉田は、都内のホテルで複数回、和田と直接会って退任を迫った。反発する和田の攻撃は、かつて師と仰いだ清二にも向かった。

西洋環境開発は清二が経営に深く関与しており、その責任は免れないと舌鋒鋭く批判したのだ。和田から見ると、清二は銀行に取り込まれて、セゾングループ各社が損失を負担することを簡単に約束してしまった、ということになる。

西武百貨店出身の和田は、1980年代に一度、清二によって外食部門に左遷され、その後、清二の路線を否定して西武百貨店を再建した。もともと清二と和田の間には確執があったのだ。清二と銀行は、和田を放逐しなければならないという点で利害が一致した。

和田は早稲田大学の出身。のちに首相を務める森喜朗は同窓で、かねて付き合いがあった。関係者によると、和田は森に呼び出されてこう言われたという。

「悪いようにはしないから、静かに引いてほしい」

森の言葉は清二の意を受けたものだと、和田は理解した。清二は宮澤喜一をはじめ、政界に幅広い人脈を持ち、森とも面識があったからだ。

だが和田はこう言って、退任を拒否したという。

「堤の意向には沿えない。私はセゾングループ全体のために動いているのだから。お断りします」

清二と和田がそろって退任

西洋環境開発とTCFの処理を巡って、関係者が激しい攻防戦を繰り広げていた1990年代後半。西武百貨店を率いていた和田と金融機関の関係は悪化していたが、さらに緊張が高まれば、西友傘下のTCFの債務免除交渉にも大きく影響しかねない。交渉が頓挫すれば親会社の西友も倒産しかねないという危うい状況だった。状況を総合的に見て、銀行団との関係が修復不能なまでに決裂することは許されない。

結局、1999年春に清二と和田は、そろってセゾングループの役員から退いた。金融機関も生き残りに必死だった。

1999年には第一勧業銀行と日本興業銀行、富士銀行の3行が経営統合して、みずほホールディングスを設立することが発表された。2000年の統合までに、各行が不良債権に道筋をつけることが必要だった。そして第一勧業銀行にとっては、セゾングループが難題であり、何としても決着をつけたい問題だったのだ。

グループ亀裂――セゾンのバブル処理問題

あらためて、もう一度、銀行、堤、セゾングループ幹部らの関係を整理する。

銀行はできるだけ自らの損失を少なく、セゾン側に多くを負担してもらい、西洋環境開発などの問題を処理したい。セゾン側からすれば、仮に西洋環境開発が清算処理されるとしても、その過程で、各主要会社が過剰な負担を被れば、その先に企業として事業継続していくことが難しくなる。上場している西友、クレディセゾン、パルコといった会社からすれば、子会社でもない西洋環境開発の問題に協力するには、一般株主らに説明できる理由が必要で、おのずと限界があった。

ここにセゾンのバブル処理問題が混迷を極めた要因がある。「銀行」対「堤・セゾン」という図式だけならば分かりやすいのだが、グループ内に大きな亀裂ができて、西洋環境問題処理が大詰めとなる1999年に、深刻さを増していったのだ。

セゾングループ内の図式はこうだ。既に経営から引退してはいるものの、グループの創始者として問題に対応せざるを得ない堤。西友のトップとして子会社のTCF問題を処理した渡辺紀征社長は、堤とは関係を維持していた。クレディセゾンやパルコなども、自社の負担を警戒しながらも、セゾングループあるいは堤らと、決定的な対立をすることは避けてきた。

これに対して、もともとセゾンの発祥企業である西武百貨店の強硬姿勢が鮮明になってくる。1990年代を通じて西武百貨店を率いてきた和田は99年春に会長を退任したが、堀内幸夫社長ら新たな経営陣は、和田の意向を色濃く反映したものだった。1990年代はじめに外食企業から呼び戻された和田が、西武百貨店再建のために活用してきた人材が目立ち、西武百貨店の幹部たちの結束力は強かった。

米谷浩会長、堀内幸夫社長という体制になってからも、西武百貨店自体の経営も厳しい状況が続く。消費不況という環境に加えて、同社がメーンバンクに対して「貸し手責任論」を展開してきた経緯もあって、資金繰りも厳しい状況にあったと見られる。西洋環境問題で大きな負担をさせられては、自身の百貨店経営が持たないという危機感も強かった。西武百貨店と銀行の摩擦が強まれば、他のセゾングループ企業と銀行の関係にも影響を与えかねない。西武百貨店はセゾン内部でも孤立しつつあった。そんななかでも、西洋環境が経営難に陥ったことについて、堤清二の責任を追及する姿勢を鮮明にし、1999年末に対立が極まることになった。

堤への長文の質問状送付

同年12月、西武百貨店の堀内社長は堤に対して、長文の質問状を送付した。西洋環境開発の経営難について、責任を問いただすものだ。

「採算性を全く無視した事業計画による巨額の損失発生、これらの責任が果たして貴殿の監督上の責任にとどまると言えるのでしょうか」

堤に対して、巨額損失の理由を説明してほしいと迫った。一方で、西武百貨店は西洋環境に出資しているだけであって、実質的な経営責任はないと強調した。

これに対して堤も長文の「回答」を送付した。「怒りを抑えて最後まで読むのに苦労しました」と書かれていた。自分が作りあげたセゾングループの内部から、ここまで激しく追及されることになるとは。時代の寵児《ちょうじ》として脚光を浴びた頃には考えもしなかった苦境だったろう。西武百貨店はもともとセゾンの発祥企業。そこにいるかつての部下たちからの非難に、堤のプライドが大きく傷ついたことは想像に難くない。そのとき堤は72歳。かつてセゾンに君臨していたリーダーの威信はもはや消え去っていた。

セゾンと銀行の交渉が本格化していた1998年末。堤は「これは私の責任でもあるのですが、今のセゾングループの問題は求心力がないこと。求心力を高めるのが私の仕事です」と語っていた。だが、その決意もむなしく、そこから1年後に、こうした文書が飛び交う異例の事態になってしまった。

解体を招いた経営者としての限界

1999年末という、時代の節目に存亡の危機にあったセゾングループ。本来ならば、結束して事に当たらねばならないのに、グループ内部で激しい対立が続く。そこには和田と堤の感情的な摩擦があった。セゾンがグループとしてのまとまりを維持できず、一気に崩壊してしまったことに、この二人のリーダーの確執も影響しているのではないか。

かつて優秀な部下として引き立てられた和田が、堤に対して愛憎入り交じったアンビバレントな感情をいだいていたのは事実だ。銀行から財務負担を求められるなかで、西武百貨店を何としても守り抜こうとしていた、この1990年代後半は、その反発心が堤にも向かい、憎しみの感情が大きく勝っていたことだろう。

その頃60代になっていた和田。50歳手前に命じられた、西武百貨店から外食事業に転じる人事が、なお影響していたのだろうか。百貨店で若くして実績を上げて大変目立つ存在だった和田は、将来の社長候補と目されていた。そんななかでの突然の人事で、落胆したのは想像に難くない。

バブル崩壊をはじめとして1990年代、セゾングループに吹き付ける逆風に耐えようとした堤だが、グループ幹部たちと協力体制をうまくつくれない苦悩も大きかったのではないか。堤の脇を固める「番頭」のような人材が乏しかったとの指摘もある。堤の意思を理解して長きにわたって地道に支えるような存在が。

もしも堤に人心掌握の能力がもっとあったなら、セゾングループの「撤退戦」は、もう少し違ったシナリオで進んだ可能性はある。

2000年、西洋環境開発はついに特別清算を申請した。

銀行団は3000億円以上の損失を被り、セゾングループは清二の私財提供を含めて、約1000億円を拠出した。

清二は保有株や役職などの面で、セゾングループ各社への影響力がほとんどなくなることになった。

ホテルやリゾート開発を火種とした西洋環境開発の問題は、オーナー経営者である清二がその責任を明確にしたことで、決着したかに見えた。

3 西武の原点とグループ解体

清二の無念

「結果がどうなろうと、問題が終結するまでは、自分が矢面に立つ」

銀行団との交渉において、清二はこう周囲に話していたという。そして2000年、ようやくその任を終えた。

だがその後も、セゾングループ主要企業の苦境は終わらなかった。西武百貨店や西友などが、貸し渋りや資金回収に直面していたのだ。

「ちゃんと融資を継続するという約束で私財も提供したのに、結局、苦しめられている」

清二はこう悔しがっていたと、セゾングループの元側近は明かす。

バブル処理の支援で体力を消耗したのに、さらに貸し渋りに遭えば、残る手は外部のスポンサーを探すことしかない。必然的にセゾングループの解体は加速していった。

第一勧業銀行は、いずれもメーンバンクとなっている西友とイオンを連合させる構想を描いており、西友も交渉のテーブルに着いていた。

だが2002年春、西友は米小売業大手のウォルマートの傘下に入ると発表。直前に知らせを受けた同行幹部は不快感を隠さなかった。「相手は外資だ。使い捨てにされるリスクがあるんじゃないのか」と漏らしていたという。

西友の決断によって銀行は、顔に泥を塗られた。西友からすれば一矢報いたとも言える。

「堤さんは日本の同業他社と組むよりも外資の方が新しいものを取り込めると、ウォルマート傘下入りに理解を示した」と西友の元幹部は明かす。セゾングループの解体が進むとしても、銀行主導のシナリオには乗りたくないという意地もあったのだろう。

「よその銀行は使うな、俺のほうを使え、という貸し出し競争をしていた」(『わが記憶、わが記録』)

バブル期を振り返った清二の発言だ。セゾングループがバブル経済に踊ったならば、銀行にも一緒に踊った責任があるはずだ。そんな清二の思いがにじんでいる。

働いた「遠心力」

1990年代以降、金融健全化に向けた不良債権処理の焦点となった流通業の中には、産業再生機構が支援したダイエーや民事再生法を申請したそごうなどのように、自力で再建できなかった企業も多い。

セゾングループも西洋環境開発の法的整理によって、銀行は大きな損失を被った。

セゾングループのバブル処理には、特有の難しさがあった。株式の持ち合いによって、グループ各社が同心円のように緩やかにつながっていたためだ。セゾンは明確な中核会社を持たず「緩やかな連邦経営」「同心円構造」などと評されてきた。西友、クレディセゾン、パルコといった会社は、西武百貨店の子会社だったわけではない。

堤氏が敷いたグループ編成は、右肩上がりの時代は各社の独立心を促し、各業界で一定の地位を占める主要会社へと育て上げる「仕掛け」として作用した。親子関係よりも対等の連携を重視したセゾングループの構造は、清二の理想の通り、成長期には各社が自由に創造性を伸ばす土壌となった。

だがいったん苦境に陥ると、遠心力が働き、巨大グループは制御不能になった。将来性のある主要企業が、それぞれ外部企業の傘下に入るなど生き残りに動いた結果、グループはあっけなく解体されてしまった。

優れた構想力と先見性を持ちながら、既存事業の管理には関心の薄かった清二自身の問題もそこに横たわっている。

良品計画をはじめとして、ユニークな事業を生み出した清二の戦略と個性は、一方ではバブル崩壊後の凋落の一因にもなった。強みは、裏返せば弱点にもなり得るということだ。

康次郎の事業に宿るセゾンのルーツ

上野千鶴子との対談『ポスト消費社会のゆくえ』で、清二はこんな言葉を残している。

「私の不動産ビジネスは、あれだけ反発していた父親の強引なやり方を、いつの間にか真似していたんだろうなあ、とつくづく悔恨の情に駆られています」

清二の述懐には、自らの運命を見つめる深い思いがにじむ。

ただ大正時代以降、堤康次郎が手がけた不動産開発の歴史を長いスパンで見てみると、また違った側面も見えてくる。

清二の失敗の種が、単に父親と共通しているだけでなく、大衆に強烈な印象を残したセゾングループの多様な事業のルーツも、康次郎が手がけたビジネスに見つけることができるのだ。

象徴的なのが、長野県の軽井沢の開発だろう。

清二が心血を注いだ文化事業の拠点を見ると、西武池袋本店の美術館は1999年に閉鎖されてしまった。ホテル西洋 銀座に併設されていた「銀座セゾン劇場」も既にない。

セゾングループ解体後も文化施設として残ったのは軽井沢の「セゾン現代美術館」だ。

清二の次男である堤たか雄が館長、そして代表理事として経営を引き継いだ。

清二が収集した20世紀の現代美術の巨匠の作品を多数、所蔵する。海外の代表的な作家では、アンディ・ウォーホル、ジャスパー・ジョーンズ、マーク・ロスコなど。

2018年4月、筆者はセゾン現代美術館を訪れた。

既に過去に数回訪れたことはあったが、今回はタクシーを途中で降りて、周囲を散策してみた。すると道すがら、意外な発見があった。

林の中の小さな丘に、背広を着て杖をついた康次郎の像があったのだ。

台座には、「堤康次郎先生之像」。内閣総理大臣佐藤栄作の書と彫られていた。

台座の裏には「昭和四十六年十月」と記された感謝の文があった。軽井沢の発展に尽力したことに対する感謝の念を込めて、町内外の有志が建立したとある。

伝記『堤康次郎』（エスピーエイチ）によると、この美術館がある軽井沢の千ヶ滝地区は、康次郎が生涯関わった、大規模な土地開発事業のまさに第一歩を踏み出した場所だという。

康次郎は早稲田大学を卒業して間もなく、当時は東京郊外とされた落合で土地を買いはじめた。しかしこれは片手間で、本格的な開発事業は、軽井沢と箱根の別荘地開発から始まった。

中流階級向けの避暑地を開拓

1917年、康次郎が20代後半で軽井沢の開発に乗り出した頃、日本は大正デモクラシーの高揚感と好景気に沸いていた。既に軽井沢では、明治時代から「旧軽井沢」地区で、外国人などの富裕層を対象に、避暑地の開発が進んでいた。

康次郎はまだ未開発の千ヶ滝地区に目をつけて、一から開発を始めた。特徴的な手法は、「文化別荘」と銘打って、「文化」をコンセプトとした新たな開発を試みたことにある。

別荘を販売する「文化村」には、日用品マーケット、浴場、音楽堂、プールやテニスコートといったスポーツ施設がそろっていた。格式の高いホテルも設けた。

上流階級向けに、高級化していた旧軽井沢の二番煎じのような開発をしたのではなく、この時期に台頭していた中産階級向けの新しい別荘地を実現しようとしていたようだ。

康次郎は「大衆社会の到来をいち早くキャッチする感性と行動力を持っていたが、それがここで発揮されることになった」と先の伝記では書かれている。

軽井沢が、戦後も広く避暑地として親しまれる基礎を、康次郎は築いたのだ。

同じような街づくりの発想は、西武グループのほかの観光地開発や、都市部では東京の国立学園都市の開発などでも、具体化している。

清二の異母弟の猶二は、こう感じている。

「先代が大正時代にやった軽井沢での分譲などに、清二さんがセゾングループで取り組んできたことの原型があります。別荘分譲地にコミュニティをつくって、スーパーマーケット、それから様々な遊ぶ施設をつくる。まさに街づくりをしたのです」

滋賀県の農家の子供として生まれた康次郎は、早稲田大学を卒業後、猛烈なエネルギーによって、政界と実業界の両方でのし上がっていく。

そして大正時代に勃興してきた中産階級に目をつけて、新たな生活を提案した。

康次郎が中産階級に別荘での豊かな生活を提供しようとした様子は、ちょうど清二が、セゾングループを通じて、団塊世代に向けて「おいしい生活。」を提案した歩みに重なる。

セゾングループが洗練された文化や商品で消費者に「憧れ」を感じさせながらも、西武線のターミナル駅である池袋に本拠地を置き続けて、大衆を主な顧客にしてきたことも、康次郎の事業につながる面がある。

セゾングループの事業には、康次郎のＤＮＡが流れているのだ。

清二は先代の事業は引き継ぎたくないと考え、自分で新しい価値を生み出すことに、自負とこだわりを持っていた。

しかしそれでも、康次郎の手がけた事業に、清二の事業の原点が見つかることは否定できない事実である。

ライバルだった義明の自己崩壊

同じく康次郎のDNAを引き継ぎながら、ライバル関係にあった異母弟の義明が築いた西武鉄道グループは、突如、自己崩壊した。

2004年10月、義明は西武鉄道の有価証券報告書の虚偽記載を公表せざるを得なくなり、コクドの会長など、西武鉄道グループの全役職からの辞任を発表した。

虚偽記載は西武鉄道の株主の株式保有比率に関するもので、西武鉄道はグループ企業コクドなどによる株式の保有比率を過小に報告していた。西武鉄道グループのコクドとプリンスホテルが管理してきた個人名義の西武鉄道株が、実質的には両社の保有であることが判明した。

バブル崩壊の痛手を受けたとはいえ、セゾングループとは比べものにならないほどの膨大な資産を持つ西武鉄道グループ。

だが事件への対応の稚拙さもあって、義明の帝国は音を立てて崩れていった。

2004年12月、西武鉄道株が上場廃止となり、翌05年3月には東京地検が証券取引法違反容疑で義明を逮捕した。

この騒動のなかで、清二がとった行動が世間を驚かせた。

清二は創業家のメンバーとして、コクド大株主の権利があると主張し、猶二らが起こした裁判に合流したのだ。

もともと西武鉄道グループの中核企業であったコクドは、筆頭株主である義明のほかに、グループの役員や社員たちが株主に名を連ねていた。だが猶二らは、その多くは名義株にすぎず、実質的には康次郎の遺産であると主張した。したがって、猶二や清二にオーナーの権利を認めるべきだというのだ。

みずほコーポレート（現みずほ）銀行出身で、経営再建のために西武鉄道の新社長となった後藤高志ら新経営陣は、株主総会を開いて、グループの再編を推し進めようとした。

堤一族はこれを阻止すべく提訴した。

「創業家」を守ろうとした清二

後藤らは、米投資ファンドのサーベラスなどを引受先とする巨額増資を実施して、西武ホールディングスという持株会社を設立する再編を考えていた。

これが実現すれば、オーナーである義明の影響力は急速に薄まる。康次郎の代から築いてきた事業と資産を掌握できなくなり、創業の精神も薄れていく――。

堤一族の目にはこう映った。

旧コクド株を巡る裁判で、猶二らの主張は通らなかった。それでもなお、株式の所有者について猶二は「大きな疑問が残っている」と話し、気持ちは収まらないままだ。

西武ホールディングスは「旧コクドに名義株が存在しないということは、最高裁判所の決定により既に確定している」（広報部）という。

父の遺した事業の中で、傍流の百貨店を引き受けた清二。正当な継承者ではない清二が、創業家の立場を守る訴訟に参加したのは、皮肉な巡り合わせと言える。

父への反発から、堤家からの離脱を進めた清二だが、晩年になって父を許し、家へ回帰する心が生まれていたようだ。

猶二は、「康次郎が苦労してつくったものを自分が守ってあげられなかったという責任を（清二が）感じたのだと思う」と語っている。

西武百貨店やパルコ、そして無印良品といった小売業をベースに、世に広まった「セゾン文化」。清二が目指した理想は、新しいライフスタイルと、精神的に満たされる本当の意味での豊かさを消費者に提示することだった。

このセゾン文化を、ホテルやレジャーといった産業からも発信することが、「生活総合産業」を標榜した清二の究極の目標だった。

消費が成熟した1970年代から80年代。時代の流れから見れば、清二の戦略は正しかった。

だがホテルやレジャーといった産業は、不動産事業と表裏一体であり、長期で多額の資金が必要になる。こうした事業に本格的に取り組みはじめた途端、清二は隘路に入り込んだ。

そこには、父への反発心や異母弟・義明との関係など、〝血〟を巡る確執が宿命として横たわっている。

20代で西武百貨店に入社して以来、清二は父親に反発し、堤家の呪縛から逃れるために事業拡大に邁進していった。親が残した地盤で仕事をする2世経営者としてではなく、一代で身を起こした創業経営者として、社会に認められることを望んでいたはずだ。

だが結局は、清二も堤家の〝家業〟である不動産事業に踏み込み、経営者としての判断を誤った。

清二の判断を狂わせたのは、長年蓋をしてきた義明らとの確執だったのだろうか。もしかするとそれは、康次郎に対する強い情念だったのかもしれない。

第6章 チェーン展開の理想と現実

堤清二は時代を先取りする新事業や斬新な店舗をつくることに優れた才能を発揮した。一方で、多店舗展開を目指す小売業の鉄則とも言える「チェーンオペレーション」とは、距離を置こうとしてきた。

標準化した店舗を大量に展開してコストを引き下げるチェーンオペレーションは、企業の論理を優先したものであり、地域の消費文化や店舗の創意工夫を軽視することになりかねない──。こんな懸念を抱いていた。

もっとも、小売業や外食業を経営する以上、多店舗展開をしなければ成長は期待できない。スーパーの西友や外食の吉野家、コンビニエンスストアのファミリーマートといった、セゾングループ出身の各社も、全国に多数の店舗を展開している。

この現実がある以上、堤といえども、チェーンオペレーションを完全に否定することはできなかった。ただ自身の哲学にもとづき、チェーン展開の理想的なあり方を追求し、効率優先の店舗運営には待ったをかけていた。

それが結果として、事業展開の障害になった例も多い。

理念を大切にした経営者だからこそ、現実に直面して多数の矛盾を抱えていた。

だが堤が直面した課題の中には、現代だからこそ示唆に富むものも多い。消費が成熟し、インターネット通販が全盛になった現代、チェーンオペレーションの限界が見えてきたからだ。

1 吉野家買収の慧眼と矛盾

「役員たちは下を向いていました。内心ではみんな反対だったんです。業界内で劣っていた西武百貨店のイメージがようやく上がってきたところなのに、堤さんは、今度は牛丼チェーンの吉野家を支援すると言ったんですから」

1980年、会社更生法の適用を申請した牛丼チェーンの吉野家の支援に、セゾングループが乗り出すかどうか。それを決める役員会の光景は異例だった。当時、役員会事務局の仕事をしていた林野宏(現クレディセゾン会長)の証言だ。

支援を受ける側の吉野家内部でも、セゾングループとは社風が合わないという声が多かった。

むしろダイエーに親近感

のちに、20年にわたって吉野家の社長を務めることになる安部修仁は、同社の経営破綻当時、30歳だった。

バンド活動で身を立てようと上京し、アルバイトをしていたところを正社員に取り立てられたという異例の経歴だが、既に幹部候補として若手社員のリーダーのような存在だった。

安部はセゾングループよりも、むしろ更生法申請前に支援に乗り出そうとしていたスーパー大手のダイエーに親近感を持っていた。

「吉野家はイケイケどんどんのやんちゃ坊主でしたから。当時、ダイエーの中内㓛さんと、うちの社長の松田瑞穂さんはイメージがオーバーラップするところがあったんです。両社とも野武士軍団のイメージで、雑木林をなぎ倒して邁進することに、社員たちは誇らしい気持ちや爽快感を抱いていました。だから吉野家は、幹部も含めてダイエーによる支援策が動くことに、諸手を挙げて賛成だったんです」

「対して、堤さんは極端な比較で言えばお公家さんです。やはり『文化のセゾン』ですから。非文化の代表が吉野家でしたから（笑）」

ダイエーによる救済は、FC（フランチャイズチェーン）加盟企業でありながら、吉野家の大株主でもあった不動産会社の反対で頓挫した。

その結果、吉野家は会社更生法の申請を余儀なくされ、保全管理人となった弁護士の増岡章三が、堤に支援を要請することになる。増岡と堤は、旧制成城高校と東京大学で一緒だったという縁があった。

「みんな反対する。家族のなかでも私は孤立しました。『イメージに合わない、パルコをやったり、プレステージブランドをやっていて、何で牛丼屋をやるの』ということです」「とにかく、家内なども、『私、恥ずかしい』と言い出してね。ああ、それじゃあやろうと思ったわけです。私が天の邪鬼だということですね」（『わが記憶、わが記録』）

実際には、妻の「恥ずかしい」という発言はなかったようだが、堤が吉野家の支援に乗り出すことに対して、世の中が違和感を感じていたのは確かだ。

吉野家では、自主独立を唱えて社員がストライキを計画するなど、セゾングループによる全面支援に抵抗する動きも強かった。

だが、1983年には吉野家の更生計画案が認可され、堤が管財人に就任した。

セゾングループの信用力の下で吉野家は異例のスピード再生を果たし、1987年には更生手続きが終結。セゾングループでも有数の高収益をたたき出す〝孝行息子〟になった。

安部は、会社更生の完了を祝うパーティーで、堤があいさつしたのを覚えている。

「吉野家の支援は、周囲の反対を押し切って私が決めたことです。皆さんは、セゾングループの人たちに対して、ひけ目を感じる必要はありません」

吉野家で「セゾン文化」を壊す

セゾングループの吉野家支援が、M&A(合併・買収)として成功を収めたのは事実だ。しかし理念を重視する堤の経営方針を考えれば、吉野家の買収には、何らかの理由があるようにも思える。真意は何だったのか。

安部は「そんな大切なことを、堤さんが亡くなるまで、ついぞ聞けなかった」と悔いている。だがそこには、堤独特の自己否定の思考があったはずだと見ている。

「セゾングループの人々が、妙に〝堤化〟して、文化人、お公家さんのようになっていたことを、堤さんは壊したかったのかもしれない」というのが安部の見立てだ。

堤自身も「吉野家の買収は、セゾン文化の最頂点の頃ですね」と語っている。

外から見れば先進的なイメージをまとったセゾングループだったが、組織の内部には見逃せない問題があった。セゾングループはもともと老舗百貨店などの既得権者を追撃するベンチャー精神を持っていたはずだったのに、急速にその風土が失われつつあったのだ。

「今私が一番気にしているのは、社内に変な権威意識が出ることです。（中略）それを壊すのに実はいま一番エネルギーを割いておりまして」

「西武百貨店が田舎デパートといわれていたときに、なにくそと思ってがんばってくれたような精神が今の小売部門の社員にはない。なにかファッションは西武から出てくるみたいな感じになっているのは、とんでもないおごりである」

堤は、長銀経営研究所社長（当時）の鈴木令彦との対談でこう語っている（長研マネジメントL・1987年4月）。安定志向の秀才が入ってくるような会社になってはならないという危機感があった。

無印良品は、欧州の高級ブランドに対するアンチテーゼとしてつくり出したもので、堤にとっては進化のための自己否定だった。

その意味では、吉野家も同じように保守化したセゾングループの組織風土に対するアンチテーゼだったのかもしれない。

魚市場の牛丼店から外食大手にのし上がった吉野家という〝異物〟をあえて取り込むことで、セゾングループにハングリー精神を取り戻せないか——。

堤がそう考えていたとしても不思議はない。

吉野家に学んだチェーンオペレーション

もう一つ、吉野家再建の過程で、セゾングループが獲得したものがある。チェーンオペレーションのノウハウだ。

チェーンオペレーションとは、店舗の形や商品構成、従業員の業務マニュアルなどを標準化して効率を高める経営手法のこと。米国の小売業や外食、サービス業で体系化された理論で、画一的な店舗を大量につくることでチェーンは強くなり、より稼げるようになる、という考え方だ。

堤が吉野家の管財人になる以前から、セゾングループは外食の基幹企業としてレストラン西武（のちの西洋フードシステムズ）を持っていた。

ファミリーレストランの「CASA（カーサ）」や居酒屋の「藩」のほか、パスタ店など、多様な業態を運営していたのだ。だが主力のファミリーレストランでも、業界大手のすかいらーくやロイヤルなどに水をあけられていた。

1970年以降、すかいらーくや日本マクドナルドなどの外食企業が急速に成長したのは、チェーンオペレーションを採用して、店舗やメニュー、アルバイトの働き方などを標準化してきたからだ。レストラン西武は、この点で後れを取っていた。

レストラン西武のルーツは、西武百貨店の各店に入っていた大衆食堂。西武百貨店の付属事業とされていたこともあり、店舗展開はあまり計画的ではなく、業態も場当たり的に増えていた。

さらにマニュアルによる店舗運営とは対照的に、家業の飲食店のような企業文化も障害になっていた。職人気質の調理人による属人的なこだわりが、チェーン全体の効率向上を阻むことが多かったのだという。

西武百貨店常務だった和田繁明は、レストラン西武の社長に就くと一気に改革に乗り出した。

過去のしがらみを断ち切り、チェーンオペレーションを全面的に取り入れていった。

そして、もともとチェーンオペレーションを採用していた吉野家を傘下に入れた結果、そのノウハウはセゾングループの外食部門に蓄積されていった。1980年代後半にかけて、セゾングループは外食業界で存在感を高めていった。

ダンキンドーナツと合併

1988年、既に再建に成功していた吉野家と、レストラン西武のグループ会社ディー・アンド・シーが合併。ディー・アンド・シーは、「ダンキンドーナツ」を展開していたが、「ミスタードーナツ」に大きく差をつけられて苦戦が続いていた。

ダンキンドーナツは米大手ドーナツチェーンで、セゾングループが日本での展開を担ってきた。だがチェーンオペレーションが徹底されていないことが苦戦の一因となっていた。

そうした課題を、吉野家のノウハウで克服しようという狙いがあったのだ。

合併後、吉野家の生え抜き幹部だった安部は、ドーナツ部門のてこ入れで責任者を任された。安部によると、当時、ドーナツチェーンの経営は品切れが目立つ一方、売れない商品がずっと並んでいる店が少なくなかったという。

安部は次のような改革案を考えた。

まずは店舗の従業員に、決まった時間になったら商品を撤去するルールを徹底して守ってもらう。時間帯別などの売れ筋データベースを調べて、曜日や時間帯に合わせて、商品を計画生産する。こうして、管理されたオペレーションに切り替えようとした。

短期的には赤字が増えたとしても、新鮮でおいしいドーナツがしっかりと売り場に並んでいる状況を顧客に見せることで、抜本的に競争力を高める狙いだった。

安部は、作業や売り場、商品生産を管理するチェーンオペレーションの発想に基づいた改革案を堤に報告した。

この時、安部は堤からいくつかの指摘を受けたことを覚えている。

一つは、チェーンオペレーションによる拡大という外食産業のDNAを持つ吉野家と、セゾングループの中にあったディー・アンド・シーの企業文化の違いについて。

「文化の違う2つの企業が一緒になった。そうした事情も踏まえてやっていかないといけない。正しいからうまくいくということでもない」

堤独特の微妙なニュアンスではあるが、吉野家流のチェーンオペレーションの有効性を認めながらも、それが万能ではないとくぎを刺したのだろう。

安部によると、この頃の堤は、日常的に外食事業の経営にタッチすることはほとんどなかったという。もともと吉野家の支援に乗り出したとはいえ、堤の頭の中で外食事業は、セゾングループの中核からは遠い位置にあった。

第5章でも触れたように、西武百貨店の中枢にいた和田は1983年、レストラン西武の社長に転じたことを、「左遷だった」と周囲に語っている。

だが外食産業という周辺事業だったからこそ、堤の干渉をあまり受けなかったという面もあるだろう。結果として和田は、外食産業という新天地でレストラン西武と吉野家のチェーンオペレーションを追求して、事業拡大に成功した。

流通革命論に疑問を抱いた堤

堤がチェーンオペレーションに距離を置こうとしていたのはなぜか。そこには、堤独特の思想がある。

堤が1979年に著した『変革の透視図』（改訂新版、トレヴィル）という経済書がある。

東京大学での堤の講義をもとに編集したものだが、出版の動機として、ダイエー創業者の中内らが唱える「流通革命論」への疑問があった。

流通革命とは、メーカーではなく小売業こそが、サプライチェーンの主導権と価格決定権を握るべきだという考え方で、1960年代以降に多くの信奉者を生んだ。

これに対して、堤が提示したのは「流通産業はマージナル産業だ」という主張だ。何が「マージナル＝境界」なのかというと、「資本の論理」と「人間の論理」の境界にあるという。資本と人間との接点にビジネスが存在する流通業は、規模の拡大や利益一辺倒ではなく、人間の本質を理解した事業展開が重要になる、という論だ。

この趣旨に立てば、中内らの進める流通革命は、資本の論理に取り込まれていることになる。

流通革命を実現するために、小売業が巨大になって、マニュアルに基づいたチェーンオペレーションを進める。そうした大量販売は、画一的な大量消費を前提にしており、消費者の本当の豊かさや幸福にはつながらない、という堤なりの異議申し立てだ。

一例で言えば、「地域性」にどう対応するかという問題がある。堤はかつて、「日経流通新聞」の対談（1980年1月4日付）でこう語っている。

「店をつくる時には、その町の歴史を調べろ、かつてどんな人間が住み、何藩に属し、どんな特産品で、その町が栄えたかということを全部調べなさい、と言っているんです。それをしないで資本の力だけでやれると思うからいけない。エコノミックアニマルをなにも国内でやる必要はないよ、と言っているんです」

「エコノミックアニマル」とは、急速な成長を遂げて経済大国に成り上がった日本人を揶揄する言葉として当時、広がっていた。高度経済成長以降、日本企業は経済的な利益だけを求めて世界で活動しているという批判も受けていた。

必要な物資を効率的に国民に供給するという物不足の時代の流通業の枠を超え、堤の理念を色濃く反映して、新たな流通産業を構想したのがセゾングループだった。

そして堤の思想によって、流通業界が大きく変わったのはこれまでに見てきた通りである。

だが一方で、資本の論理を徹底できないことは弱点でもある。

戦後間もない青年期、社会正義に燃えて学生運動に参加した青さを、晩年まで捨てられなかった堤。実業家としては当然、マイナスの作用も大きかった。

事例は枚挙にいとまがない。

堤の理想と現実の葛藤が如実に表れたのは、セゾングループの中でも中心的な役割を果たしたスーパー大手の西友だった。

2　西友、「質販店」の憂鬱

かつて西友は、小売業界で「西のダイエー、東の西友」と言われるほどの存在感を持っていた。

ダイエーは関西を、西友は首都圏を地盤にしていたが、ともにライバルに先駆けていち早く全国展開に乗り出していた。両社とも食品や衣料品、住居用品などを販売する総合スーパーを事業の中心に据えていた。

だが、その経営思想には大きな違いがあった。

ダイエーは米国で発達した小売業の経営手法であるチェーンオペレーションを遵守していた。対して西友は、チェーンオペレーションとは一定の距離を置いていた。それが安売りで突き進むダイエーとは異なる、西友独自の魅力をもたらしていたのだ。

ただ一方で、経営にとっては複雑で難解な要素が加わり、悩みの種になっていく。

堤が掲げた「質販店」の意味

実は1960年代頃は西友も、当時流通コンサルタントとして業界をリードした渥美俊一らの掲げるチェーンストア理論に比較的忠実に従って、店舗を増やしていた。1970

年代も、多店舗展開を進めるうえではチェーンオペレーションの利点を認めており、完全に捨て去ったわけではない。

だが、この頃から次第に、効率優先の考え方を批判する堤の思想が、西友の事業に反映されるようになってくる。

その象徴は、堤が唱えた「質販店」という言葉だろう。

「量販店」という言葉が「チェーンオペレーション」「大量販売」「安売り」を連想させ、ダイエーに代表される総合スーパーの代名詞になっていた。

その最中に堤は、「質販店」という言葉でアンチテーゼを打ち立てようとした。

西友が「質販店」に向けて大きく舵を切った戦略店が、1981年に開いた西友小手指店(埼玉県所沢市、現在は閉業)だった。

社史『セゾンの歴史』によると、西友小手指店では、婦人服の売り場に専門販売員を配置し、対面販売を復活。仕入れの面でも、本部による集中仕入れ一辺倒ではなく、店舗ごとの仕入れが大幅に許されるようになった。

「商品が品切れになってもいい」

1980年代に西友が続々と出店した大型店は、小手指店の発想を進化させながら、単にものを売るだけではなく、新しいライフスタイルを提案することに力を注いだ。

ちょうどその頃、西武百貨店が取り組んでいた「セゾン文化」を、総合スーパーという業態でも具体化しようとしていたのだ。

例えば1984年、東京都内に開業した西友大森店。「消費者の情報ステーション」をキーワードにした店づくりで、物販のほか、本格的な映画館と外食施設を備えた都市型ショッピングセンターとした。

「質販店」を前面に打ち出していた1980年代は、西友がPB（プライベートブランド）として無印良品を生み出し、育成した時期とも重なる。

無印良品のヒットを受けて、1981年に「故郷銘品」という独自商品も売り出した。西友が地方の銘品を見つけて、安定供給できなくても、季節に応じた品ぞろえをしようというコンセプトだった。

当時、西友の商品企画などの責任者として堤の薫陶を受けた渡辺紀征。渡辺はこの故郷銘品にも、堤の「反チェーンオペレーション」の思想が流れていると語る。

「イカの沖漬けや黒糖など、日本の北から南まで、たくさんの銘品を西友で売り出しました。日本各地の漁師や農家が手づくりで材料を吟味した限定的な商品なので、すぐに品切れてしまう。チェーンストア理論や量販店理論から言えば、品切れを起こすのは絶対に悪です。けれど堤さんは、『品切れた方がいいんだよ。これは反量販店的な商品なんだから』と言っていました。顧客にちゃんと品切れの理由を説明すればいい、と」

堤は故郷銘品について、無印良品と同じように「反体制商品」と発言していたようだ。

「反量販店的＝反体制」

これが意味することは、堤はチェーンストアの思想、ひいては効率重視の企業社会の考え方を「体制」と捉えて、異議を唱えようとしていたということだ。

自分の頭で考え、判断すること

堤の「質販店」の構想を巡って、渡辺がもう一つ印象に残っていることがある。

１９８７年、兵庫県宝塚市に開業した大型店の宝塚西武（閉業）だ。この頃の西友は、ファッションなどの百貨店の要素を持つ大型店を、「西武」の名前で出店するようになっていた。

渡辺が売り場構成を検討している時、堤に言われたことをこう回想する。

「一部に海外のプレステージブランドを入れようかと考えていると、堤さんは苦笑いをしてこう言いました。『君、質販店というのは何かブランドとか、高い商品を置けばいいというものじゃないんだよ』と。私もそれは理屈では分かっていたのですが……」

「自分の頭でものを考え、判断することが質販店なのである」（社史『セゾンの歴史』）

堤はこう話していた。

だが巨大組織を運営するうえでは、そう簡単ではない。西友にとっては、堤が唱えた「質販店」という理念の曖昧さが、経営の足かせにもなった。渡辺はこう解説する。

「組織としては、上層部から最前線の社員まで、一貫して『質販店』が何かと伝えることが難しかったですね。質販店なんて言ったって、分からない人も多いわけですから。親分が質販店と言ったから、次の人も質販店、部長も質販店、課長も質販店、売り場で働く皆さんも質販店と言う。ただ口にしたところで、その意味するところは一致せず、バラバラになっていました」

「僕はその頃、質販店というのは、レジで言えば、できるだけスピードを持って、お客様に丁寧にごあいさつをすることが質販店なんだよ、と繰り返していました。そのように言葉を置き換えないと伝わりません。けれど、やっぱりそれは難しいんですよね」

渡辺はこうも指摘する。

「西友のある種の失敗というのは、量販店から質販店へ舵を切る時に、立派な店をつくってしまったことにありました」

建物の外観や内装にコストをかけて、従業員も多く使う。そんな店が増えたことで、利益が出にくくなったのだ。

特に百貨店の要素を取り入れた、「西武」名の店舗を運営する百貨店事業部が西友内にあり、百貨店が扱うようなナショナルブランドの衣料品の取り扱いを増やしていた。そういった商品は利益率が低い。こうして儲かりにくい店舗が増えていったのだ。

無印良品を生み出しただけあって、西友は百貨店のように店ごとの個性を重視し、映画館を併設するなど、文化的な要素を積極的に取り入れる風土があった。

この取り組みが、1980年代まではほかの総合スーパーとの差別化につながり、異彩を放っていたことは事実である。

だが収益の追求がおろそかになり、1990年代以降は、イオンなどの後続企業に追い抜かれていった。

堤が心血を注いだ企業ならではの光と影、コインの表と裏と言える。

それが、西友の宿命だったのかもしれない。

3 ファミリーマート、誤算の躍進

日本全国に1万7000店規模の店舗数を持つコンビニエンスストア大手のファミリーマート。業界最大手のセブン-イレブン・ジャパンに続いて、国内2位の座に君臨する。

このファミリーマートも、セゾングループが生み出した代表的な小売りチェーンだ。

その発祥を見てみると、資本の論理と距離を置く堤の哲学が、事業の展開に大きな影響を与えてきたことがよく分かる。

総合スーパーのイトーヨーカ堂がセブン-イレブンを始めるよりも前の1973年、西友はコンビニの実験1号店を、埼玉県に開業していた。西友の企画室長でのちに会長に就く高丘季昭が1971年に訪米した際、コンビニを現地で見て、日本での将来性を感じて事業化を目指した。セブン-イレブンの本家である米社と提携してコンビニ事業に乗り出したイトーヨーカ堂に対して、西友は日本独自で事業化を進めた。

だが、後発のセブン-イレブン・ジャパンに大きく水をあけられることになる。

「零細商店をつぶしてはいけないから、コンビニエンスストアはやらない」(社史『セゾンの歴史』)

1976年、堤はこう発言している。トップの消極的な姿勢が、ファミリーマートの経営に影響を与えたのは間違いない。

その後、独立商店主などに加盟を募るFC方式によって、ファミリーマートは本格的に全国展開に乗り出していく。

中小商店の敵ではなく、FCに加盟してもらって共存共栄していこう。そんな方針を掲げることで、ファミリーマートはようやく本格的な多店舗展開を進められるようになった。「ファミリー＝家族」をブランド名にしたのも、そんな精神が根底にあるからだ。

加盟店オーナーに〝優しい〟契約内容

FC方式による共存共栄というのはセブン‐イレブンなども同様だ。しかしファミリーマートの場合、共存共栄の理想が、事業に鮮明に反映されていた。利益配分でも、FC加盟店がより大きな割合を取れる契約内容になっていたという。

一般に、コンビニ事業の基本にも、標準化されたチェーンオペレーションの発想がある。だがファミリーマートの場合、店舗の自由度が極めて高かった。

社史『セゾンの歴史』などによると、ファミリーマートではもともとFCに加盟する前の商店主が使っていた店名を引き続き使うことも自由だったという。本部の商品台帳に記載されていない商品を、加盟店側が独自に仕入れて、売ることにも寛容だったようだ。

1980年代にファミリーマートのFCに入り、現在も事業を展開している加盟店のオーナーは、こう語る。

「家業で酒屋をやってきて、コンビニに事業を変えようとした時、セブン‐イレブンとローソン、ファミリーマートの3社を比較してみました。その結果、ファミリーマートに決めた理由は2つあります。一つは、一緒に成長しようという雰囲気で、本部の人たちと肌が合ったこと。もう一つは、新たな店舗を出店する位置や条件について、ファミリーマートはあれこれ制約をつけず、自由度が高かったのです」

このオーナーは、コンビニ経営に成功して運営店舗を増やし、展開地域も広げていった。

「商店主」から「企業の経営者」になったわけだ。

「もともとファミリーマートの本部は、加盟店のオーナーが複数店を経営して企業として成長することを支援する姿勢がありました」とも語る。

確かに加盟店オーナーの裁量に任せた自由度の高いFC経営は、ファミリーマートの特色にはなった。

だが一方で、その〝緩さ〟があだとなって、規律の厳しいセブン-イレブンに大きく差をつけられたのも事実である。セブン-イレブンのように、どの店も一定水準を保っている方が、消費者にとっては安心につながるからだ。

ファミリーマートの弱点は、自由さと表裏一体とも言える統率力の低さにあった。

堤が小型店舗の潜在力を見誤っていた側面もある。晩年、こう自省している。

「コンビニについては、間違いなく私の認識がずれました。正直に申し上げて、私の限界だったと思います」（『わが記憶、わが記録』）

セブン-イレブンが牽引する格好とはいえ、誕生から20年や30年で、コンビニという業態は日本社会に完全に根づいて、国民の生活インフラになるほど成長した。

堤の抱く思想との葛藤を抱えながらも、ファミリーマートは時代の潮流に乗って成長した。

セブン-イレブン、ローソンに続く業界3位というポジションではあったが、ファミリーマートも1990年代後半には、店舗数が5000店規模に拡大。バブル崩壊後、過剰負債に苦しむセゾングループにとって、売却すれば大きな資産を得られる〝虎の子〟になっていた。

コンビニを過小評価していた堤にとっては皮肉な話だ。

「家族的」なチェーン運営に苦しむ

1998年、西友は保有していたファミリーマート株を伊藤忠商事に売却。ファミリーマートは、セゾングループから離れることになった。

伊藤忠商事は、ファミリーマートに社長や経営幹部を送り込んで、競争力の強化に努めるが、王者セブン-イレブンにはなかなか追いつけないままだった。

経営陣が苦しんだ要因の一つは、セゾングループがもたらした家族的なチェーン運営の風土にあった。

伊藤忠商事出身で、2002年以降、長くファミリーマートの経営トップを務めた上田準二(ユニー・ファミリーマートホールディングス相談役、当時)は、ファミリーマートの弱さは徹底力がないことだと指摘していた。

例えば、弁当やおにぎりなどの品切れの問題。

セブン-イレブンでもファミリーマートでも、チェーン本部はFC加盟店に対して、「商品が品切れしないよう積極的に発注してください」と指導する。それでもファミリーマートの場合、本部の指導が徹底されず、売れ残りによる廃棄ロスを恐れて、FC加盟店が発注を控えることが頻発していた。結果、棚には空きが目立つ。

どの時間帯に訪れても、棚に商品がしっかりと並んでいるセブン-イレブンと比べると、どうしても見劣りしてしまう。

企業文化は、長い年月をかけて形成され、一朝一夕には変えられない。

上田は、統率力のある強いチェーンをつくるために奮闘した。

それでも前出の加盟店オーナーは、本質的な社風は変わっていないと明かした。「ファミリーマートの〝緩い〟企業体質はあまり変わっていないですね。やはりファミリーマートは、かつての親会社が西友だったという歴史的な背景が大きいのではないでしょうか。セブン-イレブンを生んだのは、規律に厳しいイトーヨーカ堂ですから。それぞれの母体の社風は、現在もコンビニ各社に脈々と流れています」

2016年、ファミリーマートは総合スーパーなどを展開する愛知県地盤のユニーグループ・ホールディングスと経営統合した。ユニー傘下のサークルKサンクスのコンビニ店舗を事実上吸収して、膨らんだチェーンに、どのように統率力を持たせるのかが、喫緊の課題となっている。

インターネット社会を見通していた堤

現在、コンビニを取り巻く環境は大きく変わりつつある。過剰な出店競争や人手不足に伴うアルバイトの時給上昇など、数々の逆風によって、各加盟店、そして本部もかつてに比べて稼ぎにくい状況に陥っているのだ。

セブン-イレブンを傘下に持つセブン&アイ・ホールディングスの関係者は、「仮に加盟店の利益をもっと増やそうというFC法が成立したら、我々は経営が一気に苦しくなる」と警戒する。FC加盟店の疲弊に世論の注目が集まれば、法規制も現実味を帯びかねない。

加盟店というのが、各チェーンの看板をつけた中小商店であることは、現在も変わらない。そう考えると、堤が今から40年ほど前にコンビニ事業への進出をためらい、中小商店との共存共栄という、青くさくも感じられるテーマにこだわったことが、未来の課題を暗示していたように思える。

堤は、現代のインターネット通販全盛時代と、その弊害も見通していたようだ。「社会全体としては、管理社会化がいよいよ強くなっている。ことにニューメディアが発達してきて、ホーム・ショッピングというようなことになりますと、ナショナル・ブランドのものだったらホーム・ショッピングで買えるけれども、それ以外のものは行って見なければ買えないということになります。放っておくと、消費生活の管理化が進むだろうと思うのです」（『世界』1983年6月）

ニューメディアというのは、1980年代に流布した言葉で、新聞・地上波テレビ・ラジオといった既存メディア以外の、新技術を使ったメディアを意味していた。堤の言葉は漠然としているが、それから約10年後の1990年代に米国でアマゾン・ドット・コムが起業した。

そして今や、世界各地でアマゾンが主導するインターネット通販が、消費生活を根本から変えている。

アマゾンなどのEC企業による「消費生活の管理化」という懸念も、単なるイメージの段階ではなく、消費者にとっては具体的な脅威となりつつある。

2018年3月、公正取引委員会は、独占禁止法違反（優越的地位の乱用）の容疑で、アマゾンジャパンを立ち入り検査した。同社から出された改善計画を2020年に公取委が認定し、行政処分はなかった。

世界各地でアマゾンのメーカーなどに対する支配力の高まりに警戒感が生まれている。

堤が憂えた日本の未来

情報技術が急速に進化し、管理された消費社会を予知していた堤。

だがインターネット社会の台頭によって変容するのは、消費スタイルだけではない。2018年春には、米SNS（交流サイト）大手のフェイスブック（現メタ）が、大量の個人情報を流出させていたことが明らかになった。

アマゾンなどのIT大手が始めた、家庭に置くAI（人工知能）端末で収集された情報の管理なども、今後は社会問題になるだろう。

巨大化した企業のネットワークに個人が取り込まれ、精神の自由が失われる――。まるでSF小説の古典、ジョージ・オーウェルの『一九八四年』に描かれた全体主義の国家を連想させるシナリオだ。

堤の言葉からは、そんな未来を避けるための思考のヒントが見つかる。

筆者が最後に堤に会ったのは2011年春のこと。東日本大震災が起きた直後に話を聞いた。

その時、話題は日本の将来に及び、堤はこう語った。

「これから怖いのは、再編や寡占化が進んで産業界の多様性がなくなること。それと統制経済で自由が失われることだと思います」

その後、自由民主党の安倍政権が誕生。「アベノミクス」を通して国は景気浮揚策に注力し、この数年は民間企業に対する〝介入〟の動きが年々、強まっている。

経済団体を通じた企業に対する「賃上げ要請」もそうだろう。本来、民間企業が賃金をどのように設定するかは、それぞれの企業の労使交渉に委ねられることであり、国が介入すべき議論ではない。

「働き方改革」といったスローガンで、産業界の全体を方向づけようとする動きも同様だ。ロフト元社長の安森健は、堤が存命ならば、現状に強く異を唱えただろうと言う。

「賃金や働き方の問題は、本来ならば経営というもののなかで考えるべきでしょう。それを『官製』で動かそうとすることに対して、堤さんは頑として反対したと思います」

反米でも、親米でもなく

日本の流通産業の発展を考えるなかで、チェーンオペレーションの議論は避けて通れない。

そのルーツは米国にある。流通革命論の理論的支柱は、渥美俊一という経営コンサルタントにあった。

堤と同世代で、東京大学卒業後、読売新聞記者となった。小売業の経営者を集めてチェーンストアについて研究する「ペガサスクラブ」を1962年に立ち上げ、イトーヨーカ堂創業者の伊藤雅俊などにも影響を与えた。コンサルタントとして経営者を連れて、米国視察を続け、先端のチェーンストア理論を日本に伝授する役割を担った。

堤は晩年まで渥美との親交が深く、渥美が唱えたチェーンストア理論の有用性を認めていた。

ただ米国のやり方をそのまま自社の経営へ輸入すべきではないとも考えていた。

「チェーンオペレーション理論は、(流通革命論という)神話の中の非常に大きな部分を占める理論だったのですが、だいたいがアメリカから直輸入したもので、原産地アメリカですよ」(『季刊 消費と流通』1981年新春号、カッコ内は筆者補足)

堤の父・康次郎は戦前から戦後を生きた保守政治家の多くがたどったように、敗戦を契機に、親米へと態度を変えた。

日米親善の目的で、西武百貨店を米ロサンゼルスへ出店させるが失敗。堤はその尻ぬぐいをさせられたこともあり、康次郎の親米ぶりを冷ややかに見ていたに違いない。

一方で、堤は経営者として米国からしたたかに学ぼうという姿勢も強かった。

ロサンゼルス出店に伴い現地に長期滞在した折には、米国の小売業について多くを吸収した。後に、米小売り大手シアーズ・ローバックとの提携を主導して、商品開発のノウハウなどを学んでいった。

米国小売業の実態をよく知っていたからこそ、堤はチェーンオペレーションを〝神格化〟しなかったのだろう。

「米国の様子を見ていると、その地域に住んでいる人に合わせて品ぞろえを変えている。その変え方がチェーンオペレーションのスピリットになっているという感じがする」（『日経流通新聞』1980年1月4日付）

チェーンオペレーションの限界

堤は、米国の小売業の実態から離れた日本の小売業界の表層的な米国信仰に警鐘を鳴らしていた。ただチェーンオペレーション神話に違和感はあったが、それに代わる明確なコンセプトを打ち出せたわけでもなかった。

西友で提唱した「質販店」も、社員にはなかなか浸透せず、空回りに終わった。抽象的なスローガンは、西友の経営の足かせになっていった。

堤は、独創的なアイデアを重視する一方で、継続的に利益を上げる仕組みづくりに対して、あまり関心がなかった。そもそも、マニュアルに基づいた効率的なオペレーションを目指すような性格ではなかったのだ。

それでも、堤が「脱チェーンオペレーション」にこだわったことが無意味だったとは、決して言えない。

その証拠に、イトーヨーカ堂のような総合スーパーのほか、専門店や外食チェーンなどの幅広い業種で現在、改めて画一的なチェーンオペレーションを見直そうという機運が高まっている。インターネット通販の拡大によって、小売業が多くの実店舗を持つメリットが揺らいでいるという事情もある。

だがそれ以上に、標準化された店舗で買い物をすることに満足していた消費者が、静かにチェーン店から離反しはじめたのだ。

それを象徴するかのように、2020年、ウォルマートが保有していた株の大部分を、米投資ファンドのコールバーグ・クラビス・ロバーツ（KKR）と楽天が取得することが発表された。出資比率はKKRが65％、楽天が20％。ウォルマートは15％の保有を残すものの、日本市場からの事実上の撤退となった。

ウォルマートが西友を傘下に収めたのが2002年のこと。世界最大の小売業でありながら、日本で苦戦した要因の一つには、米国流のチェーンオペレーションの限界が間違いなくあったはずだ。

ウォルマートは西友に出資して以降、人員削減を軸にコストを大幅に下げ、同社の社是とも言えるEDLP（エブリデー・ロープライス）戦略を移植してきた。

その結果、格安販売によって一定の支持を得たが、ウォルマートが期待するほどの成果は上げられなかった。

「300以上ある西友の店舗を本部で集中して管理するのではなく、もう少し早くから店長などの現場社員に権限を与えていたら、もっと業績は上がったはずだ」

セゾングループの元幹部は、西友の苦戦をこう分析する。

少子高齢化が進み、所得格差の広がる日本では、顧客ニーズに大きなばらつきが生まれはじめている。そのなかで、画一的なチェーンオペレーションを展開しても、顧客の要望に的確に応えることはできない。

だからこそ日本の小売りチェーンはここにきて、こぞって「個店経営」を重視しているのだ。店舗の立地に合わせて、顧客の細かなニーズを吸い上げることが、改めて今、求められている。

店舗を標準化するということは、顧客への対応も標準化せざるを得なくなる。標準化した店舗は、言い替えれば「目の粗いふるい」だ。

そこから落ちてくる一人ひとりの細かいニーズにこそ、顧客の本質が隠れている。

もちろん今の時代に、かつて堤が西友で試みた「質販店」のコンセプトをそのまま導入しても、有効ではないだろう。

ただ、当時の業界の大勢に異を唱えた堤の考え方には何らかのヒントがあるのではないか。

チェーンオペレーションと一定の距離をとり続けた堤の言葉を、改めて現代の小売業関係者は、ひも解く必要がある。

4　堤清二の問いかけに答える

SPA型スーパーへの進化

西友はKKRと楽天の傘下に入った2021年からは、社長として大久保恒夫が起用された。大久保は1979年イトーヨーカ堂に入社し、その後、スーパーの成城石井社長を務めるなど、小売業界で長く経験を積んできた。

大久保が指揮する西友が大きなテーマとして取り組んでいるのが、商品力の強化だ。独自性があり顧客を引きつける魅力を持った商品をいかにそろえるか。会社創設から60周年の2023年は、同社の新規事業だった無印良品の1号店が東京・青山に開業してから40年という節目でもある。もともと西友は、日本のPB（プライベートブランド）商品の代表例とも言うべき、無印良品を生み出した過去の実績がある。

「小売業は販売業から脱却しなければならない」と語る大久保。波瀾《はらん》万丈の歴史のなかでも受け継がれてきた商品開発のDNAを呼び起こし、SPA（製造小売り）型のスーパーへの進化を目指す。

2021年まで20年近く米ウォルマートの傘下にあって失われたものの一つが、生鮮食品の競争力であり、それを取り戻すには顧客の目を引く象徴的な商品が必要になる。売り場に行くと黄色いPOP（店頭販促物）やシールで「食の幸」という独自のブランド名があちこちで目に入ってくる。「さつま豊味豚」「銀鮭西京漬」「熟成うまリッチポークのロースカツ」といった商品を、「食の幸」のシリーズとして販売している。

バイヤーが味にこだわり選定し、生産者や製造方法など西友が求める基準を満たした商品だ。2023年春、青果・畜産・水産の25品目からスタートし、現在、惣菜にも拡大している。生鮮品を一種のPBとして販売する試み。将来は生鮮食品の売上高のうち、20〜25％を占める規模に育てる意気込みだ。

食の幸は、かつて西友が展開していたブランドを約20年ぶりに復活させたものだ。「商品の質を求める西友が、かつて手がけていた『食の幸』を、今の時代に合わせて展開していきたい」と、大久保は語る。

「量販店ではなく質販店になる」――。先述したように、西友を含む旧セゾングループ創始者である堤清二が新たなスーパーのあり方として40年以上前に唱えたスローガンだ。「質販店」を求める結果、1980年代ごろに百貨店のような店づくりなどコスト高騰を招いて後の経営難の要因になった面もあるが、一方では安さで攻めるダイエーとは異質の個性を生んだ。

質にこだわる「食の幸」のほか、無印良品という洗練されたPBを育てることができたのは、こんな西友のDNAがベースとしてあった。

西友は2002年に実質的にウォルマート傘下になり、PB整理の一環で食の幸は廃止された。今回の復活にあたっては、かつてより値ごろ感を重視して売り出したという。

ユニクロのようなアパレルとビジネスモデルは違えども、スーパーもSPAへ進化しなければ生き残りは難しいというのが大久保の持論だ。「メーカー、卸、小売りという流れのなかで、販売だけやっていては絶対にもうからない。生産段階まで踏み込んだ商品力の強化が不可欠で、これが生命線となる」

先行する加工食品部門では、10年以上にわたって展開してきたPB「みなさまのお墨付き」が浸透している。同部門での売上構成比は2025年には25%を目標とする。

大久保はさらに新たなブランド展開も検討しているという。「世界中、日本中探せば、おいしい商品をつくっている生産者はたくさんある。生産や原材料まで踏み込んで、効率よく物流をして販売すれば利益が出る」。付加価値を重視した加工食品などが念頭にあるようだ。

「西友はデジタルマーケティング業を目指す」

スーパーのあり方を再考するうえで大きな焦点は、急速に進むデジタル技術をいかに活用するかというテーマだ

西友がネットスーパーを始めたのは早く、経営が厳しかった２０００年にスタートした。その後、競合各社に取り組みが広がるなか、西友が大きく踏み出したのは、２０１８年に楽天グループと組んで始めた「楽天西友ネットスーパー」だ。楽天のデジタル技術や「楽天経済圏」の顧客基盤を生かした展開を強みとして、店舗から届ける従来型と、物流センターからの配送を両軸で進めてきた。

２０２３年に楽天は20％あった持ち株をKKRに売却した。ネットスーパーでは合弁での事業展開をやめて、店舗型を西友、センター型を楽天が、それぞれ展開するという方針を発表した。それでも顧客分析やデジタルマーケティングでの連携は続く。

「AI（人工知能）が出てきたので、小売業が劇的に変わるチャンスだ。これだけ時代が大きく変わるなかで、西友はトップを切ってAIを活用したい。革新的なことに挑戦してきた西友のDNAが生きる」。顧客データを深く分析して、品ぞろえやマーケティングを

大きく進化させる構想が念頭にあるようだ。

1979年、イトーヨーカ堂への入社を皮切りに小売業界を歩んできた大久保。自らが育った小売業界が低収益から脱して、より稼げる業界になるべきだという思いがある。「流通構造のなかで、小売業がリーダーになってくれれば、自信を持って誇り高く働ける場になる」

目標の実現には、SPA型への進化が必要であるが、それは単にPBを増やすことだけを意味しない。並行して「西友はデジタルマーケティング業を目指す」と強調する。不特定多数を相手にしてきた小売業は、データ活用によって「ワン・トゥー・ワン」で顧客と向き合うビジネスへと転換すべきと考えている。そこには豊富な顧客データを持つ楽天の力を生かす考えだ。

世界最強の小売業と言われるウォルマートの傘下でも、本格的な再生に至らなかった西友。再び業界の中で存在感を高められるか。

現状、西友の店舗数は300店強で、横ばいの状態が続く。当面、店舗数は拡大しない方針。デジタル化を加速しながら店舗とネットの両軸で顧客を深掘りする。株式の85%を持つKKRはいずれ株式を売却する公算が大きく、再び業界再編の中心になるはずだ。デジタル時代に小売業のモデルチェンジを先導できるかどうか。将来の合従連衡の組み合わせも左右するだろう。

伊藤忠主導、さらに鮮明

西友がコンビニエンスストアの実験店として生み出したファミリーマート。その1号店は、50年後の2023年になっても、埼玉県狭山市に存在する。現状、フランチャイズチェーンとして運営されており、売り場も普通のファミリーマートと変わらない印象だ。他社に先行して開業した1号店といえども、いまやご多分にもれず、ライバルチェーンとの競争は激しい。歩いておよそ6～7分の場所にはセブン‐イレブンが、さらに近い場所に、ローソンがある。

筆者が訪れた時、セブン‐イレブンではミカンやネギなど青果物を豊富に扱い、ローソンは「まちかど厨房」と銘打った店内調理の商品を打ち出していた。

考えてみれば、ファミリーマートの50年は、セブン‐イレブンをはじめとして他チェーンと競い合い、いかに勝ち残るか、もがきつづけた歳月だった。大手3社の中で最も早く1号店を出しながら出遅れた歴史。決して盤石なチェーンではなかったが、それだけに業界に先駆けて生き残りの手を打ってきたとも言える。

積極的に手掛けたM&A（合併・買収）はその代表例で、2009年に同業のエーエム・ピーエム・ジャパンを完全子会社化した。そして2016年に、サークルKサンクスを事実上、吸収する。

こうして規模を拡大したファミリーマートに対して2020年、伊藤忠商事がTOB（株式公開買い付け）により株を追加取得した。ファミリーマートの株式は上場廃止となり、伊藤忠商事がほとんどの株を持つ親会社として経営を主導していくことが一段と鮮明になった。

店舗のメディア化

伊藤忠が旗を振りながら、デジタル化を軸にしたコンビニの未来像を仕掛けはじめている。成長余地が限られてきたとも指摘されるコンビニ業界。さらに2020年の新型コロナ禍で打撃を受けるなかで、消費者や競争環境も変化した。伊藤忠とファミリーマートは、半世紀が経過してビジネスモデルの経年劣化も目立つコンビニという業態を、時代に合わせて脱皮させようとしている。

店舗のメディア化で稼ぐ——。伊藤忠が2021年、社長としてファミリーマートに送り込んだ細見研介は、米ウォルマートのデジタル戦略を手本にビジネスモデルの進化を目指している。「売り場にはメディアに進化する種がたくさんある」。国内にある約1万6500店、年間累計で約55億人の来店、そして約20万人のスタッフといったリアルの財産がカギになる。

主要な施策としてレジ上のデジタルサイネージで商品広告のほか、エンタメ情報など様々な映像コンテンツを発信する。2023年8月末時点で約7000店に設置し、さらに導入をすすめる。消費者とのタッチポイントを探るメーカーにとって、普段使いされるコンビニの魅力は高まっていると期待する。自社アプリ会員の好みをデータ分析して広告を個別配信する取り組みにも力を入れる。

「いままでの勝ちパターンが通用しない面が必ず出てくる。負けていたところも勝つ可能性が出てきた」。新型コロナ禍が直撃した様々な業界について、細見はゲームチェンジが起きているとし、セブン-イレブンが君臨してきたコンビニ業界も例外ではないと考えている。

デジタル化、問われる加盟店のメリット

ファミリーマートはコンビニの未来像に向けた取り組みとして、無人決済店舗を他社に先行して約30店展開している。人手不足問題に直面するFC加盟店が、無人決済店をサテライト店として運営するような方式で広げられれば、メリットは大きいと見る。

無人決済店は、省スペースを生かして郵便局内にも出店している。細見がにらむのは、各地に根ざす郵便局のような生活インフラ拠点とデジタル化したコンビニが協力する可能性だ。「コストを分担しながら地域を支える機運が生まれてくる。今後のキーワードは協業・協調だ」

かつて堤清二が懸念した中小商店、すなわちFCの加盟店オーナーと、共存共栄ができるかという古くて新しいテーマも、あらためてコンビニ業界にのしかかっていると言えるだろう。

２０２０年に公正取引委員会は、コンビニ本部が加盟店に24時間営業を強制することは独占禁止法違反になりうるとの見解を示し、警鐘を鳴らした。各社は対応に動いたものの、コンビニ業界を見る社会の目は引き続き厳しい。

国内の出店余地が減り、ＦＣオーナーの高齢化や事業承継の課題も深刻になってきた。日本経済新聞社の調査で、大手3社の２０２２年度の新規出店数は１０４０店とピーク時の13年度から約7割減り、比較可能な07年度以降で最低だった。ファミリーマートも２０２３年３〜８月期に前年同期比で大幅増益だった一方、国内店舗数は1万６５２４店と同38店減った。

さらに表面的な店舗減より深刻な事情もある。加盟店との契約更新だ。かつての「サークルKサンクス」店舗など、ここ数年、契約が更新時期の加盟店が多いという。その対象は数千店に上る。加盟者の高齢化問題なども重なり、契約継続に向けた加盟店との折衝は本部にとって大仕事だ。「(登頂が難しい)アイガー北壁を登っているようなもの」と細見は表現する。

FC継続を断念した店は、本社で店舗再生を担う専門部署が一時的に引き取って再生し、またFC店に渡すことを目指す。この過程にあるため、直営店は2023年8月末で769（単体ベース）と、20年2月末の306店から2・5倍に急増。コンビニビジネスはFC展開を前提として高収益を目指すモデルであり、直営店の増加は悩ましい。再びFC加盟店にするのが難しい場合、閉鎖も検討するという。

FC加盟店オーナーなど担い手不足への対応は業界全体の課題でもある。チェーンの担い手を確保していくには「しっかりと稼げるチェーンにすることが基本」と細見は話す。一連のデジタル改革は、個々の加盟店において負担軽減や収益向上につながるのか、まだ懐疑的な声も聞かれる。

ファミリーマートは「人型AIアシスタント」と呼ぶ業務サポートの仕組みを打ち出している。端末画面に人のイメージが現れ、手間のかかる商品発注のアドバイスなどを店舗ごとにこなす。2023年度内に5000店まで導入を広げる予定で、こうした施策によってFC加盟店の「納得感」を積み上げていけるかが問われる。

ウォルマートは、もともと持っているリアル店舗を強みとしながら、デジタル化を進めて店舗との相乗効果を生かす戦略が成果を上げた。ただし、デジタル化で先行するウォルマートを手本にするにしても、改革の前提に決定的な違いがある。直営のウォルマートに対して、FCモデルのコンビニではチェーン全体の改革スピードを上げにくい面があるはずだ。

ファミリーマートが進めるデジタル化は、個々の加盟店の利益が高まり改革の果実が共有されるかたちでなければ意味をなさないだろう。もがきながら未来を切り開けるか。セブン-イレブンが確立した事業モデルを追いかけてきたコンビニ業界。次の50年は、コンビニという業態が再定義されながら、大手3社が三者三様の未来像を競う方向に進んでいく可能性もある。

第7章 人間・堤清二の夢と挫折

堤清二は86年間の生涯のなかで、何を夢見て、何に挫折したのか。

本章では、堤が遺した言葉と、かつての関係者や部下たちの証言を通して、人間・堤清二の実像を浮き彫りにしたい。

堤ほど毀誉褒貶の激しい経営者は、なかなかいない。

1960年代から若き異才の詩人経営者として注目を集めた。全盛期の1970年代から80年代は、「セゾン文化」の主宰者として存在感を高め、時代を代表する経営者の一人となった。

一方、堤の影の部分とされる複雑な家族関係や、父や異母弟との確執も、常に取り沙汰されてきた。1990年代にバブル経済が崩壊すると、飽くなき拡大戦略の末に、セゾングループを崩壊させたオーナー経営者として、世論の批判を一身に浴びることになった。

堤に対する世の中の視線は交錯したまま、実像が定まらない。これは、堤がいかに多面性を持った人物かということの証左でもある。

本章に記すのも、堤という人物に対する一つの解釈にすぎない。

だがそれでも、苦闘の軌跡を振り返り、多くの証言の中から人物像を浮かび上がらせることで、現代に生きる私たちは、数多くの示唆を得られるはずだ。

1 「お坊ちゃん」が学んだ大衆視点

「経済同友会を憂う」

堤清二は1975年、『季刊 中央公論経営問題』（春季号）に、こんな表題の文章を寄稿した。

40代後半で脂の乗り切った時期。気鋭の経営者としても注目されていた。

堤の財界活動は、経済同友会が中心だった。財界4団体の中でも、業界の利益代表といった色彩が比較的薄く、理念を持つ経営者個人の集まりという特性があり、堤も積極的に参加して政策を議論してきた。

そんな堤が、批判の書を書いたのだ。

1973年にオイルショックが起こり、戦後の高度成長が終わった。公害など、経済成長の歪みが日本各地であらわになっていた。

堤の問題意識は、企業経営者や財界がいかに一般社会から遠い存在になってしまったか、というところにあった。

堤は経済同友会などの経済団体について、こう批判している。

「ほんねとたてまえを平然と区別して怪しまれず、以心伝心によってなんとなく物事が決ってゆき、大衆社会の皮膚感覚とは異質の言語、発想が流通しているところに、経済界に対する社会の不信感の一つの要因があるのである」

そのうえで、「『脱財界的経済団体』でなければならない」あるいは「『企業社会化試案』が書かれるべき時期が来ている」と自覚を促した。

現在、企業の社会的な存在意義が改めて問われている。それを考えれば、「企業社会化」が必要だという堤の発想に先見性があったことは、間違いない。

とはいえ、仲間内の経営者たちに向かって、これほど苛烈な言葉を投げかける堤の率直さに驚かされる。

アートディレクターとして、無印良品など、セゾングループで多数の仕事に携わった小池一子は、堤という人物をこう見ている。

「堤さんは世の中に対して〝ミスフィット感〟を持っていたように思います。財界などでは大企業のトップとして、エスタブリッシュメントになることを求められる立場ですよね。そこに何か、自分にはそぐわないという気持ちがあったのでしょう。『ほかの人は長いズボンを履いている。僕だけ短いパンツを履いているように感じる』と話していました」

「経済同友会で、堤さんは何人かとは話が弾むけれど、居心地の良い世界ではないと感じていたようです。堤さんは作家・辻井喬としても小説や詩を書いていました。やっぱりご本人としては、クリエイターでいたかったでしょうね、ずっと。そうでなければ、〝ミスフィット感〟を抱かないのではないでしょうか。成功した経済人として過ごすこともできたのに、そこに満足できなかったのでしょう」

このミスフィット感が、作家としての創作活動はもちろん、事業家としても様々な創造のエネルギーになっていた。

では、これほどの違和感を抱くに至った堤の性質は、どのように形づくられてきたのか。

後天的に身につけた大衆に寄り添う目

日本を代表する資本家で、大物政治家だった父・康次郎に対する反発心や、複雑な家庭の事情が、堤の人格形成に大きな影響を与えたのは間違いない。

18歳で日本が敗戦を迎えたという経験も大きかったはずだ。

その点について、小池はこう解説する。

「青年期に日本の復興に直面して、繁栄に向かう時代の申し子というか、時代との関係がとても濃密にあったのだと思います。戦前にはロシアで社会主義革命が起きて、その後、日本が敗戦するという歴史を目の当たりにして、堤さんは非常に社会主義的な思想を持って、現実社会に切り込んでいくわけです。そういうことがなければ、商品を通してアンチテーゼを掲げるなんて、誰も考えませんよね」

第2章で糸井重里が指摘しているように、堤は本質的に「お坊ちゃん」として生まれた。だから、下に見られている人たちへの視線、あるいは大衆に寄り添う姿勢は、学んで身につけたものなのだろう。

ただ、後天的に習得したからといって、それが偽物の思想だとは限らない。堤の場合、生涯を貫く行動原理になっていたようだ。

清二の次男・堤たか雄はこんな思い出を打ち明けてくれた。

「唯一、父に怒られた記憶があるのが、小学生くらいの頃、父の運転手がいらして、私が『だって運転手なんだからいいじゃない』と言った時のことです。父は怒鳴るというよりも、理づめで私が泣くまで聞いてきました。『なんで運転手はダメなんですか』『あなたと運転手さんはどう違うんですか』『どういう点であなたが偉くて、運転手は偉くないんですか』と。『それは最もくだらない人間の考え方だ』というようなことを言われました」

「父はもともと社会主義者ですから、『つまらない人間』という表現はよく聞きました。つまらない男だとか、つまらない女だとか。そう思われるようなことをすると、本当に怒られましたね」

人間が労働の主人公に

戦前の軍国主義への反発、あるいは家庭で君臨していた父・康次郎に対するアンチテーゼという意味はあっただろう。たか雄によると、清二は実態がないのに威張るような権威主義には、敏感に反応する性格だったという。

「どうしても組織だと、そうなりがちですよね。父の意に反して、セゾングループにも権威主義的なところが強かったんです。それをすごく批判していました。セゾングループの社員が、自分（清二）の前では、『ははー』と言っているのに、部下に対しては『おい』となる。しょうがないなと、言っていました」

そう考えると、第2章で取り上げた西武百貨店の「ショップマスター」という制度は、一層重要な意味を持ってくる。

各売り場で、社内の地位や年齢などに関係なく、その商品に最も精通する社員に権限を全面的に委譲して運営する仕組み。堤はこの制度を通して、男性中心の階層社会である西武百貨店の古い秩序を破壊しようと考えていたに違いない。

堤は1975年の社内報で、ショップマスター制を導入した意義について、次のような趣旨の発言をしている。

「仕事の場で人間が中心にならなければならない。人間が労働の主人公になるべきだ」

これを強調するために、スウェーデンのボルボやイタリアのフィアットなどの実験の例を持ち出している。20世紀初めに米国で確立した「フォード生産方式」に対するアンチテーゼが欧州などの各地で広がってきた、という意味だと見られる。

フォード生産方式とは、標準化されたT型フォードの自動車を、ベルトコンベアを使って効率的に大量生産する仕組みのこと。

社内報では具体的にはフォードに言及していないものの、次のように発言している。

「装置産業ではベルトコンベアに人間が付属し、その部品となってしまう現象が出てきます」

対して、ボルボやフィアットの取り組みをこのように評価している。

「人間が流れ作業の道具になるのではなく、人間が仕事をするための道具に設備を使っていくように、生産形態を変える試みがなされているわけです」

人間が、人間らしく仕事をすること。

その精神を小売業の現場で具体化しようという理念が、ショップマスター制の背景にはあった。この制度は、単なる売り場運営の見直し以上の意味を持っていたのだ。

だが当時、堤の理念が深く伝わったとは言い難い。

西武百貨店の取締役からロフト社長に転じた安森健は、堤の理想主義について、「早すぎた悲劇だったのかもしれません」と振り返る。

仕事の場で人間を中心に考えるというテーマも、労働力が希少資源となった現在ならば、もっと自然に世の中に受け入れられたはずだ。

AI(人工知能)の進化によって、人間が担うべき仕事は何かが改めて問われている。AIによって人間は幸福になれるのか。

技術の進歩によって、働く人々は排除されてしまうのか。

それとも、より人間的な仕事に集中できるようになるのか。

こんな問いが真剣に議論されるようになった今こそ、堤の発想は改めて重要な意味を持ってくる。

その分水嶺は結局、経営者がどんな理念を持つかということにかかっている。堤が伝えようとしたのは、そんなメッセージではないだろうか。

現在は、政府が音頭を執る「働き方改革」の文脈のなかで、どんな会社も、働き手を大切にする方針を打ち出さざるを得ないムードになっている。

だが堤の理念を引き継ぐ者は、そうしたムードによって動かされるのではなく、自らの信念によって、ほかの会社とは違う踏み込んだ施策を打ち出している。

堤の理想を引き継ぐ者

クレディセゾン会長の林野宏という、堤の〝教え子〟がいる。

クレディセゾンの前身は、西武百貨店が1976年に経営支援に乗り出した月賦百貨店大手の緑屋である。

堤の決断によって、クレジットカードを軸とした金融会社へ業態転換したことが当たり、セゾングループの中核会社に成長した。堤が手がけたM&A（合併・買収）の代表的な成功例とも言えるだろう。

西武百貨店出身の林野は、業態転換の当初からクレディセゾンに参画した中興の祖だ。

クレディセゾンは、かつてのセゾングループの中核企業で唯一、現在も独立企業として社名に「セゾン」を冠している。セゾンブランドをカードで継承しているわけだ。

林野は2000年ごろ、クレディセゾンの経営者としてセゾングループの解体と堤の挫折を目の当たりにした。だが、それでも「堤さんの理想を実現しようと経営してきた」と話す。

継承した一つの考え方は、大きな目的のためには、株主最優先の米国流の経営とは距離を置くことだった。

例えば2017年9月、同社はアルバイトを除く全従業員を正社員にした。パートタイムや嘱託の区分をなくし、約2200人の賃金体系や福利厚生の待遇を改善した。人件費の上昇を覚悟のうえで、林野が決断を下したのだ。

会社がどんな思想を持っているのか、「社会にメッセージを発信する取り組みの一環」でもあるという。

「ノーアイデアで何とかしようとするのは、みっともない」

ほかにも、堤の影響を公言する経営者は少なくない。安森もその一人だ。

1989年、安森が西武有楽町店の店長を務めていた時のこと。同店の中に紬縞織や絣織の人間国宝である宗廣力三の作品を販売する店があったが、宗廣力三が他界した。2週間くらい経った後で、安森は堤から電話を受けた。

「あの店はどうするんだ」

安森は答えた。「大丈夫だと思います。たくさん在庫がありますし、伝承するご家族がいらっしゃいますから」。すると堤は、「安森くん、芸術に伝承はないよ」と言った。

この時、安森はハッと気づかされたという。「僕は商人としては、在庫がある限りは売り続けるべきだと考えていたけれど、堤さんが言いたかったのは、『銭勘定よりも大切なことがある。本質を見極めなさい』ということだったと思う」

安森はロフトの社長を務めていた時も、堤ならどう考えるかと自問してきたという。

経営者として何を大切にするのか。本質は何なのか。目先の利益よりも大切にするべきことがあるという信念は、堤から学んだことだ。

糸井重里は今、情報サイトなどを運営する「ほぼ日」という会社を経営する。

「僕は堤さんのまねをしているようです。身につけた考え方は、『ノーアイデアで何とかするというのは、みっともないんですよ』ということです。社員にも同じことを伝えていますね。今、世の中の軸は『損か得か』ということだけになっています。けれど、僕がやりたいのは、『この企業とつき合って、私は何かが開けた』と感じてもらうことなのです。西武百貨店には、そういう意思がありました」

消費者や働き手から選ばれるには、他社にはまねできない絶対的な価値が問われている。そして堤には少なくとも、強烈な個性と世の中への発信力があった。

先の読めない混沌とした世界で、改めて今、経営者にはそれぞれの思想が求められている。それも欧米の経営学の流行や時の政権への追従ではなく、経営者が自分の頭で考え、自問自答を重ねながら導きだしたビジョンが必要なのだ。

糸井はこう言葉を重ねた。

「僕は自分の満足という意味で、すごい欲張りですよね。ちっとも言うことを聞かないですもんね。お客の言うことさえ聞きません。僕もそうですし、堤さんもそうだったと思います。よろこんでもらうには、お客の言うことを聞いていてはダメですよね。アンケートを取ったり、マーケティングをやったりした結果ではなく、もっと考えないと、次の姿は出てこないわけだから」

時代の先を行く先見性を発揮した堤。持って生まれた才覚で新しい地平を切り開いた企業人に見えるが、薫陶を受けた人たちに話を聞くと、別の姿が見えてくる。

努力を重ねていた堤の姿

クレディセゾンの林野が西武百貨店に入社したのは1965年。林野は当初、若手経営者で詩人・作家としても知られる堤のことを、天才のように思って憧れていた。

だが、今では「とてつもない努力の人だった」と感じている。

堤は財界人、取引先、政治家、文化・芸術関係など、寸暇を惜しんで人と会っていた。時には、一晩の会合が3段階になっていて、はしごをすることもあったという。帰宅をしてからも、頼まれたものを執筆することが多かったようだ。そして、人と話す時にはいつも何かを書きとめる「メモ魔」だった。

決して天才肌の文化人でも、恵まれた境遇に安住する2世経営者でもない。

自分を追い込むかのように、仕事と執筆に力を注いだ。

正統な事業継承者にならなかったとはいえ、大資本家の息子として生まれたことを、堤はむしろ負い目に感じていたのだろう。

複雑な家庭環境と大きすぎる父の存在を前提に、人格を形成せざるを得なかった。年を重ねても、努力を続けることだけが、精神のバランスを保つ術だったのかもしれない。

2　避けられなかった「裸の王様」

最初は望んで入ったわけではなかった小売業だが、堤はそこを足場にして、「生活総合産業」の実現に向けて走り続けた。

「真の豊かさとは何か」という問いと向き合い、事業を通じて答えを出そうとした。そんな堤のロマンが、ホテルやリゾート、金融など、新事業へ進出する原動力となった。だが事業の幅が広がるに伴い、セゾングループは風船のように膨らみ、最後には巨額の負債とともに崩壊した。

成功と失敗はコインの表と裏のような関係なのかもしれない。何かに急き立てられるかのように攻めの経営を続けなければ、たった一代で約200社、売上高4兆円以上というコングロマリットは誕生しなかった。

1980年代までのセゾングループの成功は、堤という個性が成し遂げたものである。同様に、1990年代以降のグループ崩壊の最大の要因も、堤自身にあったのだろう。

セゾングループの歴史が暗転するきっかけとなる事件が、1990年代初めに、立て続けに表面化する。

その一つが、西武百貨店の社員が中堅商社イトマンの絵画取引事件に関与していた事件だ。絵画の鑑定書を偽造し、イトマン側に提供した疑いで逮捕された。

1992年には同じく西武百貨店で医療機器の架空取引問題が発覚し、逮捕者が出た。

こうした事件が相次ぐ少し前の1991年、堤はセゾングループ代表を退くことを宣言した。それでも、堤が完全に事業から手を引くことはなく、重要なグループの意思決定には、堤本人が関与してきた。

引退表明後も、なおセゾングループ各社の経営に影響力を持ち続けたという曖昧さが、バブル崩壊後の傷口を広げた可能性もある。

この頃の堤は、リスクを的確に見極めながら経営することが難しくなっていたようだ。なぜなら、ネガティブな情報が上がらなくなっていたからだ。

戦後の政財界で活躍した白洲次郎を義父に持つ牧山圭男は、その縁で入社した西武百貨店で常務になった。堤を近くで見た経験から、こう証言する。

「堤さんはこけるのがいやだから、用心深く周りを見て、裸の王様にならないよう必死で努力をしていました。けれど、それでもやはり、裸の王様になっていたんです」

現在でも、強いリーダーシップを持つ企業のトップが陥りやすい罠である。

カリスマ経営者は、下で働く人間の心情を、本当の意味で理解するのは難しい。

別の西武百貨店元幹部は、不祥事が相次いだ要因として、部下たちの恐怖心を指摘する。

「当時の時代的な背景もあって、西武百貨店の社内には、売り上げが伸び続けなければいけないという雰囲気がありました。そんななかで業績が伸びていないと言うと、堤さんから無理な宿題を出される怖さがあったのです。だから、何とかして良い数字を見せたくなったのでしょう」

組織の特性は、そこで生まれ育った人間よりも、途中から加わった人の方がはっきりと見える。プロパー社員には当たり前に感じられることも、外部の視点から見れば大きな疑問や違和感を抱くことが多い。

堤を神格化した組織の病

経営破綻後に買収されてセゾングループに入った吉野家の幹部たちは、そんな経験をしたに違いない。元社長の安部修仁は、堤が神格化された組織の病を、日常的に実感することになった。

吉野家の店舗設計などでは、セゾングループの関係企業が新しい仕事を獲得しようと営業活動に来ることが珍しくなかったという。そうした時に、「堤が絡んでいるんですと言って、どうにかしようとする人が目についた」と安部は打ち明ける。堤の名前がセゾングループの内部で悪用されていたわけだ。安部はそのたびに、こんな言い方で追い返したという。

「きれいなデザインでファッショナブルな店舗をつくることが、そもそも吉野家には合いません。フランチャイズチェーン加盟店には、セゾングループの支援に納得していないところもあります。これまでの計画を急に変えようとすると、堤さんも攻撃されますよ」

経営者として安部が抱いていた大きな夢を実現しようとする局面でも、セゾングループにはびこる忖度の文化が足かせになった。

安部は、倒産という逆境からはい上がった経験によって、経営者としての基礎を築いた。

弁護士の増岡章三ら、管財人からも多くを学んだ。

1992年に42歳の若さで吉野家の社長に就いた後、いつかは吉野家が破綻企業を支援して再建させたいという強い思いを胸に秘めてきた。

そして1997年、チャンスが訪れた。

持ち帰りすし店大手の京樽が1000億円超の負債を抱えて会社更生法の適用を申請したのだ。当時は大型倒産として注目を浴び、どの企業が支援するのかが焦点となった。

「支援するのは当社しかない」。安部の強い思いにもかかわらず、結局、管財人の座は食品メーカーの加ト吉（現テーブルマーク）に奪われた。セゾングループ幹部の間で、堤への忖度が強すぎたことが一因だと安部は考えている。

その結果、京樽を担当する弁護士との交渉の初動が遅れた。「後から聞いたら、堤さんは京樽を支援することに賛成だったそうです」（安部）。それにもかかわらず、セゾングループ幹部らは「堤は賛成しないはずだ」と勝手に判断していた。

当時の堤は、形式的にはグループ代表を退いていた。それでもオーナーとして影響力を残しており、極めて中途半端な立場だった。それが悪影響を及ぼしたのだ。

加ト吉の当時の幹部によると、スポンサーとしてセゾングループの吉野家が名乗りを上げるだろうと想定していたという。さらに、「セゾングループはきっと社内調整に時間がかかるだろうと読んでいました。そこで一気に勝負に出たのです」と明かす。

そして、加ト吉社長（当時）の加藤義和に即断即決を促した。

争奪戦で完勝した加ト吉だが、結局は外食産業を再生させるノウハウに乏しく、更生計画の策定は難航した。

1999年、改めて吉野家が支援企業となり、安部が管財人として再建を成功させた。安部の悲願はかなったが、京樽の支援を巡る過程で、セゾングループの弱点を安部は痛感した。

トップを崇拝する組織風土は、堤自身に起因していたと安部は見ている。

「周りを忖度させるDNAを、父の康次郎さんから引き継いでいたのではないでしょうか。それが当たり前という感覚がずっと抜けなかったのでしょうね。だからこそ堤さんは、そうあってはならないと感じて、自虐的なほどの自己矛盾性を、論理として学んで身につけたのでしょう。だから彼の中には、極端な2つの要素が同居しているんです」

血縁に対する複雑な心理

辻井喬（堤）の自伝的小説である『彷徨の季節の中で』（新潮社）には、主人公の複雑な屈折が描かれている。冒頭はこう始まる。

「生い立ちについて、私が受けた侮蔑は、人間が生きながら味わわなければならない辛さの一つかもしれない」

正妻ではない母と暮らした子供時代の負い目と、父との確執。東京大学時代には共産党に入って活動するが、こんな記述もある。

「私は仲間から小遣いに困らない学生と思われていてよく奢らされた」

家、そして西武グループ。どこにいても権威主義そのものの態度で周りと接した父・康次郎。それに反発して、別の価値観を打ち立てようとしたが、当然、同じ血は流れていた。父の存在に抗えない複雑な内面があったに違いない。

『ポスト消費社会のゆくえ』の対談のなかで、堤はこんな言葉を残している。

「権力者になりたくなくて反旗を翻したのに、権力者になってしまったということは、ちょっと自己矛盾だよな」

自己矛盾という意味では、第5章で触れた西武鉄道グループの経営権を巡る裁判も、清二の複雑な心境を映した動きと言える。

封建的な「家」制度から自由になろうとした堤が、晩年に一転して、「堤家」の威信をかけて、西武鉄道グループのオーナーとしての権利を主張したのだから。

2004年、西武鉄道グループ総帥の堤義明が失脚した後、取引銀行出身の後藤高志ら新経営陣は、グループの再編を推し進めていった。

堤清二や堤猶二らは、創業家としてこれを阻止すべく提訴したが、結局は裁判に敗れた。

そこには、血縁や肉親の情といったものに思いを強くした晩年の堤清二の姿があった。

堤は、70歳になった頃から側近に対して、「親父の気持ちが分かるようになった」と漏らしていたという。

「昔はあんなに反抗していたけど、きっと親父もつらかっただろう。女性問題についても、今は受け入れられるようになった」

3　堤が遺したメッセージ

「いまとてもつらい状況にあります。しかし、もう一度、何か一緒にやりましょう」

ダイエー創業者の中内㓛は、堤にこんな内容の手紙を送っている。2005年に他界する数年前のことだ。堤の側近によると、毛筆で書かれた長文の手紙だったという。

巨額負債と本業の不振から、ダイエーは1990年代後半、深刻な経営難に陥った。中内は失意のなか、2000年に会長を退任、翌01年には取締役からも退いた。「つらい状況」というのは、血のにじむ思いで築き上げた自分の城が崩れかけ、銀行から経営責任を追及される屈辱を指す。

この頃、堤も似たような境遇にあった。

セゾングループの不動産会社の西洋環境開発が2000年に経営破綻した責任を取って、約100億円の私財を提供。グループの役職を退いた。

2人の巨人はともに、流通業界で未踏のビジネスを切り開いた先駆者だ。年齢は堤が5歳下。ともに70歳を過ぎて、バブル崩壊後のグループ再建に苦闘した共通点もある。

中内の手紙には、それでもまだ前に進もうという執念がにじみ出ている。

かつてのライバルと手を携えて世の中に一矢報いたかったのだろうか。堤なら悔しい気持ちに共感してくれると思ったのだろうか。

中内が他界した時、堤は『日経ビジネス』誌上で、追悼の思いを語っている。

「経営者の価値、値打ちというものは、その経営者が社会にどんな新しい価値をもたらしたかで決まるのではないでしょうか。その意味では、中内さんがもたらした価値はとても大きい」(2005年9月26日号)

ダイエーの攻勢にいら立ち

現役時代、二人は事業で熾烈な戦いを繰り広げた。

「堤さんは、なりふり構わず野武士集団のように攻めてくるダイエーに、いら立っていた」西武百貨店元幹部の安森健はこう語る。猛烈な勢いで拡大するダイエーは、セゾングループといつも真正面からぶつかっていた。

例えば、関西発祥のダイエーが首都圏への出店攻勢に乗り出した1960年代のこと。東京・赤羽では、西友の近くにダイエーが出店し、安売り競争を仕掛けていた。両社の象徴的な激戦地として、「赤羽戦争」と呼ばれた。

1980年代前半には、札幌の老舗百貨店「五番舘」の提携相手を決める交渉を巡って、先行していたダイエーを押しのけて、西武百貨店が勝利する逆転劇もあった。

出店も商売も、あらゆる場面で押しの強かったダイエーだが、西友が1980年代に

PB（プライベートブランド）として発売した「無印良品」には、歯が立たなかったようだ。

ダイエーは、同じく漢字4文字の「愛着仕様」を売り出した。これも衣料や雑貨のPBだったが、国内外で広く知られるブランドには育たなかった。

無印良品が強さを保った背景には、堤のこだわりがあった。

「私がもし、経営者としてレゾンデートルを持っていたとすれば、無印良品までです」（『わが記憶、わが記録』）

堤は晩年、こう語っている。レゾンデートルとは存在意義のこと。無印良品が、数あるセゾングループの中でも、特別の重みを持った事業であることが分かる。

事業を通じて堤は何を実現しようとしていたのか。堤の抱いた理想は、同じく強い理念の下で事業を展開した中内と比較することで、より鮮明に、立体的に見えてくる。

「人間の論理」の功罪

中内は「価格決定権をメーカーから流通業者に奪い返す」という流通革命を起こす必要があると考えていた。「消費者主権」を目指し、安く商品を買うことができる世の中を理想としていた。

家電から日用品まで、メーカーが事実上、売価を管理する定価販売が当たり前だった時代だ。ダイエーは日本中の消費者から喝采を浴びた。

対する堤の流通産業論は、「資本の論理」と「人間の論理」の境界にあるという「マージナル産業論」。この考えで消費を考えると全く異質な理想が見えてくる。

堤が流通業という事業に託したのは、日本国民の「自由な」生活に寄与したいという理想だった。

ここで言う「国民」は大衆ではあるが、消費者というよりも、民主主義社会に生きる「市民」という側面が強い。

家業としての個人商店から一つの産業となることを目指した小売業者の多くは、成長のためにチェーンオペレーションをこぞって導入した。第6章でも見たように、思想的な裏づけとしては、中内に代表される「流通革命論」があった。

中内の経営理念をまとめた著作『わが安売り哲学』(新装版、千倉書房)。

そこには「流通革命の目標は、価格決定権をメーカーから流通業者に奪い返すことである」という主張がある。「現在の日本の経済社会は、生産者がすべての面にわたって実権を握っている」。これを壊さないと、「消費者主権の確立された社会」にはならず、そのため「安売り」が絶対的に正しいという論理展開だ。

革命を成功させるには「販売力の集中化がぜひとも必要である」とし、総合スーパーの大量出店と企業買収によって、ダイエーはシェア拡大に邁進していった。

中内が言うように、小売業が革命の担い手になるには、工業化や近代化を進めなければならない。そのためには、業務マニュアルを武器とする小売店のチェーンオペレーションが必要になる。

だがここで問題になるのは、消費者主権を唱えているはずの小売業が効率化を追い求めていくと、地域性や消費者の好みの差を排除する方向に傾きがちだということだ。

堤はここに流通革命論の死角を見た。

「全消費者が同じ生活様式を持つならば、最も工業化が進むという、第二次世界大戦中の物資統制令、国民総動員法にも似た主張へと展開しかねない」(『変革の透視図』)

1927年に生まれて、10代後半の多感な時期に終戦を迎えた堤らしい発言だろう。戦争を知っているだけに、「統制」を嫌う言葉には切実な響きがある。

だからこそ堤は、国による束縛からの自由、精神の豊かさを追い求めていった。

一方、堤より5歳年上だった中内。兵隊としてフィリピンでの戦闘に参加し、極度の飢えを体験した。それを考えれば、中内がダイエーを通して、量や安さを最重要に考えたのは必然とも言える。

それはもはや、どちらが正解で、どちらが間違っているという底の浅い議論ではない。それぞれが原体験を通じてひしひしと感じた痛みを理想に転化し、追い求めた結果が、セゾングループとダイエーだった。

堤の論理では、中内の重視する安さなどの数値化できる価値だけではなく、個人の感情も重視される。「消費者の考える生活目標が、従来のように単純な『物的充足』にだけあるのではなく、『精神充足』といった拡がり」（『変革の透視図』）を見せていることにいち早く着目したのだ。

今で言う「コト消費」の重要性を、およそ40年前に説いた堤の先見性は際立っている。企業と人間のあり方を考える、一連の「マージナル産業論」は、経営者としてはあまりにも理想主義的だが、堤はこの発想を大真面目に事業で具体化しようとした。

それがセゾングループの個性となり、安売り主義のダイエーとは違う道へ進む原動力ともなった。

「わけあって、安い。」と打ち出した無印良品。

もちろん安さは重要なのだが、「ムダを省いたシンプルな商品で生活する幸せ」というライフスタイルを提供することが、肝にある。

現在の小売業が念仏のように唱える「ライフスタイル提案」の源流がここにあった。

そして西武百貨店やパルコなどの小売業にセゾン文化を巧みに絡ませ、大衆に精神の豊かさを提案するという壮大な実験に、堤は乗り出した。

必要な物資を効率的に国民に供給するという物不足の時代の流通業の枠を超えて、新たな流通産業を構想したセゾングループ。

これが、歴史に残した堤の大きな足跡だ。

セゾングループが当時の世の中に与えたインパクトは、流通業界や産業界にとどまらない。それが、ほかの昭和の大物経営者と比べて堤が突出している部分である。

堤とセゾングループは、一部の富裕層のものだった「文化」を大衆に手が届くよう〝民主化〟した。

現代音楽の武満徹や、作家の安部公房らも実質的にサポートした。

そのために劇場や美術館をつくり、有望な人材の芸術性を理解して、世の中に広める役割を担った。

芸術にとどまらず、常に新しい独自のアイデアで新たな事業を生み出し、斬新な広告を通じて人々に驚きを与え続けた堤。それは、セゾングループ発のコンテンツとして人々の心に届き、大衆の中に新しい価値観を根づかせていった。

「いつも綱の上を歩いていた」

晩年の堤が懸念してきた市場経済の暴走は、2008年のリーマンショックを契機に、揺り戻しつつある。

例えば投資家の間では今、企業の社会への貢献度など、財務数字に表れない〝見えない価値〟に着目して、投資対象企業を選ぶ動きが広がっている。事業を通じて世の中に何を訴えたいのか、独自の哲学を持っているか否か——。

多くの経営者が見失いがちなポイントを、堤は持っていた。

『変革の透視図』のあとがきで、堤は印象的な言葉を残している。進化が遅れた流通業界は、かねがね「暗黒大陸」と呼ばれてきたが、そこにある種の希望を見いだしたというのだ。

「(流通業は)資本の論理だけでは解明しにくい本質を備えている、という意味で『暗黒』と言われたのではなかったか」(カッコ内は筆者補足)

曖昧模糊とした消費に関わる産業は、誰も手をつけていない空白地帯でもある。だからこそ面白い仕事ができる——。堤らしい逆転の発想だ。

この姿勢は、低く見られていた流通業の社会的な地位を上げ、多くの人材を引き寄せた。

一時は従業員が10万人以上にも膨らんだセゾングループ。グループ解体を経験し、堤はこうも悔やんでいた。

「多くの社員が職を失わなければならず、企業を離れてしまった僕が彼らの力になり得なかったことは、僕の犯した罪のなかで一番大きな罪だったと思っている」(『叙情と闘争』中央公論新社)

不動産やレジャーなど多角化した事業だけでなく、様々な改革を試みた祖業の百貨店事業も生き残りの解を見いだせず、漂流した。

堤の経営者人生に、功罪の両面があったことは間違いない。

「人間の論理」を提唱しながらも、多くの従業員は、セゾングループ瓦解のなかで、塗炭の苦しみを味わった。

それでも堤は、事業を通じて世の中に新たな価値を提示できると信じ続けてきた。

そして堤の思いを引き継ぐ人材は、幅広い産業や企業に散らばり、今なお戦いを続けている。

作家・辻井喬として、最後の詩集となった『死について』（思潮社）。

「いつも綱の上を歩いていた
地上よりその方が私には安全なのだ」

何かに急き立てられるように自己満足を否定し、攻め続けた人生だった。

生まれながらに、消費の先を読む感覚を備えていたわけではないだろう。

綱渡りを続けた執念が、それを可能にした。

昭和から平成にかけて、異才の経営者が日本の産業史に残した足跡は簡単には消えない。

実像が見えにくい、異能の経営者

昭和の約30年、そして平成に入って10年ほどの期間を、事業家として戦った堤清二。知名度は抜群だったが、その本質は非常に見えにくい人物だった。

一つには、常に「堤家」を巡る「血縁」の問題が前面に出て語られてきた影響がある。あるいは先進的な「セゾン文化」を生み出した堤と、バブル崩壊後の後始末に苦しんだ堤のイメージに大きな落差があり、〝バブル経済のあだ花〟のように捉えられることも多かった。

そのため、これまで冷静な視点で堤清二という人物を評価することは難しかった。だが時のフィルターを経た今だからこそ、堤の本質はより見えやすくなってきている。

堤ほど矛盾に満ちた存在はない。

大資本家の家に生まれ、企業経営者の道を歩みながらも、一方では「資本の論理」を超える「人間の論理」を提唱する。高級ブランドの伝道師でありながら、ブランドを否定する「無印良品」を生み出した。こうした具体例は、いくらでも挙げられる。

そして堤は、己の中で葛藤する矛盾を安易に解消しようとせず、矛盾を矛盾のまま抱えて生きようとした。逆説を生き抜いた事業家、とも言えるだろう。

安直な妥協を排し、常に自らのあり方を否定しながら、前に進む。その姿勢から現在の私たちが学べることはたくさんある。

堤は決して、功成り名遂げた経営者ではない。

一代でセゾンという巨大グループを築き上げた事実は揺るがないが、最後まで悪戦苦闘を続け、グループ解体に伴って何度も苦渋を味わった。

それでも、堤が人間の真の豊かさとは何かを追求するために、セゾングループを土台に試行錯誤を続けた経験は貴重だ。

新たなテクノロジーが次々に登場し、人々の描く理想のライフスタイルの形は揺らぎはじめている。

私たちはこれから、一人ひとりが人間らしく生きることや豊かさの意味、幸福な人生とは何かということを、自分に問い、選択していかねばならない。

その「解」を与えてくれるのは、国でも、経済でも、企業でもない。

改めて自らに問いを投げかける時、堤が体を張って発したメッセージの数々が、私たちに大きなヒントを与えてくれるはずだ。

一人の年寄りが死ぬことは、図書館が一つなくなるのと同じ。

これはアフリカで伝わってきたことわざだ。

堤の経営者人生は、決して成功物語ではない。だからこそ、その図書館には栄光と失敗の本質を理解できる多様な知恵が眠っている。

堤の遺したメッセージは現在、再び輝きを持って私たちに問いかけている。

真の豊かさとは何ですか。

あなたにとって働くとは。自由とは。幸福とは――。

第8章 再びの敗戦

――そごう・西武売却と池袋本店の運命

1 想定外の連続

2023年に起きた、そごう・西武の売却騒動を理解するには、2006年の歴史的な業界再編までさかのぼってみる必要がある。セブン&アイ・ホールディングスが大手百貨店ミレニアムリテイリング（現そごう・西武）を買収した。

小売大手同士の再編ということに加えて、コンビニエンスストアと百貨店という意外な組み合わせ。そして、それぞれ鈴木敏文と和田繁明というよく知られた大物経営者が率いていたということも耳目を集めた理由だ。この時二人が手を組まなければ、17年後の労働組合によるストライキや地元も巻き込んだ異例の混乱も起きなかったはずだ。

2005年末に開かれた記者会見では統合と表現されたが、実態はセブン&アイが2000億円超を投じた買収だった。2004年度の売上高（そごうと西武百貨店の合算）が9000億円を超える大手百貨店、ミレニアムリテイリングに対する配慮がにじむ。

「イトーヨーカ堂で一番問題だったのは衣料です。スーパーの衣料が画一的なのに対し、デパートの目から商品を見るのは非常に刺激になります」。会見でこう語ったのが、当時セブン&アイ会長だった鈴木敏文。グループの懸案だったGMS（総合スーパー）のヨーカ堂の立て直しにも、百貨店の力を生かせると見ていた。

一方で、ミレニアムリテイリングの和田繁明社長は「百貨店もGMS（総合スーパー）も業態として生き残っていかなければならない。経営の手法や方法で従来の成功体験から脱却する必要があります」と語った。

この経営者二人はかねて近しい関係にあり、それが巨大な流通再編につながった。結果として生まれた「流通コングロマリット」。コンビニからスーパー、百貨店までを包括する巨大グループは未来の流通産業を切り開くかと期待されたが、結末は皮肉なもので、別のかたちで世間の注目を集めることになった。

二人のサラリーマン経営者

鈴木敏文と和田繁明。再編を決めて会見を開いた当時の年齢は、それぞれ73歳、71歳。

経営者人生で、数々の実績を積み上げた末の頂点にあったとも言える。オーナー経営者ではなく、勤め人からのし上がった究極の「サラリーマン経営者」だった二人。そこに至るまでの歩みを以下、簡潔に記す。

鈴木敏文は、1956年に中央大学を卒業後、出版取次のトーハンを経由して、イトーヨーカ堂に63年に入社した。人事部門などを経験したのち、1974年に1号店を開くセブン-イレブン・ジャパンの創業を主導。その後も同社の急成長を牽引し「コンビニの父」として知られるようになる。

1980年代にイトーヨーカ堂が営業不振に陥った際に、経営幹部として立て直しに辣腕を振るった。業務改革（業革）として業界で知られる取り組みが象徴的だ。毎週、多くの幹部らを集める会議を続けるなど、意識改革を徹底する実行力によって、創業オーナー伊藤雅俊からの信頼も厚かった。

そんななかで1992年、イトーヨーカ堂に衝撃が走った。総会屋がからむ商法違反事件が起きて、伊藤が社長を引責辞任した。そこで後任に就いたのが鈴木だった。伊藤雅俊には長男、裕久がいて、いずれ後継社長になるだろうと有望視されてきたが、2002年には専務を退任して会社を去った。鈴木敏文が経営を指揮する体制が長きにわたり続いていく。

苦戦するヨーカ堂に比して、傘下のセブン-イレブン・ジャパンは順調に成長を続けて、時価総額が祖業のヨーカ堂よりも、セブン-イレブンの方が大きいという「逆転現象」が、株式市場から問題視されるようにもなった。

そうしたなか、２００５年に誕生したのが純粋持ち株会社、セブン&アイ・ホールディングスだった。鈴木敏文が会長兼最高経営責任者（ＣＥＯ）であって、伊藤雅俊は名誉会長という立ち位置となった。持ち株会社の下に、セブン-イレブン・ジャパンとヨーカ堂などが、ともにぶら下がるかたちだ。

それまでは、いくらセブン-イレブンが稼いでいても、グループはイトーヨーカ堂グループ、もしくは、アルファベットをつかってＩＹグループと言われていたのだが、この時初めてセブンから始まる社名「セブン&アイ」となったのだ。

ヨーカ堂といえば、ハトのマークが有名だが、セブン&アイグループを代表するマークは「７」と「ｉ」をあしらった現在のようなかたちになった。

こんな流れによって、ヨーカ堂よりもセブン-イレブンが「格上」ということが明確になったかのようだった。考えようによっては、コンビニを育てた鈴木が伊藤と対等、もしくは、権力は鈴木が上回る、という見方さえできるような経営体制となった。

そして、持ち株会社設立から間髪をいれず、鈴木は自ら主導するかたちで、ミレニアムリテイリングの買収を実現した。

一方の和田繁明。1957年に西武百貨店に入社した。セゾングループ創始者の堤清二からも高く評価され、紳士服などの業務で早くから頭角を現した。

周囲から将来の社長候補と目されていたが、1990年代前半、突如、セゾングループの外食部企業の社長に転じた。このとき和田は、堤によって左遷されたと受け止めた。

ヨーカ堂が商法違反事件で苦しんでいたのと同じような時期、西武百貨店では医療機器の架空取引事件が起きて、経営難が鮮明になった。そして再建役として和田が百貨店に呼び戻されることになった。このあたりから、鈴木と和田、何か同じような運命があったかのようだ。

1990年代に西武百貨店の再建で一定の成果を上げた後、セゾングループ全体の再建を堤からも託されたのだが、銀行や堤とも対立して、90年代末に経営を退いた。

表舞台から去った和田が、劇的な復活を遂げたのが、2000年に経営破綻した、そごうの経営トップ就任が決まった時だ。会見で「流通業界の混乱を避けるために火中の栗を拾う」と語った。そごうのメーンバンクである日本興業銀行（当時）から依頼されて、表舞台への再登場だった。

「再建請負人」とも言われた和田は、その後、業界再編の主役にもなる。当時、取引銀行の巨額債権放棄を伴う私的整理を経た西武百貨店と、そごうの経営統合に乗り出した。民事再生法を通じて大規模リストラをしたそごうと、負債処理で弱った西武百貨店を一体的に再建しようとしたのだ。

なぜ相手がセブン&アイだったのか

統合により、ひとまずは再建にメドがついたかに見えたミレニアムリテイリング。株式の上場を目指す動きがあったのだが、和田が選んだのがセブン&アイとの統合だった。大手小売業と手を組むなら、ほかの選択肢はなかったのだろうか。和田は、セブン&アイ傘下入りを決める前に、イオンの創業家と会談している。ミレニアム、イオンともにメーンバンクがみずほフィナンシャルグループということを考えても不自然な組み合わせではないが、実現しなかった。

同業の百貨店であれば、大丸と提携するという道は、選択肢としてあり得たかもしれない。米百貨店ノードストロームの衣料品導入などで、西武百貨店と大丸が1999年から手を組んだという経緯があった。

だが、実際に選択したのは、コンビニを主力ビジネスとし、メーンバンクによるつながりも薄いセブン&アイだった。当時のある経営幹部によると「全く寝耳に水だった」という。和田をはじめとして、かなり限られた人員で、セブン&アイの鈴木らとの統合交渉を進めていたと見られる。

なぜ相手が、セブン&アイだったのか。和田は2022年に他界している。いまや、それをあらためて聞く手立てはない。ただ周囲には、セブン&アイと組んだことに関して、次のような思いを漏らしていた。

「西武百貨店の再建では、どれほどカネに苦労をしたことか。もうあんな思いはしたくなかったんだ」

小売大手の中でも堅実経営で知られてきたセブン&アイは、財務の盤石さが大きな強みだった。和田が、そこに魅力を感じるのは不自然ではないが、前提として、和田と鈴木が意気投合したという要素は大きいだろう。

両雄の共通点

もともと親交があり、互いに気が合う関係だった。驚くほど、境遇として重なるところがある。

「私心なく、はっきりと物を言う人。腹を割って話せる関係だった」「堤氏の下で耐えて立派に仕事をした」

これは鈴木による、和田評だ。和田が2022年に死去した際に、故人を悼みながらこう語った。コメントからにじんでくるのは、偉大な創業オーナーの下で、働いてきたものだけが分かち合える感情だ。商人道を説き、数字を重視する慎重・堅実な経営で知られる伊藤雅俊。革新性と文化を重視する堤清二。個性は対照的ながら、それぞれの流通グループで、絶対的な存在だったことは共通している。

その下で成果を出し続ける苦労は並大抵のものではない。いくら有能であっても、絶対的なオーナーの下にいる存在。「勤め人」としての悲哀を味わうことも、少なくなかっただろう。

鈴木は、イトーヨーカ堂、セブン-イレブン双方を経営するなかで、様々な施策を打ち出してきた。だが、伊藤というオーナーがいる会社の流儀を、しっかりと守ってきた。会社の大きな方針については、伊藤の了承を得ながら進めてきたと、鈴木は語っている。

鈴木の言葉「堤氏の下で耐えて立派に仕事をした」というのは、そのまま自分に対する言葉でもあったのではないか。「伊藤氏の下で耐えて立派に仕事をした」と。

二人には、もうひとつ皮肉にも重なるところがある。二人三脚で進んできた鈴木と伊藤雅俊も、2016年にグループ内の人事を巡って関係にひびが入り、鈴木の突然の退任という事態になっている。

堤との関係が決定的に壊れた和田とは事情は違えども、共通点が浮かび上がる。創業オーナー経営者と、サラリーマンから上り詰めた実力経営者が並び立ち、良好な関係を永続させることの難しさだ。

いわゆる創業オーナーではなかった鈴木と和田だが、当時それぞれが率いていた、セブン&アイ・ホールディングスと、ミレニアムリテイリングには、自分の人生をかけて才覚を注ぎ込んだことは間違いない。自分の分身のような存在だっただろう。

「新たな流通グループをつくる」という目標に向かって意気投合した二人は流通史に刻まれる大型の流通再編を手掛けた。堤がつくったセゾングループも百貨店からコンビニまで多種多様な事業が存在する企業グループだったが、セブン&アイ×ミレニアム連合の大きな特徴は、鈴木と和田という、たたき上げの敏腕経営者が新たに構想した流通コングロマリットであるということだ。

突然の退任——流通コングロマリットの暗雲

両雄が協力して、コンビニ・スーパーと百貨店の間にも、相乗効果を生み出しながら新たなビジネスモデルを生み出せるか、注目された「流通コングロマリット」だったのだが、すぐに暗雲が漂うことになった。セブン&アイによる買収から、わずか1年後、和田がミレニアムリテイリング会長、そしてセブン&アイ取締役というポストから退任してしまうのだ。健康問題が理由とされたが、不自然な退任との見方が浮上した。巨大グループの中で何が起こっていたのだろうか。

関係者によると、統合後、和田がセブン&アイグループ内で提案したイトーヨーカ堂の改革案が、セブン&アイの経営幹部らの神経に障ってしまったという。

ヨーカ堂は当時も、業績が振るわず立て直しが大きな課題になっていた。改革案は、これまでにないような大規模な店舗閉鎖だったようだ。「これくらい踏み込まないと、ヨーカ堂は立ち直りませんよ」。歯に衣着せぬ直言が和田の持ち味だけに、このように切り込んだのではないか。

ヨーカ堂はそれまで、あまり大規模な店舗閉鎖は経験がなかった。それに対して、和田は、そごうや西武百貨店で、店舗閉鎖など大規模リストラを実行し、経営を立て直したという自負があったはずだ。ファミリーレストラン「CASA（カーサ）」などセゾングループの外食産業でチェーンストア経営も身につけている。セブン&アイグループのために自らの知見を生かした改革案を示したのだ。

だがセブン&アイ側にすれば、よそから来たばかりの和田に、そこまで言われるのかという思いがあっただろう。とくにイトーヨーカ堂は伊藤家の祖業であり、大規模な店舗閉鎖案が伊藤雅俊の耳に入った可能性もある。

このヨーカ堂のリストラ案件だけが、退任の原因ではないはずだ。強烈な指導者である、鈴木と和田という二人を、グループ内に両立させることにそもそも無理があった。

ミレニアムリテイリングをセブン&アイに売却したことを否定的にとらえる幹部は少な

くなかったようだ。そこに加えて、売却を主導した和田が突如やめることになり、組織の求心力低下が進んだのではないか。のちのち長期にわたって、そごう・西武が低迷・混乱する遠因になっていると思う。

一方で、もともとセブン&アイの中には、大手百貨店の経営を熟知したひとはいなかった。和田というリーダーが去ったのち、そごう・西武は鈴木敏文という絶対的な存在と、上意下達のセブン&アイの企業風土に取り込まれていった感がある。リーマンショックなど外部環境も悪化し、店舗閉鎖などリストラに追われるうちに、百貨店としての競争力低下に拍車がかかった。

消えた西武鉄道との合流シナリオ

和田は退任後、経営には全くタッチせずに引退していた。百貨店への愛着は強く、池袋西武には買い物に訪れていたようだ。なかなか浮上しない、そごう・西武のあり方に、複雑な気持ちをいだいていたに違いない。セブン&アイへの売却を決めたのは、和田自身なのだから。

そして和田は、そごう・西武の売却が報じられ、まだ買い手が決まっていなかった2022年夏、死去した。筆者は、晩年の和田に会う機会があった。「売り場に立つ人の働きを大事にしない経営はだめだ」という、かつての小売業経営者の顔をのぞかせながら、そごう・西武が生き残る道は必ずあるとも語っていた。

ミレニアムを最終的にセブン&アイに売却するという和田の選択は、結果として両社にとって実りは乏しかった。もしも事情さえ許せば、和田にとってミレニアム生き残り策の本命は西武鉄道グループと組むことだった。筆者はそう思っている。和田は周囲に「鉄道と話を進められればよかったのだが」と漏らしている。先代・堤康次郎がいた時代までは、ひとつだった西武グループ。和田が西武百貨店に入社した1957年はまだ一体だった。

だが、1960年代に事業継承を巡って、堤義明が本流の鉄道グループ、清二が傍流の流通グループを担うことになった。1970年代に入り、それぞれが分離・独立するかたちが鮮明になった。義明は堤清二の異母弟で、二人の間には長く確執があり西武が一体になれない要因だった。

時代が下り2000年代、既に清二は経営から退いてセゾングループは解体過程に入っていた。主要企業だった西武百貨店は2003年から、そごうと統合してミレニアムリテイリングが束ねるかたちになった。これは和田が率いており、清二の影響力は既にない。和田が西武鉄道グループに買収などを持ちかけて義明がその気になれば、西武の合流は、実現したはずだ。

かねて和田はセゾン側にいながらも義明をはじめとして、鉄道グループとの接点を持ち続けてきた。義明と和田はともに早稲田大学出身という共通点もあった。さらに、西武鉄道グループもみずほがメーンバンクだ。様々な要素がそろっている。

だが、この有力シナリオは実現しなかった。2004年から鉄道グループに大激震が起きた。証券取引法違反事件が起き、翌年に義明らが逮捕されたのだ。その後も再建に向けて混乱が続き、百貨店を取り込むどころではなくなったとみられる。

たとえ義明が去ったあとでも、統合を進める道があったかもしれない。義明と清二、堤家の二人が、ともにいない状態での経営統合ということも、あり得ただろう。しかし、不祥事からの再起を目指す鉄道側も苦しい状況があり、実現のハードルは高まったのではないか。和田が主導するミレニアムリテイリングの立て直しの仕上げとして西武鉄道グループと合流するという筋書きは消えていった。

そして「西武」が二つに分かれたままだったことが、のちに今回のそごう・西武、そして西武池袋本店の不動産売却の際に、決定的な影響を及ぼすことになった。

鈴木退任で事態は一変

和田というリーダーが去った、そごう・西武。百貨店業界にあって存在力が低下していった。セブン-イレブンで揺るぎない実績を残し、消費者心理を読む力もあるとされてきた鈴木だが、百貨店経営に明るいわけではない。

そごう・西武では、店舗リストラばかりが目立つ状況が続いた。主要なところでは、2009年に、そごう心斎橋本店（大阪市）をJ・フロントリテイリングへ売却、10年に西武有楽町店（東京・千代田）が閉鎖し、その後もリストラが止まらなかった。

それでもまだ、そごう・西武はセブン&アイグループに存在する意義があった。鈴木が描いた流通コングロマリットにおいて、シナジー（相乗効果）を追求するための重要なピースとして位置づけられていたからだ。

買収したはじめの頃から、セブン&アイのPB（プライベートブランド）「セブンプレミアム」をデパ地下で販売した。イトーヨーカ堂と衣料品の連携策も探った。

そごう・西武の業績回復への効果は薄かったのだが、2010年代にはいって小売業界はネット通販やデジタル化への対応が一層大きなテーマとなっていった。セブン&アイでもネット戦略がグループの重点施策となって、鈴木自身も、グループ各社の商品を一体的にネット通販で提供する「オムニチャネル」構想に力が入った。百貨店が扱う高級商材にも期待が高まった。

だが、2016年の「事件」によって事態は一変する。

セブン&アイの会長兼CEOだった鈴木が、4月に突如、退任を表明したのだ。

当時、セブン‐イレブン・ジャパン社長だった井阪隆一を交代させようとした鈴木の人事案に、伊藤雅俊ら創業家が反対。「内紛」の状態となるなかで、結果として交代案は退けられ鈴木の退任表明に至った。

背景には当時、鈴木らセブン&アイ経営陣を攻めていた、米ファンドのサード・ポイントという「物言う株主」の存在もあった。井阪を退任させる人事案を批判し、創業家と歩調を合わせた。

「鈴木の退任が、そごう・西武にとっても大きな転機になった」。あるセゾングループの元幹部は解説する。

鈴木に代わって2016年からセブン&アイのトップとして経営を指揮することになった井阪。経営効率の改善を求める株式市場からの要請もあって、主力のコンビニエンスストア事業に集中する姿勢を鮮明にしていく。大きなステップが、2021年に2兆円以上を投じて買収した米コンビニ、スピードウェイだ。

セブン&アイにとって過去最大の買収であり、当然、手持ちの不振事業への対応を従来以上に厳しく求められるようになる。社内でグループ構成を見直す議論が進んでいった。新型コロナ禍が長引くことで、百貨店事業は大きく影響をうけ、一方で、株式市場では米ファンド、バリューアクト・キャピタルという物言う株主からも、コンビニへの集中を迫られた。

2　売却決定――迷走の始まり

異例の売却延期

そんななかで2022年の1月末以降、メディア報道によって、セブン&アイが、そごう・西武を売却する調整を始めていることが明らかになった。

複数のファンドが買収に名乗りを上げたが、ヨドバシホールディングスと組んだ米フォートレス・インベストメント・グループが優先交渉権を得て、11月には売却契約の覚書が結ばれたことが発表された。そごう・西武が抱える多額負債など財務状況が懸念されるなかで、ヨドバシの豊富な資金力によって好条件の買収案を提示できたことで、売却先に選定されたと見られる。

よく知られた小売業が売り手と買い手に名を連ねる大型M&Aだけに、ここまでの経緯も人々の高い注目を集めたが、異例の展開をたどるのは、ここから先だった。

まずは2023年2月1日と示した売却期日が、いったん3月中へと延期された。だが、それも実行できずに越えてしまい、そこから先は期限が示されずに継続協議ということになった。なかなか売却が実行されない状況に、外部からは「何が起きているのか」という疑問が出るとともに、さらに世の中の関心を呼ぶ案件となった。

売り手と買い手の取引だけならば、経済的に最も好条件を提示したところに売却が決まり、そのまま実行されるのが自然の流れだ。普通、ビジネス上の流れとして当然の帰結であり、売り手の株主らにとっても喜ばしい。だが今回は都心の主要ターミナル駅と一体の巨大百貨店という生活インフラが核となる売却案件。ことは簡単に進まなかった。そして家電量販店ヨドバシの参画が状況を複雑にした。多くのステークホルダーの思いが絡み合い、問題が紛糾していった。

グローバル化の流れのなかで、国境を超えて進んできた過剰な金融資本主義。あわせて広がったのが極端な株主重視の風潮だ。こうした状況にあっては、地域社会、社員、そして取引先などのステークホルダー（利害関係者）はいままでは軽視されがちだった。

それに反省を促そうとする声がここ数年、世界各地で上がってきたのだが、多様な関係者に価値をもたらすというステークホルダー資本主義が、掛け声だけでなく本当に社会に根づくのだろうか。そごう・西武の売却騒動の行方は、それを占う試金石だったのかもしれない。少なくとも世界共通のテーマを浮かび上がらせる大型M&Aだったことは確かだ。

今回の案件で、それぞれのステークホルダーが何を思ったのか、そしてどう動いたのかを振り返ると、そごう・西武の売却騒動が我々に問いかけたものが浮かんでくる。

論点は重層的であり、そこかしこに堤清二の影が見え隠れしていた。彼が目指していた理想や、文化への思い、かつて輝いていたセゾングループの断片らしきもの……。様々なステークホルダーが上げた声からは、そうした要素が透けて見えるようだった。

地域というステークホルダーの懸念

そごう・西武の売却発表があってから、約1カ月後、2022年12月に東京都豊島区の高野之夫区長（当時）が、自らが進めてきた街づくりの観点から、そごう・西武と西武池袋本店の先行きに懸念を示した。

「西武池袋本店のある一画は池袋地区の街づくりの顔であり要だ」と述べ、「全体の街づくりを崩すことのないようにしてほしい」と求めた。これまで高級ブランドが占めていた低層階は、家電量販店の売り場にしてほしくないという考えも述べた。

豊島区は西武池袋本店について不動産などの権利関係があるわけではなく、民間企業の経営にこうした注文をつけるのは異例といっていい。だが、高野には池袋の将来について特別な思いがあった。

民間の有識者による日本創成会議が発表した「消滅可能性都市」。この中に、東京23区で唯一選定されたのが、豊島区だった。消滅可能性都市の定義は、2010年から2040年にかけて、20～39歳の女性が50％以上減少すると推計された自治体だ。都内有数の繁華街である池袋を持ちながら、厳しい未来を突きつけられた豊島区はショックを受けて対応に動いた。

打ち出したのが「国際アート・カルチャー都市」。例えば旧庁舎跡地を使った複合施設「ハレザ池袋」は民間と区が連携して開発したもので、8つの劇場などを備える文化発信の象徴的な拠点だ。

民間の力を呼び込みながら、豊島区の再生に取り組んできた高野区長。記者会見で、西武池袋本店の先行きについて述べた時に、既に84歳と高齢だった。1999年から、24年にわたって区長を務めた経歴。文化を軸にした強い街づくりへの思いがにじんでいた。そして、西武売却の情勢が透明なまま、行方を見届けることなく、発言から2カ月後、2023年2月に85歳で亡くなった。

そして、4月に行われた区長選。当選したのは、高際みゆき。前副区長で、生前の高野の後継に指名されていた。そごう・西武の件についても、言葉を選びながらも、地元への丁寧な説明を求める立場を崩さなかった。背景には、ヨドバシの大規模出店に対する地元商業者たちの懸念があった。

西武美術館の足跡

セゾングループ、そして西武百貨店にとって池袋は発祥の地として特別な存在だ。一方で、池袋という街にとっても、西武は「街の顔」である。単なる大型店舗という存在にとどまらず、文化拠点として大きな役割を担ってきた。

西武池袋本店は、かつて大手流通グループだったセゾングループの原点だ。「セゾン文化」が一世を風靡したのは30年以上前だが、何を目指していたのかを振り返ってみる価値はある。

西武池袋本店に1975年に開業した「西武美術館」（後にセゾン美術館へ変更）は、99年の閉館まで現代アートの聖地として、海外の著名芸術家などの斬新な展覧会を多数開いた。セゾングループ創始者の堤清二は美術館を「時代精神の根拠地」と位置づけて、従来の百貨店の美術催事とは全く異なる、時代を先取る企画を打ち出すことで、美術界にも大きな影響を与えた。

学芸顧問だったクリエイティブ・ディレクターの小池一子は「ファッションも違和感なく扱ったことが美術館として斬新な試み。芸術のヒエラルキーを否定する意思があった」と解説する。小池は「一枚の布」をテーマに、新進デザイナーだった三宅一生を紹介する展示など挑戦的な企画を手がけた。

池袋駅の周りには戦後、大きな闇市があった。セゾンは日本橋の三越のような「のれん」がないだけに、新しい文化をまとうことで老舗に対抗した。

東急が陣取る渋谷にも系列のパルコなどが勢力を広げたが、イノベーションは池袋が起点だった。西武線沿線に暮らしはじめた平均的な団塊世代は、カラーテレビなどモノが充足した1970年代に、新たな価値観を模索していた。そこを捉えたセゾンは、一部の富裕層や専門家の鑑賞物だった文化や芸術を民主化して誰でも共有できるものとした。顧客を単なる消費者ではなく、物心両面で充実した暮らしを求める生活者として扱うところが新しかった。

時代が下がると、池袋はアニメファンらが集まる、サブカルチャーの街としても知られるようになる。池袋はもともと庶民的で、気軽に買い物や食事を楽しめる街。そのなかで、芸術のヒエラルキーを否定しながら、とがった企画で良質の作品をみせてきた、セゾン美術館の足跡がある。そんな「雑多性」を特徴とする街の文化があるのが池袋だ。

池袋駅東口の「駅の顔」にふさわしいのが、百貨店なのか、家電量販店なのかという問題は意見が分かれるところだが、街づくりにとって小売業は間違いなく大切な要素だ。街の印象、あるいは集まる人たちの姿や、人の流れ、これらを大きく左右する。

豊島区や地元商業者、そしてもちろん住民は、こうした小売業と共存しながら支え合う存在ともいえる。民間のM&Aに関して実質的な権限はなくても、地域で生活する人にも意見を述べる権利はあり、企業がビジネスを進めるうえで尊重されるべき存在として捉えるような世の流れもある。

区長となった高際らは、ステークホルダーの一角として売却完了まで、セブン&アイやそごう・西武との協議に加わることにはなったが、伝わってくる情報には限りがあり、先が見通せない日が続くことになる。

3　61年ぶりの百貨店スト

堤が仕掛けた火種

今回の売却交渉で、図らずも重要なカギを握ることになったのが、そごう・西武労働組合だ。

いつの時代も従業員が、重要なステークホルダーであることは確かなのだが、普段、日本の産業界においては「労使協調」という名の下に、摩擦が表面化することは少ない。今回のM&Aのように対立が先鋭化しストライキにまで至ることは極めて異例だ。

そもそも、西武百貨店に労働組合が生まれたこと自体が、1950年代に西武百貨店に入社した堤清二の意向が強く働いているとされる。

東京大学で学生運動などを経験したのち、20代後半で、実質的に父・堤康次郎の指揮下にあった西武百貨店に入る清二は、会社を近代化して有能な人材を集めるためにも、労働組合が必要だと主張した。前近代的な父の経営手法への反抗でもあっただろう。

労働組合をつくること、そして大卒社員を定期的に採用すること、これに清二がこだわったのは、老舗の百貨店と互角に戦える近代的な会社にしたいという願いがあったからだ。三越や高島屋に比べて格下の駅前百貨店だった西武が互角に戦おうとすれば、良い人材がどうしても必要だったのだ。

その後、事業展開を広げて、堤清二がカリスマ的な経営者となっていくなかでも、働く人を重視する企業グループになるべきという理想を打ち出してきた。1970年代、西武の存在感が百貨店業界の中でも格段に高まった時期。若手経営者として堤に注目が集まるなか、「人間が労働の主人公になるべき」といった理想も述べている。

自動車製造現場などでは生産自動化が進み、流れ作業のなかで、人間性が失われることが課題だった。小売業でも働き手を中心に考えた制度設計が求められると唱えたのだ。西武百貨店は、女性を含めて現場で能力を発揮している社員などを「ショップマスター」として処遇・登用する仕組みを、先駆的に導入した。

小売業を軸とするセゾングループは、もともと収益性は高くなく、社員の給与水準に課題があったとの指摘もある。社員たちに、しっかりと金銭的に報いてきたかというと疑問があり、堤の理念はかけ声倒れだった面がある。加えて1990年代以降、大規模リストラで大変苦しんだ社員は多い。それでもステークホルダーとしての働き手を尊重しようという理念があったことは確かだ。

そして堤の死去からちょうど10年。そごう・西武の労働組合が日本中から注目を集める存在になった。

ストに至った今回の騒動は、もちろん堤が意図したものではないが、労働者の存在が危うくなったときに、どのように動くのか。堤自身が仕掛けた火種だったとも言える。流通業は「資本の論理」と「人間の論理」の境界に位置する、マージナル産業であるという堤の信念が、まるで遺言のようなかたちで今回動き出したように思える。

労組委員長の苦悩

売却案と対峙する社員を代表して、そごう・西武労働組合を率いてきたのが、寺岡泰博・中央執行委員長だ。今回の売却騒動で、本人も全く想定外の、注目を浴びることになった寺岡。一人の社員としての寺岡の歩みと、今回の難局で何を思ったのかを振り返ってみる。売却騒動について本質の一端が垣間見える。

関西の大学で野球部に所属していた寺岡は、1993年に西武百貨店に入社し、西武高槻店（大阪府高槻市）に配属された。最初はスポーツ用品の売り場で、テニスのガット張りの仕事などを担っていた。

その後、百貨店業界がテナントを多く入れて、ショッピングセンターの方向に近づいていく流れのなかで、高槻店でもスポーツ用品売り場をテナントに任せるようになって、寺岡は婦人服部門に移ったという。そこから長く、婦人服畑を歩み、高槻店には2005年まで勤務した。

労組専従の3年間を経て、2008年に西武池袋本店の婦人部門へ配属される。地方の郊外店だった高槻では、アパレルの取引先から良い商品を確保するのに苦労しただけに、池袋本店のパワーを実感することになる。池袋本店の集客力を生かして、若者向けの売り場で、他のライバル百貨店が入れていないブランドを相次ぎ導入したという。

「当時はガツガツとはりきって仕事をし、新しいことができた。本店の力があるので、やろうと思えば何でもやれるような。それと比較して、地方店の苦しさがある。その両方を知っているのは大事なことだと思う」

入社以来の、地方と本店勤務の経験が、組織をまとめて経営者と交渉するうえでも、寺岡の財産となった。組合側から強く求められて2016年から、2度目の労組専従として副委員長となる。

もともと「組合専従はより多くの社員が経験する方がよい」との持論から、2回目の組合専従を固辞していた寺岡だが、2018年に委員長となり、その立場も2〜3年程度かという想定を超えて続いた。

委員長職をなかなか後進に譲れず長期化した一因は、店舗閉鎖などリストラが活発で対応が必要だったことだ。そうした状況に追われるうちに、ついに、そごう・西武の売却という「緊急事態」に直面することになった。

2022年、セブン&アイによる、そごう・西武売却方針が大きく報道されて以降、寺岡は情報が少ないなかで、様々に手を打とうと考えてきた。雇用と事業継続を考慮した売却先選定を求める意見書を、セブン&アイの取締役らに送付するなどしてきたが、11月に株式譲渡が発表されてからも、十分な情報は得られない状態が続いていた。

ヨドバシがどのように買収に参画するのか、西武池袋本店に家電売り場を開くのは間違いないだろうが、いったいどの程度の規模で、どの位置に店を開くのか。寺岡ら関係者の不安は募っていった。

今回の売却案の特徴は、資金力のあるヨドバシが池袋駅の立地に魅力を感じて参画しているということだ。だからこそ、ヨドバシはそごう・西武の株を買うわけでなく、基本的には店舗の不動産に投資することになったのだろう。もしもヨドバシが、本店の大きな部分を使って家電を売るならば、必然的に百貨店スペースは小さくなる。その分の百貨店従業員の雇用はどうなるのか。

そして大きな懸念は、池袋が百貨店事業にとっての生命線である「本店」であるということだ。利益の多くを池袋本店で稼いでいるというだけではない。取引先ブランドのなかには、本店でしっかりと売り場を確保するために、地方店にも商品を供給しているという意識をもつところが少なくない。本店の百貨店スペースが大きく削られてしまうと、そごう・西武という会社が百貨店事業を続けることさえ、できなくなるのではないか。本店が持つパワーを知っているだけに、寺岡は危機感を高めていた。

寺岡によると、セブン&アイに対して団体交渉を求めたが、「直接の雇用主ではない」として、応じてもらえなかった。そごう・西武の経営陣とは団体交渉ができるものの、売却契約についてすべてを知らされているわけでないので、踏み込んだ話ができない状況だったという。

そごう・西武は売却される側であって、売買の当事者ではなく、実りのある協議はできなかったのだ。

戦いを難しくさせた「ねじれ」

そごう・西武売却の期日は2023年2月から2度延期されて期限を定めない状態のまま夏に入っていったが、労組側も思うように交渉ができない状態で、手詰まり感が強まっていった。組合内部での協議の結果、ストライキ権の確立に向けた組合員投票をすることを決めて、7月はじめに組合員に通知した。約4000人いる全組合員を対象として、9〜22日を投票期間とした。

スト権の確立は、スト実行を前提としたものではなく、あくまでセブン&アイとの交渉力を高めるためのものと、寺岡は考えていた。セブン&アイの井阪社長が「そごう・西武の再成長のための株式譲渡であり、雇用も維持する」と話していたが、寺岡は団体交渉によって、その根拠となるような情報を示してもらいたいとの考えだった。

今回、労働組合として、戦い方が難しかった大きな要因は、対峙する相手が、そごう・西武経営者ではなく、同社親会社のセブン&アイの経営陣だったということだ。

通常ならば、そごう・西武労組の交渉相手は、同社経営陣なのだが、今回そごう・西武は売却される立場であり、売却の枠組みやヨドバシの関与の仕方について、核心的なところはほとんど決定権を持たないと言っていいだろう。だが、セブン&アイからすれば、そごう・西武の社員を直接雇用しているわけではない。

寺岡はセブン&アイと団体交渉ができない状況が長引くなか、スト権まで持ったという組合の「本気度」を背景にして、セブン&アイに対峙しようという考えだった。引き続き、求めているのは、百貨店としての事業存続と雇用の維持、そしてこれを実現するための状況説明だ。

投票を実施することを通知し、寺岡は各地のそごう・西武10店舗を行脚した。寺岡は、不安な気持ちをかかえる社員らに、交渉力を高めるためにはスト権が必要ということを、力を込めて訴えた。「ある意味、選挙のようなもの。僕が何を主張したいのか、自分の口で、自分の言葉で直接語らなければならない」

もちろん賛成が多い方が、セブン&アイに対してはプレッシャーになる。なんとか過半数を確保してスト権を確立できたとしても、反対票が多ければ「一枚岩」とはほど遠いということになる。寺岡は「ギリギリで過半数ということになるかもしれない」と、思っていた。

ひとつの理由は、やはりセブン&アイを相手とするスト権なのに、実行するとなれば自分たちの百貨店を休業することになるという微妙な関係の構図であることだ。そもそも、顧客に影響を及ぼすことを懸念する社員も多いだろうと考えていた。

それでも寺岡には、セブン&アイとしっかりと対峙しなければならないという強い思いがあった。「ここまで毎年のように閉店をしてきて、従業員が良くも悪くも慣れてしまった面があったが、今回の売却案は、個別の店の話ではなく、会社全体の話だ。会社が本店の力で成り立っているのだから、これは会社の危機だ」

そごう・西武の会社売却の案件であることに加えて、ヨドバシの出店によって本店の百貨店売り場が大きく削減されかねないことの重大性を感じていたのだ。

「ここまで必死にやっていると思いませんでした」「ここまで組合が体を張ってくれているとは思いませんでした」。秋田から広島まで各地の店舗をまわって接した組合員からは、こんな声を耳にして勇気づけられることもあった。

旧セゾン、労組が連携

そして組合員の投票が終わり、7月25日、賛成多数でスト権が確立されたと、労組は発表した。賛成が9割を超える高水準だった。「過半数ギリギリかもしれない」と思っていた寺岡の想定を超える結果だったが、問題はこの社員の意思をどう生かすか。セブン&アイと実りある協議をして、ストを回避したい、寺岡はそう考えていた。

「百貨店は、のれんが持つブランドの信頼や安心で成り立っているのですから、ストはそれを毀損しかねない。それと池袋本店には1000人程度の従業員が働いていますが、取引先社員をいれると1万人くらいと、ずっと取引先の方が多い。ストはどこまで行ってもやりたくなかった」

こんな寺岡に前年の2022年から寄り添ってきた、別の会社の労組幹部がいた。かつて同じセゾングループにあったクレディセゾン労働組合で中央執行委員長を務める佐藤光明だ。「そごう・西武の労組を孤立させたくはない」

セゾングループが解体された後も、一部グループ企業の労働組合幹部たちの間で定期的な情報交換などのかたちで、つながりが残されていた。そごう・西武労組のほか、クレディセゾンや西友などの労組に、ゆるやかなネットワークは続いていたのだ。

そごう・西武の寺岡によると、その集まりで数年くらい前から「今の時代こそセゾン文化のようなものが必要なのではないか。セゾンの歴史をひもといていきたい」という話がでていた。そこで図らずも直面することになった、そごう・西武の労組の危機。旧セゾングループ各社の労組による協力が検討されることになった。

「そごう・西武の労組が主張していることは正当性があると思う。しかし、そごう・西武単体でやると、どうしても社会的に孤立してしまうのではないか」

クレディセゾン労働組合の佐藤委員長はそう感じていた。2022年秋ごろから、そごう・西武社員の懸念が高まるなか、どのような協力ができるのか。佐藤は年末、そごう・西武労組の寺岡らと話し合いの場を持った。

セブン&アイの経営者らに、情報開示のほか、百貨店の雇用維持について尊重する対応を求めるため、旧セゾングループの従業員などから署名を集める案が検討されていた。しかし、本当に署名集めに動き出すかどうか、佐藤には迷いがあった。

「これは、そごう・西武の雇用に関することであり、自分の会社の雇用に関することではない。我々執行部が、支援しようと思っても、組合員の賛同や共感を得られるのかどうか」

ぜひ支援したいのだが、失敗するかもしれない。先が見えないなかで、年明けからスタートした。

そごう・西武労組を社会的に孤立させないことを目的に、佐藤が発起人となった署名活動。結果として3万4461名の署名が集まった。クレディセゾン、西友、旧セゾングループの給食会社、コンパスグループ・ジャパン、良品計画の労働組合のほか、旧セゾン以外でも東武流通労働組合連合会などが協力した。東武鉄道グループは傘下で流通業を手掛けており、西武とは反対側の池袋駅西口で東武百貨店が大型店を営業している。

署名は1月末、佐藤からセブン&アイの井阪隆一社長と、そごう・西武の買い手であるフォートレス・インベストメント・グループ日本法人の山下明男代表に提出された。そごう・西武労使間で建設的な協議ができるよう情報開示が必要としたうえで、「事業継続」と「雇用維持」について労使間の協議・決定を尊重するよう求めた。さらには、多様なステークホルダーへの誠実な対応を要請した。その後も佐藤は寺岡に寄り添い、活動を支え続けた。

こちらがセゾングループ内の「昔のよしみ」だったとすれば、かつて分離された西武鉄道グループとセゾングループ。こちらも「昔のよしみ」が通じるのだろうか。そごう・西武や労組側についてくれるかもしれない。すなわちフォートレス・ヨドバシ連合への売却にストップをかけてくれるかもしれない――。

関係者はこんな期待を寄せながら、西武ホールディングス（ＨＤ）の判断を見守っていた。西武ＨＤは、西武鉄道を傘下に持つグループ体制であり、池袋は西武鉄道にとって重要なターミナル駅だ。

西武HDの判断に注目集まる

豊島区長や地元商業者、そごう・西武や旧セゾングループの従業員の間で、セブン&アイに対して慎重な対応を求める声が広がるなか、もうひとつの重要なステークホルダー、西武HDは、どのように動いたのだろうか。

傘下の鉄道会社、西武鉄道が西武池袋本店の不動産の一部を所有する。今回の売却案の枠組みのなかでは、西武池袋本店の不動産のうち、そごう・西武の持ち分を、ヨドバシホールディングスに売却する方向が水面下で固まっていたようだが、西武HDは地主であり続ける。

多くのステークホルダーの中でも、地主である西武HDは実質的な発言権が大きい。そごう・西武の売却契約締結が発表されてから間もなく、2022年11月に、西武HD社長(当時)の後藤高志は日本経済新聞社の取材に応じて、こう述べた。「池袋が家電量販店の激戦区になるイメージが先行するのは好ましくない。百貨店の文化的な側面を大切にしたい」

後藤は、ヨドバシの出店に反対したわけではないが、慎重に関係者との話し合いを進めて、自社としての主張をしていくという姿勢を示した。

この時点では、西武ＨＤと、売り手であるセブン＆アイとの協議はあまり進んでいなかったもようだ。後藤がこのとき何を考えていたのか、内心は分からない。しかし、後藤は、池袋の活性化に向けて文化を軸にした街づくりを目指す高野と協力してきた関係であることは確かだ。紛糾するそごう・西武の売却案件で西武ＨＤ、そして後藤社長がカギを握るのではないか。そんな観測が関係者の間で高まった。

こうしたステークホルダー間の微妙な関係のなかにも、やはり堤清二の影がちらついていた。もし仮に、東武鉄道グループや小田急電鉄グループのように、鉄道会社の子会社として運営されているならば、今回のように疑心暗鬼にならなかったはずだ。鉄道会社と百貨店子会社の考えが異なることはあれども、はっきりと親子関係であれば、互いの意思は分かりやすいはずだ。だが今回、そごう・西武側からは資本関係のない西武ＨＤが何を考えているのか、知るよしもなかったようだ。

１９６４年、東京オリンピックの年に堤康次郎が死去したあと、もしも弟の義明でなく、清二が西武鉄道グループの主要部分を引き継いでいたならば。あるいは、西武鉄道グループと、セゾングループに分裂していなければ。そもそも、今回のような本店を巡る騒動は起きなかったのではないか。

それでも、もともとは同じ「西武」だったルーツがあった会社だ。たとえ資本関係がなくても西武HDにとって池袋の百貨店は大切なはず。ヨドバシが大きく出店するような案には反対してくれるのではないか――。

そごう・西武関係者の間では、こんな期待をする向きもあったが、もちろん確証は持てない。親子などの資本関係がない以上は、経済合理性でドライな判断に傾くのではないか。周囲の臆測のなかで、西武HDは表向き沈黙を守った。

加速するセブン&アイの動き

労組の反発が強まっていく状況にあっても、セブン&アイやフォートレス・ヨドバシ連合は、どこかで西武HDの賛成は得られると読んでいたのかもしれない。労組が抵抗し、そごう・西武経営陣が消極姿勢を見せたとしても、地主である西武HDの賛成さえ得られれば、なんとかディールはまとめられると。

それもあってか、7月末にそごう・西武労組が、スト権を確立してからの、セブン&アイの動きは急ピッチだった。親会社として資本の力をあらわにしはじめたのだ。売却の発表から8カ月以上も経過するなか、どう事態を打開できるか。セブン&アイの出方と労組の駆け引きが焦点となった。

8月1日、セブン&アイは、そごう・西武の林拓二社長を解任した。西武百貨店の生え抜きである林は、ヨドバシが大きく関わる本店改装案などに消極的だったとみられる。後任には、同じく西武百貨店出身だが、セブン&アイ傘下のデジタル系会社の社長経験などもあった田口広人が就いた。

合わせて、そごう・西武には、セブン&アイから新たに３人の取締役が就任した。これによって、そごう・西武の取締役10人のうち半数がセブン&アイ側からの人員となった。

だが、セブン&アイが主導する、そごう・西武の経営陣刷新はこれにとどまらなかった。さらに8月24日、セブン&アイは新たに取締役３人を送り込み、親会社の意向が確実にはたらく体制を固めた。

組合員の投票結果を踏まえてスト権を確立した7月末以降、そごう・西武労使の団体交渉の場に、井阪社長らセブン&アイ経営陣が加わるかたちで協議を重ねてきた。セブン&アイが百貨店事業の継続と雇用の維持について懸念することはないと言うならば、その根拠をしっかりと示してほしい――。寺岡らは引き続きこう主張した。

一方でそごう・西武の経営体制を相次ぎ変更する動きは、交渉中にもかかわらず売却を急いでいるかのようにも映り、労組が不信感を募らせた面もある。

そして、ついに8月28日。労組は反発を強め、引き続き交渉しても折り合えない場合は31日に池袋本店でストを決行すると予告通知した。

ストを予告したのちも、井阪と寺岡はぎりぎりまで折衝した。だが決裂したまま31日を迎え、ついにストに突入した。

スト当日、「池袋の顔」に響いた声

この年の8月、東京都心は31日連続で最高気温が30度以上という真夏日を観測した。1カ月のすべての日が真夏日となるのは観測史上初めてという異例の夏だった。その8月最後の日、晴れ渡る空の下、巨大な西武池袋本店は全館休業となった。

組合員たちは、店舗近くの公園からデモ行進をするとともに、店舗の前に立ち、道行く人にビラも配った。手にした大きな幕にはこう書かれていた。

「西武池袋本店を守ろう！」

「池袋の地に百貨店を残そう！」

「これからもお客さまと共に……」

大手百貨店では61年ぶりという歴史的なストライキが決行されるなかで粛々と、セブン&アイは9月1日に売却を実行することを決議した。労組が求めてきた、売却を先送りして協議を続けるという要請は受け入れられなかった。地権者である西武HDは歯止めにはならず売却に同意した。

多くのメディアの報道に加えて、人通りの多い立地だけに、たくさんの人たちがストライキというものを直接目にした。「ストは昭和の話と思っていたけど、令和の時代にやるの、という感じがした。交渉の着地点はなかったのかなとか、いろいろと考えさせられる」。よく西武で買い物をするという男性はこう語った。一方で、ある女性は「言いたいことはちゃんと言うべき。できれば百貨店であり続けてほしい」と話した。

高際区長は区役所で記者たちの取材に応じて、こう話した。「労使双方が納得した形で新しいスタートを切ることを願っていた。結果的にこういう形になり、私としては残念な気持ちだ。従業員の方がどんな気持ちで今日を迎えたかと思うと、本当に胸が痛い」

そして委員長の寺岡はこう述べた。

「組合員に対して必要な情報が提供できておらず、引き続き協議をお願いしたいと言ってきたなかで、株式譲渡が行われるのは残念で、悔しい」

売却日に社長は代表権外れる

9月1日にセブン&アイによって実行された売却。その枠組みはおおむね以下のようなかたちだ。

そごう・西武を買収したフォートレスは、西武池袋本店やそごう千葉店の一部不動産などをヨドバシホールディングスに売却する。ヨドバシが投じる金額は2500億～3000億円程度と見られる。その資金が実質的には、そごう・西武が抱える負債の返済などに充てられる構図のようだ。2023年2月期まで4期連続の最終赤字で、約

3000億円の有利子負債を抱えていたそごう・西武の財務は大幅に改善し、この負債は完済されるとしている。

そして売却日の当日、フォートレス日本法人幹部の劉勁がそごう・西武の代表取締役に就任した。田口広人社長はそれまであった代表権が外れ、取締役執行役員社長となった。

フォートレスやヨドバシ側は、西武池袋本店の半分程度をヨドバシが使う構想を描いているもようだ。ヨドバシが不動産を取得した以上、そごう・西武は大きな建物の中で、ヨドバシが使わない部分に入居するテナントとして、百貨店を営業するようなかたちとも言えるのではないか。

そごう・西武労組などが、百貨店としての事業継続や雇用を懸念している前提として、こういう事情があるはずだ。大きな家電店が入ることに伴って高級ブランドなど既存取引先に撤退の動きがでるかどうかも焦点だ。

新たな経営体制も雇用を維持して、百貨店の事業継続をしていくとしているが、寺岡ら労組はあらためて、それらの要求が実行されるように強く交渉をしていく構え。寺岡は新たな経営サイドに以下のような姿勢で対峙しているという。

「社員の感情は突然変わらない。我々は是々非々で判断しますよ。経済合理性だけでやってしまうと、大変なことになりますよということは、クギを刺している」

一方で、ついに売却を実行したセブン&アイ。10月の決算会見で質問に答えて、井阪社長は以下のように述べた。

「ストライキを発動させてしまったという点について、私どもの責任も非常にあったと考えています」。

「(そごう・西武の負債返済のために)池袋の不動産を売却しないといけないのか、という点について、(労組側に)何回もご説明を重ねました。池袋は発祥の地で、旗艦店であり、頭では売却しなければいけないと分かっていただいても、おなかの中ではおちなかった、ということだと感じています」

「9カ月間、株式の譲渡がされないことで、途中で改装がストップし、そごう・西武の従業員にとって方向感が見えない、取引先が不安になるという状況でした。新しい株主によって投資計画や具体的なフロアプランが確定するのですから、早期に譲渡を実行した方が将来が見えてくると考えました」

売却騒動が残した問い、「物言う労組」

そごう・西武の売却を巡る騒動が残したものは、何だったのか。堤清二の死去から10年。あたかも「時限爆弾」が仕込まれていたかのように、セブン&アイ傘下のそごう・西武が潜在的に抱えていた問題が「破裂した」。堤清二、そしてセゾンは、今回またしても「敗戦」したが、私たちの目の前に、いくつかの本質的な問いを残した。

ひとつは、世界的に資本主義のあり方が揺れ動くなかで、翻弄される働き手はこれからどのように生きていけばよいのか、という課題だ。

労使協調路線が長年定着して、労働争議がめっきり減った日本の労使関係のなかで、今回そごう・西武では「物言う労組」として、経営者と対峙し、摩擦が先鋭化した。だが世界を見渡すと、物言う労組の活発な動きが広がり、ストライキが急ピッチで増えている。

日本では一般的に労働組合活動が長期の低落傾向にあり、組合のストと聞けば、遠い昔のことと感じられるのも無理はない。厚生労働省の2022年「労働組合基礎調査」によると、組合員数は21年から0・8%減り、組織率（雇用者数に占める割合）も推定16・5%まで低下した。

米国では歴史的に見ると日本以上に組合活動の弱体化が進んできた。米労働省によると2022年の組織率は10・1%と、データをさかのぼれる1983年以降で過去最低だ。だが凋落の流ればかりではない。組合員数は前の年より1・9%増加した。目立つのが、大規模ストライキの増加や著名企業における労組結成の動きだ。

2021年にグーグル、22年にアマゾン・ドット・コムやアップルで相次ぎ労組ができた。2023年もハリウッドで賃上げや人工知能（AI）への対応を求め、脚本家によるストライキが注目され、俳優もストに動いて、波紋を広げた。そして全米自動車労働組合

（ＵＡＷ）による長期にわたる大規模なストライキも世界の人々に強い印象を残した。

これまでも人手不足が深刻なサービス業や医療関係、学校でストライキが目立っていた。生活を苦しくするインフレの状況によって左右されるだろうが、これからもストライキが活発な状況が続く可能性がある。欧州に目を転じても大手航空会社や鉄道など各所で大規模ストが相次いだ。

多くの産業で物言う株主らが不振事業の売却・再編を迫り、動揺する社員らが増える構図が強まる。多様なステークホルダーの利益を考慮しながら、大きな経営判断に踏み切れるかという難題。対応次第では、従業員を力でねじ伏せているというように受け取められ、世の中と共存する姿勢が問われることになりかねない。良い人材を集めるうえでも、働き手との向き合い方が重要になってくる。

行き過ぎた株主資本主義が問い直される時代にあって、従来の企業イメージを一変させかねない事態に直面する有力企業は少なくない。例えば、若者にとって憧れの職場だった米スターバックスなど有力企業が労使問題に揺れる。世界的に人手不足が強まるなか、働き手の発言力は高まる。経済格差や社会問題に対する意識が高い若い世代の参加もあり、労働運動が活発になってきた背景がある。

２０２１年に労組が結成されたスターバックスでは、創業者のハワード・シュルツが株主に利益還元するための自社株買いを中止し、従業員などに報いるよう資金を回すことを表明した。それでも労組結成には否定的な態度があり、「組合潰し」などの批判が出た。労組結成を支持する議員と創業者が議会でやり合う様子なども報道された。

アクティビスト（物言う株主）をはじめとする株主の利益要求は強まっており、その流れは日本にも押し寄せている。経営者が株主の要求を優先して動けば、事業や資産の売却などに伴って社員や地域社会といった他のステークホルダーとの摩擦が強まるという板挟みの構図がある。

政治学者で労使関係にも詳しい中央大学の中北浩爾教授は「日本でも投資ファンドなどが絡む企業再編が活発になっており、雇用に影響を及ぼすケースが増えるだろう。今回ストが起きたことが、再編に動く企業経営者へ一定の歯止めになるという意味で社会的な意義がある」と話す。経営者には「受難の時代」でもあるが、似たようなジレンマは消費者に身近な小売業以外でも増えると見られる。

新しい会社のかたちを模索

多様な利害関係のバランスをとるには、経営陣に任せるだけではなく、新しい企業形態の制度を広げる必要もあるだろう。取締役らが短期的な利益だけでなく、環境など社会的責任や公益にも積極的に取り組むよう明示する試みだ。米国では、導入州が広がっている「パブリック・ベネフィット・コーポレーション」などと呼ばれる仕組みがある。フランスでは「使命を果たす会社」という法的な仕組みが2019年にスタートした。日本でも、政府などで新たな「会社のかたち」が議論されている。今回のそごう・西武売却では、ターミナル駅施設の将来が焦点となった。不動産ビジネスの利益と経済合理性の視点から家電量販店を大幅に導入するのがよいのか。それとも長年の社会・文化インフラとして地域と結びついてきた百貨店ビジネスを重視して再生させるべきなのか。こういった論争に着地点が見つからなかった。

同じような議論が起きる可能性があるのは、苦境にある各地の百貨店に限らない。交通インフラや独自の技術力を持つ製造業など、残す価値のある企業や従業員、技術は日本のいたるところにある。例えば従来の株式会社とは違ったかたちで、従業員や地域の代表者らの声がもっと経営に反映されるステークホルダー経営の枠組みも模索する必要があるだろう。今回のそごう・西武騒動から浮かび上がる学びの一つだ。

4　小売業は街の色合いを決める

アニメの聖地、池袋

詩人・小説家でもあった堤清二。広い意味においての「文化」と街の関係についても問いを残している。

そごう・西武の売却騒動を尻目に、池袋という街の文化は「アニメ」の色がさらに濃くなっている。池袋駅東側、西武本店からすぐ近くの場所に、東京都が2023年10月、アニメ展示施設「アニメ東京ステーション」を開設した。世界中にファンがいる様々な日本のアニメコンテンツを活用して集客する。

「世界中から東京を訪れる旅行者などが集い、過去の名作や最新の人気作品と出会うアニメの世界への出発点」というのが、コンセプトだ。

アニメ制作を体験するワークショップなども開く予定という。小池百合子東京都知事は、「アニメや漫画は日本、東京のキラーコンテンツであり、その発信地として楽しまれる場になればと思う」と語る。

豊島区などが主導して2020年に全面開業した「ハレザ池袋」は「世界が注目するサブカルチャーの拠点・池袋の特性を生かした」複合施設をうたい、劇場からアニメ文化を発信する。漫画やアニメ関連のショップが並ぶ通称「乙女ロード」も近くにある。

秋葉原が男性、池袋が女性という色分けはあるが、この二つの街が日本における「アニメの聖地」になったことは間違いない。

文化のヒエラルキー否定こそセゾン

堤清二が生きていたら、こうした光景をどう見ただろうか。堤自身は詩や小説を書く文人だった。美術、演劇、音楽いずれも現代性のある作品、あるいは前衛的なアートに熱意を持っていたが、いわゆる「サブカルチャー」は堤の好みの範囲ではなかっただろう。

だが堤は大資産家である親のもとに生まれ育ったにもかかわらず、いやだからこそ、文化発信についても大衆性に立脚しようという強い意志があった。小売ビジネスで大衆性にこだわったのと根は同じだ。

文化のヒエラルキーを否定する。これがセゾン文化の特徴だった。例えば「著名画家の絵画と比べて、洋服のデザインは作品としては格下である」といった考え方を否定するものだ。そうした考え方からすれば、アニメ文化、あるいは「おたく文化」というものも当然、包摂すべき対象となる。たとえ堤の趣味には合わなかったとしても。

実際に1970〜80年代、セゾン全盛の時代にセゾン文化の多様性、あるいは懐の深さを担保したのがパルコだった。西武池袋本店の隣にあった百貨店「丸物」を、テナントを集めた業態に転換して1969年に開業したのが同社の発祥だった。

若者に好まれるサブカルチャーも柔軟に取り込みつつ文化を発信してきた。扱うファッションは百貨店で扱わないような斬新な新興ブランドを発掘する。もう少し広く言えば、評価が定まったメインカルチャーとは異なるカウンターカルチャーだ。

堤は、こうしたパルコの役割を理解しながら、晩年までパルコの文化発信に期待を寄せてきた。セゾングループがばらばらになるなかで「セゾンらしさ」を、未来につなぐために。

ただし時代とともに、人々の関心が向かう先は様変わりした。デジタル技術を背景として、いま世の中はアニメコンテンツが席巻している。

パルコはカウンターカルチャーを担うDNAを引き継ぎながら、時代に合った文化発信を強めようとしている。かねてファッションの聖地として知られてきた渋谷パルコも、いまはゲームやアニメのコンテンツを大胆に取り入れているが、「アニメの街」に立地する池袋パルコの取り組みは、もう一段深い。

2023年3月パルコ社長に就いた川瀬賢二はこう語る。

「渋谷は広く様々なカルチャーが好き、アートが好きという方に来ていただいています。一方で池袋は深い。熱量が高いマーケットですね。とくにアニメなどに対する『好き』の熱量が強い感じがします」

「その熱量は、その街にとって、魅力的なことだと思うんです。池袋が熱量が高い街として、発展していけるっていうことには、パルコとしてもできることはお手伝いしていきたい。街を手伝っているのか、街に僕らが手伝ってもらっているのか、これはもう依存関係ですよね」

文化を担う覚悟

百貨店が主流文化を担う一方で、パルコがカウンターカルチャーを育てる。こうした役割分担で双方が輝いてきたと川瀬は考える。池袋パルコは、西武池袋本店と隣接して北側に位置し、互いのフロアがつながっている一体的な構造だ。

その長年の「パートナー」であった、そごう・西武の先行きが不透明になっている。ヨドバシがどのようなかたちで出店してくるか。パルコへの影響も小さくはないだろう。「百貨店が存在してこそ、カウンターカルチャーである我々が存在感を出せる」。川瀬はこう語る。地元商業関係者からも、引き続き池袋の魅力向上に寄与する商業施設としてパルコに期待するといった言葉をもらったという。

一方、ヨドバシはサブカルの街として池袋の「先輩」とも言える「アキバ」に大型店を構えている。2023年の4月、秋葉原のヨドバシの中にユニクロの大型店が開業した。アニメTシャツなど「アキバ文化」で集客していた。秋葉原に集まる顧客の好み、インバウンド客の関心などを意識したもので、これも街と連携した「文化発信」と言えるだろう。扱うデジタル製品やゲームなどのコンテンツを見れば、ヨドバシはサブカルと縁が深い存在とも言えるだろう。デジタルコンテンツと懐かしい路地が共存するカオス――。池袋がSF映画に出てきそうなサイバー都市に変わる近未来も脳裏に浮かぶ。

ただし百貨店であれ、家電量販店であれ、池袋の顔となる店舗には歴史を踏まえた文化を担う覚悟が求められる。いくら資本力があっても大量にモノを並べるだけでは足りず、人間を深く考察して世界観を生活者に提示できなければ出店の資格はない。駅前で対峙することになるビックカメラとヤマダデンキと安売りの同質競争をするのは論外だろう。

堤清二とセゾンが取り組んでいた文化は、販促のためのコンテンツではない。いま人気だから、ニーズがあるからやるといった意識よりも、「これを見てもらうことで、何か発見をしてくれて、心に何か響くはず」といった、作り手や送り手の強い思いがあった。マスに届かなくても価値があると見極めることができるからこそ、前衛的なもの、あるいはマイナーなコンテンツも大切に育てようとした。そうした挑戦によって世界観を提示していたのだ。

街の色合いを決めるには小売業の役割は大きい。街の文化を担おうとするならば、売れ筋の「文化」を追いかけるというビジネスの日常を超えるような発想が、小売業にも求められるはずだ。

5　問われる百貨店という存在

十分な価値を生んでいるのか

堤清二が、かつて格闘してきた「小売業の変革と未来像」というテーマ。今回の、そごう・西武売却によって、この本質的な問いもあらためて浮上してきた。百貨店という事業、とくに、そごう・西武のような大衆を相手にしてきた百貨店は、今後存在意義を見いだせるのだろうか。

ヨドバシが不動産オーナーとなった西武池袋本店。いったいどのようなかたちで、この巨大店舗は姿を変えていくのか。

会社としての、そごう・西武を買収した米フォートレスは、百貨店としての事業を継続させる方針という。池袋本店の半分程度は、家電量販店のヨドバシが入る可能性があるが、全体としてどのような商業施設になるのかは、見えてこない。そして将来、池袋駅東口の再開発やビル建て替えがあった場合、商業部門がどうなるのか、様々に検討されることになるだろう。

現時点で言えることは、今回の売却が実行されたということは、池袋本店も含めて、そごう・西武が百貨店事業として十分な価値を生んでいないということだ。そごう・西武関係者は「池袋本店は十分利益を出している」と言うが、決して収益性は高くない。

だからこそ、今回の買収で多額の資金を拠出できるのが、ヨドバシHDだったということだろう。つまり百貨店を縮小して大規模に家電量販を入れることで不動産の活用価値を高められるという前提で、資金を積んだのだ。

「仮に同業のJ・フロントリテイリングが買収に乗り出しても、あまり今と変わらず、不動産価値は上がらないだろう」。ある不動産会社の元幹部はこう話していた。

J・フロントリテイリング傘下には大丸松坂屋百貨店やパルコがあり、そごう・西武の従業員は事業環境が激変しないだろうと安心感を抱く売却先だったのかもしれない。だが事業収益や不動産価値を大きく上げられないなら、フォートレス・ヨドバシ連合のような買収価格は出せないという見方を、この元幹部は示していた。

私鉄系百貨店の動向が参考に

そごう・西武の今後を考える際、参考になるのは私鉄系百貨店の動向だ。西武百貨店はかつて西武鉄道グループに属していたルーツがある。

東急の渋谷、小田急電鉄や京王電鉄の新宿といった東京都内のターミナル駅では近年、高層ビル化による大型再開発が相次いでいる。計画は公表されていないが、西武がある池袋駅東口でも再開発が検討されてきた。今回、不動産オーナーとしてヨドバシが参画することで、建て替え後の事業についても相応の発言力を持つはずだ。

都心で再開発した大型物件をどんな商業施設で構成するかを考えると、投資効率などの点から、もはや従来型の百貨店に大きな売り場を割く選択肢はとりにくい。

象徴的なのは渋谷駅エリアだろう。かつて東急百貨店にとって最大の売り上げを誇った東横店は取り壊され、超高層の複合ビル「渋谷スクランブルスクエア」になった。上層階はオフィスや展望施設が占め、商業フロアは親会社に当たる東急がショッピングセンター形態で多数のテナントを集めている。東急百貨店は化粧品や雑貨、食品といったショップを運営する程度だ。

駅から少し離れた東急百貨店本店も閉店した。建て替えプロジェクトでは上層階を高級感のあるホテルや賃貸住居とする一方、低層階にできる商業施設がいわゆる百貨店として再開業する公算は小さい。

新宿駅エリアでは、西口で小田急百貨店新宿店本館が建て替え中で、完成後の商業形態は未定としている。隣の京王百貨店も親会社の京王電鉄による再開発の計画がある。

こうした動きの背景には、二極化が進む消費市場の大きな変化がある。新型コロナウイルス禍を経て、富裕層中心の分厚い顧客を持つ伊勢丹新宿本店などが大きく売り上げを伸ばす一方、主に中間層向けを得意としてきたターミナル百貨店の将来は厳しくなっている。

東急、小田急、京王とも百貨店は電鉄系グループが持つ事業だ。沿線開発やターミナル駅の集客に大きな役割があった時代が過ぎ、百貨店市場の長引く縮小傾向を見れば、グループとして百貨店に積極投資する判断は難しい状況にある。

そごう・西武は西武HDの子会社でなく、単純に類推はできない。西武池袋本店は百貨店業界で売上高が国内3位であり、多くのターミナル百貨店を超えた存在感を発揮してきたのも確かだ。それでも、ビジネスモデルの視点から冷徹に見据えると、池袋東口に限って百貨店が今のように大きなスペースを占め続ける姿は描きにくい。

「池袋は将来、大阪・梅田のようになるのでは」。そごう・西武関係者には、こんな見方もある。大阪市のターミナル駅エリアに進出しているヨドバシは2019年、大型家電店とつなぐかたちで同社運営のショッピングセンタービル「リンクス梅田」を開業した。約200の様々なテナントをそろえ、売り場面積は合わせて9万平方メートルの巨艦店になった。

「ヨドバシは家電販売だけでなく、不動産業としてテナントを集めて商業施設を運営できる自負がある。百貨店のノウハウに期待することは少ないはずだ」。そごう・西武の幹部はこう語る。ヨドバシが欲しいのは、そごう・西武の立地と不動産だという見立てだ。

「大衆社会の神殿」の終焉

百貨店の歴史を考えるとき、「大衆」という言葉は示唆に富んでいる。日本の百貨店の草分けである三越の前身、越後屋は創業した1600年代後半から一物一価の正札販売という手法を導入した。掛け売りで顧客によって値段を変えるという伝統的な商売を変革した。そこには、富裕な客に限らずに、呉服を広く不特定多様に提供しようという発想があった。

社会学者の上野千鶴子は、こう指摘する。「百貨店というのは階級社会の産物ではない。人を一切えこひいきしないということでスタートした業態だ。外商という富裕層向けのビジネスはあったにせよ、店舗そのものは『大衆社会の神殿』として存在していた」

戦後の高度経済成長により所得水準が上がり、1970年代から80年代のはじめにかけて格差の小さい大衆社会が成立した時、百貨店は黄金時代を迎えた。

「一億総中流」といわれた時代であり、「おいしい生活。」という広告コピーで大衆を魅了した西武百貨店が、この時代をもっともうまく捉えた百貨店だった。

もともとは、堤が池袋の「ラーメンデパート」と自虐的に語った格下の百貨店だったが、高級ブランドや現代アートなど斬新なコンテンツを積極的に取り入れて、豊かになった大衆に提示する。ある意味で大衆を「啓蒙」するような、そして大衆は少し背伸びをして、それを受容する、という循環があった。

セゾンはファッションや文化の「民主化」で勢いづいたのだった。

だが、時代とともに、所得格差が広がり、百貨店を支える中間層の購買力が減退した。百貨店経営者から「中間層の消費がさえない」という言葉が、コロナに入る前、2010年代の後半にもかなり多く聞かれた印象がある。

普通の大衆が、時には百貨店でささやかなぜいたくを楽しむという消費スタイルは、黄金時代から40年を経て、日本から消え去ろうとしているようだ。

2002年、日本に参入してきた米ウォルマートは、米国で低所得層を主要顧客としてきた。当時、同社に支援を仰いだ西友幹部は、こう語っていた。「米国のように日本も所得階層によって、行く店が分かれる社会になるはずだ」。ウォルマートはうまく市場を攻められなかったが、少なくとも百貨店の客層変化を見る限り、西友幹部の指摘は正しかったのかもしれない。

実際、いま業績を大きく伸ばすのは、富裕層をうまく取り込んだ企業だ。三越伊勢丹HDは「富裕層に特化した営業をしているわけではない」と強調はする。だが、三越伊勢丹HDの細谷敏幸社長は「マスから個へ」を掲げ、不特定多数の消費者を対象にした事業モデルからの移行を進めて、大きな成果を上げている。顧客データを最大限活用して、富裕層消費のニーズを的確にとらえる。

もしこうした現状を見たら、堤はどう思うだろうか。そもそも、大衆を相手に事業を展開しているという、意識が強かった。1980年代に、消費者のブランド信仰へのアンチテーゼとして無印良品を提供したのも、そんな思いがあったからだ。

富裕層は高級百貨店をはじめとする高級な商業施設で買い物を楽しむ。そして、それ以外のひとは実用的にニーズを満たせる安価な店で。あるいはネットで素早く安く購入する——。基本的な消費の構図はこのように分断されていくのかもしれない。だが、人間はどんな人でも、そうした合理性だけでは満たされないものがあるはずだ。そう信じたのが堤清二だった。

消費市場全体において、これから百貨店の存在が縮んでいくのは避けられそうにないが、百貨店が追い求めてきた価値は、たとえ店舗形態が変わったとしても、普遍性はあるのではないか。例えば情報や文化の発信、あるいは接客を通じた顧客とのつながり、といった要素だ。デジタル社会のなかで百貨店のみならず、小売業が、どのように生まれ変われるかという問いに対するヒントもあるように思える。

かすむユートピアと消えぬ誇り

今回の売却騒動が問いかけたことは多様で、それぞれが深く、答えは簡単に導けない。これまで述べてきた労使関係、そして街と文化の関係、それから百貨店や小売業の未来といったテーマは、今後も掘り下げていくべき課題ではあるが、そうした制度や業態論とは別に、今回浮かび上がったことがもうひとつある。それは、働くひとたち一人ひとりが、心に持ち続けている人間としての「誇り」だ。

そごう・西武労組の寺岡を突き動かしたものは何だったのか。今回の件を振り返って、こう語る。

「『西武』、そして『そごう』も、それぞれが時代の変化に合わせて長く続いているブランドです。そうした先人が残した偉大なブランドを、自分の時に潰すわけにはいかないという思いが、とても強くあった」

百貨店という業態の先行きは厳しいかもしれない。投資の価値は低下したかもしれない。それでも働き手にとって日々の苦労と喜びは、そうした評価とは別のところにある。

「自分では選ばないかもしれない服でも、販売員さんに提案されて、それを着た人が友達に褒められる。それで自分のファッションに関する引き出しが増える。そのように、人々の生活に入り込む。そういう関係性を持ってやっていることに僕ら働いている人間は、ものすごい誇りを持っているんです。普通の接客とは違うんだという、自負心がある。情報を発信して時代をつくるんだ、そんな気概を持って仕事をしている」

「百貨店が築いてきたブランドや文化性がある。そうしたことを理解されずに、『君たち終わり』とされるのは、許しがたかった。百貨店は無駄を売っていると断じられるかもしれないが。我々がやってきたことは、金銭にすべて還元できる価値ではないけれど、誇りを持って働いてきた」

記者会見などでは努めて冷静に対応してきた寺岡。心の中では、自分たちの仕事に対する熱い思いを持ち、それが厳しい交渉の原動力になっていた。

堤清二が作家「辻井喬」として２０００年に出した『ユートピアの消滅』（集英社）という書籍に、こんな記載がある。

「かつては人間に豊かさと幸福をもたらすと思われていた産業社会の今の姿は、果たして人々にとってユートピアなのだろうか」。そこから20年以上が経過しているが、今はユートピアからより遠ざかっているのではないか。だからこそ、一人ひとりが豊かさと幸福を求める思いは切実さを増している。

あとがき

2008年9月15日。米国の証券大手リーマン・ブラザーズが経営破綻してから、2018年9月でちょうど10年になる。本書はそのタイミングで出版されることになった。堤清二がもし存命なら、リーマンショックから10年という節目にあたって、混迷を深める世界情勢や日本の行方について、積極的に発言したことだろう。堤ならば今、何を考えただろうか。

おそらくリーマンショックによって揺らいだ人々の価値観が、現在もさまよい続けて行き場を失っていることに注目したはずだ。企業も人々も、閉塞感を抱えている現状に対して、堤は正面から向き合おうとしたに違いない。

米国を中心としたグローバル金融資本主義は、暴走が行き着くところまで進んだ末、リーマンショックによって暗転した。その影響は大きく、金融市場の混乱や各国経済の低迷はもちろん、世界の人々を分断する深刻な経済格差も浮き彫りになった。

1989年に米ソ冷戦が終結し、91年にソ連が崩壊して以降、約20年にわたって自由主義経済に対する楽観的な信頼が続いてきた。

だが、リーマンショックによって、その信頼は打ち砕かれた。

それから10年。

現在懸念されるのは、行き過ぎた市場原理主義に代わる新たな理念は何なのか、明確に見えないことである。むしろ、このところ米大統領のドナルド・トランプに象徴される利己的な保護主義ばかりが世界各地で前面に出てきている。

企業経営では、世界的に新たな潮流が生まれている。

これまでのように、ひたすら短期的な利益を追い求める姿勢を改め、事業を通じて社会にどんな価値を提供できるのかを重視しようとする考え方だ。

「何のためにこの事業を展開するのか」「我々の会社は世の中に対してどんな価値を提供できるのか」。経営者には、単に経営の執行能力だけでなく、社会的な理念を持っているかどうかが問われはじめている。

そう考えると、堤清二という人物の「今日性」が改めて鮮明に浮き彫りになる。

「資本の論理」が力を増し続けている世の中に抗って、いかに「人間の論理」を打ち立てるかを、ライフワークとして考え抜いてきたのだから。

本書で記したように、堤は理念がすべてに先行する経営者だった。

リスクを冒して理想を追求した結果、多くの挫折を経験した。

それでも、そんな堤の姿勢が事業を生み出すエネルギーとなり、日本人の消費生活の進化や文化の受容に、大きな役割を果たした。

現在、グローバル企業の経営者の多くが改めて「理念」や「思想」の重要性に気づきはじめている。

それは、すべての価値観が揺らぐ世界では、強い理念こそが会社の軸となり、組織の求心力を生み出すからだ。高い給料だけでは、優秀な人材を集めることが難しくなっている。

自分たちの事業が、社会にどんな価値をもたらすのか。誰を幸せにできるのか。

こうしたメッセージを発信できない企業はこの先、消費者には選ばれなくなっていく。

企業が掲げる理念やメッセージは、そのまま商品やサービスの個性としてもにじみ出し、ライバルが簡単にはまねできない強みとなる。

日本の産業界に閉塞感が漂っているのは、もしかすると、このような個性を発する企業や経営者が減っているからかもしれない。


「なかなかものが売れない」「ヒット商品が生まれない」といった悩みをよく耳にする。原因を挙げればきりがないが、「売ろうとしすぎるから、売れない」のかもしれないと、筆者は最近思うようになった。

データで市場を分析して顧客のニーズをつかんでも、それだけでは人を感動させるものは生まれない。同業他社も同じように経済合理性を追求して行動すれば、そこから生まれるのは究極の同質化である。

これと対照的なのが、本書の第1章で取り上げた無印良品だ。堤の理念を生活の場で具体化すること、すなわち「感じ良いくらし」を実現することが会社の目的であると明確に定めている。

この愚直なこだわりが企業風土として浸透し、目に見えない形で業績を支えている。

2018年は平成30年。2019年5月には新元号に変わる。

西友から無印良品が独立して良品計画が誕生したのは1989年、平成元年だった。平成という時代は、日本経済にとってみれば決して明るい30年間ではなかったはずだ。平成に入って間もなくバブル経済は崩壊し、長い不況のトンネルに突入したからだ。そんな時代に、良品計画が成長し続けたことは、極めて興味深い。

そして、良品計画が躍進した根底に堤清二という経営者のDNAがある事実は、現在ではほとんど語られることがない。

筆者が本書を書こうと思った理由の一つが、ここにある。

過去の人物だったはずの堤の思想が、現在もなお良品計画のなかに脈々と流れていること。現代を生きる経営者がその原点を何度でも学び直そうとしていること。

その事実に、筆者は新鮮な驚きを感じた。

堤清二という経営者は、事業を構想するスケールが大きく、思考も深かった。そして、それと比例するように、経営者としての短所も多く持ち合わせていた。

独創的なビジネスを構想する力に秀でていた一方で、既に出来上がったビジネスで安定した利益を得る力、つまり持続力には問題があった。セゾングループ各社に対して自由なアイデアを認めたため、ユニークな事業が多数生まれたが、半面、グループの統治はおろそかになった。

極めて多面的で矛盾を抱えていた堤は、成功に向かって突き進むよりも、破滅に至る宿命を内在させていたのかもしれない。

人間は誰しも長所と短所を備えている。功と罪、あるいは光と影、その両方を包含したものが人格だ。その個性が時代に合うこともあれば、裏目に出て苦しむ場合もある。

バブル崩壊によってセゾングループは経営に行きづまり、解体に至ったことは紛れもない事実である。堤の支払った代償は大きかった。

一方で、堤は日本社会の新たな地平を切り拓き、ほかの誰とも違う形で産業史に名を刻んだ。

堤が生涯をかけて発したメッセージは、新しい生き方を模索する私たちの背中を押してくれるはずだ。歴史を振り返る意味が、そこにある。

堤は、セゾングループを拡大させる過程で実に多様な人材を育てた。現役・OBを問わず、本書に登場する多くのセゾングループ関係者の活躍がその証左だ。

取材では、かつてのセゾングループ総師について、それぞれの思いを語ってもらったが、堤に対して礼賛一辺倒で話す人はほとんどいなかった。

堤との関わりを懐かしみながらも、冷静な視点で事実を語ってくれた。

各人がセゾングループについて、そして自分が成し遂げた仕事について、しっかりとした歴史観を持っていることに、筆者は感動を覚えた。

堤は社員を命令に従わせるのではなく、自分たちで考えるように仕向けていた。

その結果、イエスマンではない魅力的な人材が育っていった。

取材に応じてくれた関係者たちが皆、豊かな言葉でセゾングループについて語ることができるのは、ある意味、当然なのかもしれない。

＊　＊　＊

本書は、セゾングループに属した各社の幹部の方々をはじめ、堤氏とともに激動の時代を生きた多数の関係者、そして堤氏のご家族のご協力のおかげで、書き上げることができました。

最後になりましたが、この場を借りて心から感謝を申し上げます。

本書は堤清二氏の物語であるとともに、セゾングループに関係した、多くの人々の闘いの歴史でもあります。

これまでの価値観が通用しない時代。日々の仕事や生活と格闘する私たちの未来に、わずかでも光を照らすことができたなら、これ以上の幸せはありません。

2018年新秋

鈴木 哲也

主要参考文献

『セゾンの歴史　変革のダイナミズム 上下巻』由井常彦・柳沢遊・田付茉莉子・橋本寿朗・小山周三、由井常彦編（リブロポート）
『セゾンの発想　マーケットへの訴求』上野千鶴子・中村達也・田村明・橋本寿朗・三浦雅士（リブロポート）
『セゾンの活動　年表・資料集』セゾングループ史編纂委員会編（リブロポート）
『セゾンの挫折と再生』由井常彦・田付茉莉子・伊藤修（山愛書院）
『堤康次郎』由井常彦・前田和利・老川慶喜、由井常彦編（エスピーエイチ）
『彷徨の季節の中で』辻井喬（新潮社）
『父の肖像』辻井喬（新潮社）
『叙情と闘争　辻井喬＋堤清二回顧録』辻井喬（中央公論新社）
『ポスト消費社会のゆくえ』辻井喬・上野千鶴子（文藝春秋）
『変革の透視図　脱流通産業論　改訂新版』堤清二（トレヴィル）
『堤清二＝辻井喬対談集』堤清二ほか（トレヴィル）
『消費社会批判』堤清二（岩波書店）
『無印ニッポン　20世紀消費社会の終焉』堤清二・三浦展（中央公論新社）
『レジャーの科学　レジャー産業のあゆみと将来』堤清二編（実業之日本社）
『生活総合産業論　消費社会への接近視角』セゾンコーポレーション編（リブロポート）

『わが記憶、わが記録　堤清二×辻井喬オーラルヒストリー』御厨貴・橋本寿朗・鷲田清一編（中央公論新社）
『開幕ベルは鳴った　シアター・マスダへようこそ』増田通二（東京新聞出版局）
『ロフト・グラフィティ』水野誠一編著（プレジデント社）
『わが安売り哲学　新装版』中内㓛（千倉書房）
『なんとなく、クリスタル』田中康夫（河出書房新社）
『堤清二とセゾングループ』立石泰則（講談社）
『論より商い　カッコつけたってモノは売れない』三田村蕗子（プレジデント社）
『思想としての「無印良品」　時代と消費と日本と』深澤徳（千倉書房）
『書店風雲録』田口久美子（筑摩書房）
『「今泉棚」とリブロの時代　出版人に聞く1』今泉正光（論創社）
『リブロが本屋であったころ　出版人に聞く4』中村文孝（論創社）
『セゾン文化は何を夢みた』永江朗（朝日新聞出版）
『死について』辻井喬（思潮社）
『ユートピアの消滅』辻井喬（集英社）
日本経済新聞
日経ＭＪ（流通新聞）
日経産業新聞

本書は、2018年9月に日経BPから発行した『セゾン　堤清二が見た未来』を大幅に加筆し、文庫化したものです。

日経ビジネス人文庫

セゾン 堤清二《つつみせいじ》が見《み》た未来《みらい》

2024年2月1日 第1刷発行

著者
鈴木哲也
すずき・てつや

発行者
國分正哉

発行
株式会社日経BP
日本経済新聞出版

発売
株式会社日経BPマーケティング
〒105-8308 東京都港区虎ノ門4-3-12

ブックデザイン
鈴木成一デザイン室
ニマユマ

本文DTP
マーリンクレイン

印刷・製本
中央精版印刷

©Nikkei Business Publications Inc., Nikkei Inc., 2024
Printed in Japan ISBN978-4-296-11853-3
本書の無断複写・複製(コピー等)は
著作権法上の例外を除き、禁じられています。
購入者以外の第三者による電子データ化および電子書籍化は、
私的使用を含め一切認められておりません。
本書籍に関するお問い合わせ、ご連絡は下記にて承ります。
https://nkbp.jp/booksQA

nbb 好評既刊

一人ひとりを幸せにする 支援と配慮のマネジメント

大久保幸夫
皆月みゆき

無理なく業務効率を高めたり、育児、介護、病気、障がいなど事情のある社員の活躍を支える具体的な取り組みをていねいに紹介。

国富論 上・中・下

アダム・スミス
山岡洋一＝訳

経済と社会のしくみ、本質を、わかりやすい例と平易な言葉で体系的に解き明かした政治経済学の金字塔。画期的新訳を待望の文庫化。

大戦略の思想家たち

石津朋之

大戦略とは国家の命運を左右する最も次元が高い戦略。そのエッセンスをマッキンダー、ハワード、ブロディ、キッシンジャーらの思想から学ぶ。

嫌われ者リーダーの栄光

鹿島 茂

リーダーは時に嫌われ者になるが歴史が正しさを証明する。ド・ゴール、オスマン、徳川慶喜ら5人の物語からリーダーシップの本質に迫る。

国際秩序 上・下

ヘンリー・キッシンジャー
伏見威蕃＝訳

国際秩序の起源は、ヴェストファーレン和平条約にある。国際秩序をめぐる波瀾万丈の歴史を、賢者が生き生きと語る「極上の世界史」。

nbb 好評既刊

ネット興亡記
①開拓者たち
杉本貴司
ドラマにもなった本格ノンフィクション。藤田晋の屈辱、楽天誕生秘話、アマゾン日本上陸ほかネット黎明期の熱き物語を一気読み。

ネット興亡記
②敗れざる者たち
杉本貴司
ライブドアに迫る破滅の足音。敗者がつないだLINEの物語。メルカリ創業者の長い旅……起業家たちの光と影を鋭く描き出す。

『戦争論』クラウゼヴィッツ語録
加藤秀治郎＝編訳
本書は、「唯一の古典」と評されながら原著も翻訳書も難解なクラウゼヴィッツ『戦争論』の入門書。本質的要素を抽出し、平易な訳文で収録。

組織と権力の教科書
韓非子
守屋 淳
権力によって維持される組織を生き抜く知恵を、二千年以上前から説いてきたのが『韓非子』。社長が隠れて読む愛読書、対抗するには読むしかない！

デジタル・ビジネスモデル
ピーター・ウェイル
ステファニー・L・ウォーナー
野村総合研究所システムコンサルティング事業本部＝訳
6つの問いを自社にあてはめ読み進めると、目指す目標が見えてくる。MITの最先端研究から生まれた、DXを成功に導くフレームワーク。